Dieses Taschenbuch enthält in druck acht überaus fesselnde und zugleich sagenhaft informative Western-Erzählungen:

Bißchen Rumlungern in einem Saloon, bißchen Revolvergeknalle, bißchen Pferdehandel, bißchen Neckerei zwischen den Eingewanderten von da und dort – und nun die Kunde: In den Bergen gibt's Gold in Hülle und Fülle...

Ein flüchtiger Gewalttäter gerät in ein Gebiet, in dem zwei feindliche Clans eine Art Krieg führen. Für den kurzen Rest seines Lebens wird er zum väterlich-ritterlichen Beschützer eines jungen Mädchens, das da verheizt werden soll...

Ein alter Goldbuddler, allein mit seinem Hund in einer abgelegenen Hütte, verknickt sich einen Knöchel so gründlich, daß er für Wochen nicht auf die Jagd gehen kann. Nun der Hunger, der ihn wahnsinnig macht...

Zwei Treiber-Mannschaften rivalisieren großmaulig, welche mit ihren fast dreitausend Rindern vor der anderen den überschwemmten Cimarron durchquert. Es kommt zu einem blutigen Kampf...

Eine friedliche Militärstation in der Wüste mit netten Offiziersgattinnen im Casino. Ein frisch von der Akademie gekommener junger Offizier. Eine kleine militärisch-praktische Aufgabe, von der er hoffnungslos überfordert ist...

Ein junger Mann aus gutem Hause will sich in einem echten Männerleben bewähren. Kaum ist er im Westen, wird er von Indianern gefangen und als Sklave in ihr Dorf gebracht. Ein großartiges Drama der Menschwerdung beginnt...

Ein Farmer betreibt die Bison-Jagd in ganz neuen Dimensionen: Skrupellos gegenüber der Natur, großzügig zu seinen Leuten: ein moderner Unternehmer. Da kommen verdammt viele Indianer auf dem Kriegspfad...

Ein alter Einzelgänger kehrt bei Wintereinbruch mit seinem Esel aus den Bergen in die Stadt zurück, wie immer seit gut fünfzig Jahren. Diesmal ist die Heimkehr anders als sonst – ach so...

dtv zweisprachig · Edition Langewiesche-Brandt

GO WEST

Geschichten von Siedlern, Goldgräbern, Cowboys
und Indianern

Auswahl und Übersetzung von Sabine Roth

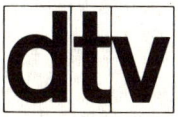

Deutscher Taschenbuch Verlag

Deutsche Erstausgabe / Neuübersetzung
1. Auflage Juni 1995
Deutscher Taschenbuch Verlag GmbH & Co. KG, München
Copyright-Nachweise Seite 264
Umschlagentwurf: Celestino Piatti
Satz: W Design, Höchstädt Ofr.
Gesamtherstellung: Kösel, Kempten
ISBN 3-423-09330-7. Printed in Germany

Stewart Edward White
A Corner in Horses 6
Ein Pferdemonopol 7

Eugene Manlove Rhodes
Beyond the Desert 32
Jenseits der Wüste 33

Charles M. Russell
Dog Eater 80
Hundefresser 81

Andy Adams
Why the Chisholm Trail Forks 88
Warum sich der Chisholm Trail gabelt 89

Owen Wister
Napoleon Shave-Tail 120
Napoleon Jungspund 121

Dorothy M. Johnson
A Man Called Horse 150
Ein Mann namens Pferd 151

Benjamin Capps
The Slaughter 188
Das große Schlachten 189

Walter Van Tilburg Clark
The Wind and the Snow of Winter 232
Winterwind und Winterschnee 233

Stewart Edward White
A Corner in Horses

It was dark night. The stray-herd bellowed frantically from one of the big corrals; the cow-and-calf herd from a second. Already the remuda, driven in from the open plains, scattered about the thousand acres of pasture. Away from the conveniences of fence and corral, men would have had to patrol all night. Now, however, everyone was gathered about the camp fire.

Probably forty cowboys were in the group, representing all types, from old John, who had been in the business forty years, and had punched from the Rio Grande to the Pacific, to the Kid, who would have given his chance of salvation if he could have been taken for ten years older than he was. At the moment Jed Parker was holding forth to his friend Johnny Stone in reference to another old crony who had that evening joined the round-up.

"Johnny," inquired Jed with elaborate gravity, and entirely ignoring the presence of the subject of conversation, "what is that thing just beyond the fire, and where did it come from?"

Johnny Stone squinted to make sure.

"That?" he replied. "Oh, this evenin' the dogs see something run down a hole, and they dug it out, and that's what they got."

The newcomer grinned.

"The trouble with you fellows," he proffered, "is that you're so plumb alkalied you don't know the real thing when you see it."

"That's right," supplemented Windy Bill dully. "*He* come from New York."

"No!" cried Jed. "You don't say so? Did he come in one box or in two?"

Under cover of the laugh, the newcomer made a raid on the dutch ovens and pails. Having filled his

Stewart Edward White
Ein Pferdemonopol

Es war finstere Nacht. Aus einem der großen Korrale brüllten aufgebracht die sonst frei weidenden Tiere, aus einem zweiten die Kühe mit ihren Kälbern. Die Reservepferde, die aus der offenen Prärie hereingetrieben worden waren, verteilten sich bereits über die tausend Morgen Weideland. Ohne die Annehmlichkeiten von Zaun und Korral hätten die ganze Nacht über ein paar Männer die Runde machen müssen. Nun aber waren alle um das Lagerfeuer versammelt.

Die Gruppe bestand aus etwa vierzig Cowboys. Alle Typen waren vertreten, vom alten John, der schon seit vierzig Jahren im Gewerbe war und überall zwischen Rio Grande und Pazifik Vieh getrieben hatte, bis hin zum Kid, der sein Seelenheil darum gegeben hätte, für zehn Jahre älter gehalten zu werden, als er war. Gerade zog Jed Parker gemeinsam mit seinem Freund Johnny Stone einen anderen alten Kameraden auf, der sich erst diesen Abend dem Zusammentrieb angeschlossen hatte.

«Johnny», erkundigte sich Jed tiefernst, so als wäre der Gegenstand ihrer Unterhaltung überhaupt nicht anwesend, «was ist das eigentlich für ein Ding da gleich hinterm Feuer? Wo kommt das her?»

Johnny kniff prüfend die Augen zusammen.

«Das?» fragte er zurück. «Ach, die Hunde haben vorhin was in 'nem Loch verschwinden sehen, das haben sie ausgebuddelt, und rausgekommen ist das da.»

Der Neuankömmling grinste.

«Das Problem mit euch Burschen», konterte er, «ist, daß ihr euch so vollsauft, daß ihr wahre Qualität nicht erkennt, wenn ihr sie vor Augen habt.»

«Sehr richtig», ergänzte Windy Bill träge. «*Er* ist frisch aus New York eingetroffen.»

«Nein!» rief Jed. «Was du nicht sagst! In einer oder in zwei Kisten?»

Im Schutze des Gelächters unternahm der Neuankömmling einen Angriff auf die Pfannen und Töpfe. Als sein Teller

plate, he squatted on his heels and fell to his belated meal. He was a tall, slab-sided individual, with a lean, leathery face, a sweeping white moustache, and a grave and sardonic eye. His leather chaps were plain and worn, and his hat had been fashioned by time and wear into much individuality. I was not surprised to hear him nicknamed Sacatone Bill.

"Just ask him how he got that game foot," suggested Johnny Stone to me in an undertone, so, of course, I did not.

Later someone told me that the lameness resulted from his refusal of an urgent invitation to return across a river. Mr Sacatone Bill happened not to be riding his own horse at the time.

The Cattleman dropped down beside me a moment later.

"I wish," said he in a low voice, "we could get that fellow talking. He is a queer one. Pretty well educated apparently. Claims to be writing a book of memoirs. Sometimes he will open up in good shape, and sometimes he will not. It does no good to ask him direct, and he is as shy as an old crow when you try to lead him up to a subject. We must just lie low and trust to Providence."

A man was playing on the mouth organ. He played excellently well, with all sorts of variations and frills. We smoked in silence. The deep rumble of the cattle filled the air with its diapason. Always the shrill coyotes raved out in the mesquite.

Sacatone Bill had finished his meal, and had gone to sit by Jed Parker, his old friend. They talked together low-voiced. The evening grew, and the eastern sky silvered over the mountains in anticipation of the moon. Sacatone Bill suddenly threw back his head and laughed.

"Reminds me of the time I went to Colorado!" he cried.

gefüllt war, ging er in die Hocke und machte sich an sein verspätetes Abendessen. Er war ein großer, schlaksiger Mann mit hagerem, wettergegerbten Gesicht, ausladendem weißen Schnurrbart und einem ernsten, dabei spöttischen Blick. Seine ledernen Cowboyhosen waren einfach und abgewetzt, und seinem Hut hatten die Zeit und das viele Tragen ein ganz eigenes Gepräge verliehen. Ich war nicht überrascht, als ich seinen Spitznamen hörte: Kaktus-Bill.

«Frag ihn doch mal, wie er zu seinem lahmen Fuß gekommen ist», schlug Johnny Stone mir mit einem gewissen Unterton vor, also tat ich es natürlich nicht.

Später erzählte mir jemand, das Hinken rühre daher, daß er einmal eine dringende Einladung, über einen Fluß zurückzukehren, ausgeschlagen habe. Zufällig habe Mr Kaktus-Bill zur fraglichen Zeit nicht sein eigenes Pferd geritten.

Kurz danach ließ sich der Treckführer neben mir auf den Boden fallen.

«Wär schön», sagte er mit leiser Stimme, «wenn wir den Burschen zum Erzählen bringen könnten. Merkwürdiger Mensch. Ziemlich gebildet, wie es scheint. Behauptet, er würde seine Memoiren schreiben. Manchmal ist er zum Reden aufgelegt, manchmal nicht. Ihn direkt zu fragen, hat keinen Sinn, und er ist mißtrauisch wie eine alte Krähe, wennn man versucht, ihn zu ködern. Wir können nur die Köpfe einziehen und auf die Vorsehung vertrauen.»

Ein Mann spielte Mundharmonika. Er spielte bemerkenswert gut, mit allen möglichen Variationen und Verzierungen. Wir rauchten schweigend. Das Stampfen der Rinder erfüllte die Luft mit seiner dumpfen Melodie. Aus dem Buffalogras drang das unablässige schrille Geheul der Koyoten herüber.

Kaktus-Bill hatte sein Mahl beendet und sich zu seinem alten Freund Jed Parker gesetzt. Sie unterhielten sich mit gedämpften Stimmen. Der Abend schritt voran, und im Osten färbte sich der Himmel über den Bergen silbern in Erwartung des Mondes. Kaktus-Bill warf plötzlich den Kopf zurück und lachte.

«Das erinnert mich an damals, als ich nach Colorado ging!» rief er.

"He's off!" whispered the Cattleman.

A dead silence fell on the circle. Everybody shifted position the better to listen to the story of Sacatone Bill.

About ten year ago I got plumb sick of punchin' cows around my part of the country. She hadn't rained since Noah, and I'd forgot what water outside a pail or a trough looked like. So I scouted around inside of me to see what part of the world I'd jump to, and as I seemed to know as little of Colorado and minin' as anything else, I made up the pint of bean soup I call my brains to go there. So I catches me a buyer at Benson and turns over my pore little bunch of cattle and prepared to fly. The last day I hauled up about twenty good buckets of water and threw her up against the cabin. My buyer was settin' his hoss waitin' for me to get ready. He didn't say nothin' until we'd got down about ten mile or so.

"Mr Hicks," says he, hesitatin' like, "I find it a good rule in this country not to overlook other folks' plays, but I'd take it mighty kind if you'd explain those actions of yours with the pails of water."

"Mr Jones," says I, "it's very simple. I built that shack five year ago, and it's never rained since. I just wanted to settle in my mind whether or not that damn roof leaked."

So I quit Arizona, and in about a week I see my reflection in the winders of a little place called Cyanide in the Colorado mountains.

Fellows, she was a bird. They wasn't a pony in sight, nor a squar' foot of land that wasn't either street or straight up. It made me plumb lonesome for a country where you could see a long ways even if you didn't see much. And this early in the evenin' they wasn't hardly anybody in the streets at all.

«Er legt los», flüsterte der Treckführer.

Totenstille senkte sich auf die Runde. Alle setzten sich zurecht, um Kaktus-Bills Geschichte besser lauschen zu können.

Vor ungefähr zehn Jahren stand mir die Viehtreiberei in meiner Ecke des Landes bis obenhin. Es hatte seit Noah nicht geregnet, und ich wußte schon gar nicht mehr, wie Wasser außerhalb von 'nem Eimer oder Trog aussieht. Also erforschte ich mein Inneres, in welchen Teil der Welt ich denn am besten abhauen sollte, und da ich von Colorado und dem Goldsuchen genauso wenig Ahnung hatte wie von allem anderen, beschloß ich mit dem bißchen Grütze, das ich mein Gehirn nenne, es dort zu versuchen. Ich besorgte mir also in Benson einen Käufer, schlug mein armseliges kleines Häufchen Rinder los und machte mich reisefertig. Am letzten Tag zog ich an die zwanzig Eimer Wasser herauf, randvoll, und schwappte sie gegen das Haus. Mein Käufer saß auf seinem Pferd und wartete darauf, daß ich fertig würde. Er sagte keinen Ton, bis wir so was wie zehn Meilen hinter uns hatten.

«Mr Hicks», meint er dann etwas zögernd, «ich finde es ja eine ausgezeichnete Regel hierzulande, daß keiner dem anderen auf die Finger guckt, aber ich wäre Ihnen ungeheuer dankbar, wenn Sie mir Ihre Aktionen mit den Wassereimern erklären könnten.»

«Mr Jones», sag ich, «das ist ganz einfach. Ich hab die Hütte vor fünf Jahren gebaut, und seitdem hat es kein einziges Mal geregnet. Ich wollte mir bloß Klarheit verschaffen, ob das verdammte Dach dicht ist oder nicht.»

Ich geh also weg aus Arizona, und etwa eine Woche später seh ich mein Spiegelbild in den Fenstern von einem kleinen Nest namens Cyanide in den Bergen von Colorado.

Junge, das war vielleicht 'n seltsamer Fleck. Kein Pferd weit und breit, und kein Fußbreit Boden, der nicht entweder Straße war oder Steilhang. Ich bekam richtig Sehnsucht nach einem Land, wo man weit sehen kann, auch wenn's nicht viel zu sehen gibt. Und so früh am Abend war kaum ein Mensch auf der Straße.

I took a look at them dark, gloomy, old mountains, and a sniff at a breeze that would have frozen the whiskers of hope, and I made a dive for the nearest lit winder. They was a sign over it that just said:

THIS IS A SALOON

I was glad they labelled her. I'd never have known it. They had a fifteen-year old kid tendin' bar, no games goin', and not a soul in the place.

"Sorry to disturb your repose, bub," says I, "but see if you can sort out any rye among them collections of sassapariller of yours."

I took a drink, and then another to keep it company – I was beginnin' to sympathise with anythin' lonesome. Then I kind of sauntered out to the back room where the hurdy-gurdy ought to be. Sure enough, there was a girl settin' on the pianner stool, another in a chair, and a nice shiny Jew drummer danglin' his feet from a table. They looked up when they see me come in, and went right on talkin'.

"Hello, girls!" says I.

At that they stopped talkin' complete.

"How's tricks?" says I.

"Who's your woolly friend?" the shiny Jew asks of the girls.

I looked at him a minute, but I see he'd been raised a pet, and then, too, I was so hungry for sassiety I was willin' to pass a bet or two.

"Don't you *admire* these cow gents?" snickers one of the girls.

"Play somethin', sister," says I to the one at the pianner.

She just grinned at me.

"Interdooce me," says the drummer in a kind of a way that made them all laugh a heap.

"Give us a tune," I begs, tryin' to be jolly, too.

Ich warf einen Blick auf die düsteren, trübsinnigen alten Berge, nahm eine Nasevoll von einem Wind, der noch der Hoffnung selber die Fühler abgefroren hätte, und machte, daß ich zum nächsten hellen Fenster kam. Es hing ein Schild darüber, auf dem stand bloß:

DIES IST EIN SALOON

Ich war froh, daß ich es gesagt kriegte, wäre selber nicht drauf gekommen. Hinterm Tresen steht ein fünfzehnjähriger Junge, kein Mensch spielt, alles wie ausgestorben.

«Ich stör dich nur ungern, Kleiner», sag ich, «aber lass doch mal sehen, ob du unter dem ganzen giftigen Fusel 'n Roggenwhisky herausfindest.»

Ich kippte einen Whisky und dann noch einen, damit der erste Gesellschaft hatte – ich hatte langsam Mitleid mit allem, was allein war. Dann schlenderte ich hinüber ins Hinterzimmer, wo von Rechts wegen der Leierkasten stehen mußte. Und richtig, da saß ein Mädchen auf dem Klavierhocker, ein zweites in einem Sessel, und ein pikfein geschniegelter jüdischer Handelsvertreter thronte beinebaumelnd auf einem Tisch. Sie schauten auf, als ich hereinkam, und redeten dann einfach weiter.

«Hallo, Mädels», sag ich.

Da hörten sie ganz mit dem Reden auf.

«Was macht die Kunst?» sag ich.

«Wer ist euer rauhbeiniger Freund?» fragt der geschniegelte Jude die Mädchen.

Ich faßte ihn kurz ins Auge, aber ich sah, er war ein Muttersöhnchen; zudem war ich so hungrig nach Gesellschaft, daß ich ein, zwei Lümmeleien durchgehen lassen konnte.

«Finden Sie diese Cowboys nicht einfach göttlich?» kicherte eins von den Mädchen.

«Spiel was, Schwester», sag ich zu der am Klavier.

Sie grinst mich nur an.

«Macht uns bekannt», sagt der Vertreter in einem Ton, der sie alle mächtig zum Lachen bringt.

«Komm, spiel uns was», bitte ich, ich will ja auch lustig sein.

"She don't know any pieces," says the Jew.

"Don't you?" I asks pretty sharp.

"No," says she.

"Well, I do," says I.

I walked up to her, jerked out my guns, and reached around both sides of her to the pianner. I run the muzzles up and down the keyboard two or three times, and then shot out half a dozen keys.

"That's the piece I know," says I.

But the other girl and the Jew drummer had punched the breeze.

The girl at the pianner just grinned, and pointed to the winder where they was some ragged glass hangin'. She was dead game.

"Say, Susie," says I, "you're all right, but your friends is tur'ble. I may be rough, and I ain't never been curried below the knees, but I'm better to tie to than them sons of guns."

"I believe it," says she.

So we had a drink at the bar, and started out to investigate the wonders of Cyanide.

Say, that night *was* a wonder. Susie faded after about three drinks, but I didn't seem to mind that. I looked up to another saloon kept by a thin Dutchman. A fat Dutchman is stupid, but a thin one is all right.

In ten minutes I had more friends in Cyanide than they is fiddlers in hell. I begun to conclude Cyanide wasn't so lonesome. About four o'clock in comes a little Irishman about four foot high, with more upper lip than a muley cow, and enough red hair to make an artificial aurorer borealis. He had big red hands with freckles pasted onto them, and stiff red hairs standin' up separate and lonesome like signal stations. Also his legs was bowed.

He gets a drink at the bar, and stands back and yells:

"God bless the Irish and let the Dutch rustle!"

«Sie kennt gar keine Stücke», sagt der Jude.
«Wirklich?», frag ich einigermaßen scharf.
«Nein», sagt sie.
«Ich aber», sag ich.
Ich ging zu ihr rüber, riß meine Schießprügel raus und langte auf beiden Seiten um sie rum zum Klavier. Ich ließ die Mündungen zwei-, dreimal die Tasten rauf und runter gleiten und schoß dann ein halbes Dutzend davon raus.
«Das ist das Stück, das ich kann», sag ich.
Aber das andere Mädchen und der jüdische Vertreter waren schon über alle Berge.
Das Mädchen am Klavier grinste nur und zeigte auf das Fenster, in dem noch ein paar Glasscherben steckten. Die ließ alles mit sich machen.
«Susie», sag ich, «du bist in Ordnung, aber bei deinen Freunden, da kommt einem das kalte Grausen. Ich bin vielleicht ein Grobian, und gebuckelt hat vor mir auch noch niemand, aber mit mir bist du besser bedient als mit diesem Pack.»
«Das glaub ich gern», sagt sie.
Also hoben wir einen an der Bar und zogen dann los, um die Wunder von Cyanide zu erkunden.
Die Nacht war wirklich ein Wunder. Susie fiel zwar nach nochmal drei Schlucken aus, aber das störte mich nicht. Ich pflockte bei einem anderen Saloon an, der einem dünnen Holländer gehörte. Dicke Holländer sind was Blödes, aber gegen dünne ist nichts zu sagen.
In zehn Minuten hatte ich mehr Freunde in Cyanide, als es Gauner in der Hölle gibt. Langsam bekam ich das Gefühl, daß Cyanide doch nicht so öde war. So gegen vier kommt ein kleiner Ire rein, vielleicht ein Meter zwanzig groß, mit mehr Oberlippe wie 'ne Kuh und so viel rotem Haar, daß er als künstliches Nordlicht hätte durchgehen können. Er hatte rote Haare, die einzeln und einsam in die Höhe standen wie Signalmasten. Und O-Beine hatte er auch.
Der Ire holt sich an der Bar was zu trinken, macht einen Schritt zurück und brüllt:
«Gott segne die Iren und lasse die Holländer schuften!»

Now, this was none of my town, so I just stepped back of the end of the bar quick where I wouldn't stop no lead. The shootin' didn't begin.

"Probably Dutchy didn't take no note of what the locoed little dogie *did* say," thinks I to myself.

The Irishman bellied up to the bar again, and pounded on it with his fist.

"Look here!" he yells. "Listen to what I'm tellin' ye! God bless the Irish and let the Dutch rustle! Do ye hear me?"

"Sure, I hear ye," says Dutchy, and goes on swabbin' his bar with a towel.

At that my soul just grew sick. I asked the man next to me why Dutchy didn't kill the little fellow.

"Kill him!" says this man. "What for?"

"For insultin' of him, of course."

"Oh, he's drunk," says the man, as if that explained anythin'.

That settled it with me. I left that place, and went home, and it wasn't more than four o'clock, neither. No, I don't call four o'clock late. It may be a little late for night before last, but it's just the shank of the evenin' for to-night.

Well, it took me six weeks and two days to go broke. I didn't know sic 'em about minin'; and before long I *knew* that I didn't know sic 'em. Most all day I poked around them mountains – not like our'n – too much timber to be comfortable. At night I got to droppin' in at Dutchy's.

He had a couple of quiet games goin', and they was one fellow among that lot of grubbin' prairie dogs that had heerd tell that cows had horns. He was the wisest of the bunch on the cattle business. So I stowed away my consolation, and made out to forget comparing Colorado with God's country.

About three times a week this Irishman I told you of – name O'Toole – comes bulgin' in. When

Nun, meine Stadt war das hier nicht, deshalb schaute ich nur, daß ich wegkam von der Bar, damit ich kein Blei abkriegte. Die Schießerei ließ auf sich warten.

«Wahrscheinlich hat Dutchy nicht richtig gehört, was dieser übergeschnappte kleine Kretin da gesagt hat», denk ich bei mir.

Der Ire stolziert wieder an die Bar und schlägt mit der Faust darauf.

«Achtung!» brüllt er. «Alles herhören! Gott segne die Iren und lasse die Holländer schuften! Hörst du mich?»

«Klar hör ich dich», sagt Dutchy und wischt weiter mit einem Handtuch seinen Tresen.

Mir wurde ganz elend zumute, als ich das hörte. Ich fragte den Mann neben mir, warum Dutchy den Knirps nicht umlegte.

«Ihn umlegen!» sagt der. «Warum denn das?»

«Weil er ihn beleidigt hat, ist doch klar.»

«Ach, der ist doch betrunken», sagt der Mann, als ob das irgendwas erklärte.

Das gab mir den Rest. Ich verließ den Laden und ging heim, dabei war es kaum vier vorbei. Vier Uhr – das ist doch keine Zeit. Gut, für vorgestern nacht ist es ein bißchen spät, aber für *heute* nacht ist es gerade der Auftakt.

Es dauerte sechs Wochen und zwei Tage, dann war ich pleite. Von der Goldgräberei wußte ich absolut nichts, und sehr bald *wußte* ich, daß ich absolut nichts wußte. Tagsüber trieb ich mich die meiste Zeit in den Bergen herum, die ziemlich anders sind als unsere hier, zu viel Wald, als daß sich einer wohlfühlen könnte. Abends schaute ich dann meistens bei Dutchy herein. Da waren immer ein paar ruhige Spiele in Gang, und einer von allen diesen in der Erde buddelnden Präriehunden hatte sogar schon mal gehört, daß Kühe Hörner haben. Er verstand mehr vom Viehgeschäft als irgendwer sonst in der Runde. Ich tröstete mich also, so gut es ging, und ließ es bleiben, zwischen Colorado und Gottes eigenem Land Vergleiche anzustellen.

Ungefähr dreimal die Woche kommt mit geschwellter Brust dieser Ire herein, von dem ich euch erzählt habe,

he was sober he talked minin' high, wide, and handsome. When he was drunk he pounded both fists on the bar and yelled for action, tryin' to get Dutchy on the peck.

"God bless the Irish and let the Dutch rustle!" he yells about six times. "Say, do you hear?"

"Sure," says Dutchy, calm as a milk cow, "sure, I hears ye!"

I was plumb sorry for O'Toole. I'd like to have given him a run; but, of course, I couldn't take it up without makin' myself out a friend of this Dutchy party, and I couldn't stand for that. But I did tackle Dutchy about it one night when they wasn't nobody else there.

"Dutchy," says I, "what makes you let that bow-legged cross between a bulldog and a flamin' red sunset tromp on you so? It looks to me like you're plumb spiritless."

Dutchy stopped wipin' glasses for a minute.

"Just you hold on," says he. "I ain't ready yet. Bimeby I make him sick; also those others who laugh with him."

He had a little grey flicker in his eye, and I thinks to myself that maybe they'd get Dutchy on the peck yet.

As I said, I went broke in just six weeks and two days. And I was broke a plenty. No hold-outs anywhere. It was a heap long ways to cows; and I'd be teetotally chawed up and spit out if I was goin' to join these minin' terrapins defacin' the bosom of nature. It sure looked to me like hard work.

While I was figurin' what next, Dutchy came in. Which I was tur'ble surprised at that, but I said good-mornin' and would he rest his poor feet.

"You like to make some money?" he asks.

"That depends," says I, "on how easy it is."

"It is easy," says he. "I want you to buy hosses for me.

O'Toole hieß er. Wenn er nüchtern war, verbreitete er sich endlos über das Goldsuchen. Wenn er getrunken hatte, hieb er mit beiden Fäusten auf den Tresen, schrie nach Blut und versuchte sich mit Dutchy anzulegen.

«Gott segne die Iren und lasse die Holländer schuften!» brüllt er gut sechsmal. «Du, hörst du mich?»

«Sicher», sagt Dutchy ruhig wie eine Milchkuh, «natürlich hör ich dich.»

Mir tat O'Toole regelrecht leid. Ich hätte es gern mal mit ihm aufgenommen, aber ich konnte die Sache natürlich nicht anpacken, ohne als Freund von diesem sonderbaren Dutchy dazustehen, und das hätte mir gerade noch gefehlt. Aber ich stellte Dutchy deswegen zur Rede, an einem Abend, als sonst niemand da war.

«Dutchy», sag ich, «warum läßt du diese o-beinige Kreuzung zwischen einer Bulldogge und einem feuerroten Sonnenuntergang derart auf dir rumtrampeln? Hast du denn gar keinen Mumm in den Knochen?»

Dutchy hörte kurz mit dem Gläser-Abtrocknen auf.

«Wart nur ab», sagt er. «Ich bin noch nicht so weit. Über kurz oder lang werd ich's ihm zeigen. Und den anderen, die mit ihm lachen, auch.»

In seinen Augen war ein kleines, graues Flackern, und ich denk bei mir, daß sie Dutchy vielleicht doch noch so weit kriegen.

Wie gesagt, ich war nach genau sechs Wochen und zwei Tagen abgebrannt. Und zwar vollkommen. Keine Reserven irgendwo. Zur nächsten Rinderherde war es elend weit, und ich hätte mich lieber von Kopf bis Fuß zerkauen und wieder ausspucken lassen, ehe ich unter diese in der Erde wühlenden Schildkröten gegangen wäre, die den Busen der Natur verschandelten. Das sah mir zu sehr nach Arbeit aus.

Während ich überlegte, was ich tun sollte, kam Dutchy herein. Ich fiel aus allen Wolken, aber ich sagte Guten Morgen, und ob er nicht seine müden Füße ausruhen wollte.

«Willst dir ein bißchen Geld verdienen?» fragt er.

«Das hängt davon ab», sag ich, «wie leicht es geht.»

«Ganz leicht», sagt er. «Du sollst Pferde für mich kaufen.»

"Hosses! Sure!" I yells, jumpin' up. "You bet you! Why, hosses is where I live! What hosses do you want?"

"All hosses," says he, calm as a faro dealer.

"What?" says I. "Elucidate, my bucko. I don't take no such blanket order. Spread your cards."

"I mean just that," says he. "I want you to buy all the hosses in this camp, and in the mountains. Every one."

"Whew!" I whistles. "That's a large order. But I'm your meat."

"Come with me, then," says he. I hadn't but just got up, but I went with him to his little old poison factory. Of course, I hadn't had no breakfast; but he staked me to a Kentucky breakfast. What's a Kentucky breakfast? Why, a Kentucky breakfast is a three-pound steak, a bottle of whisky, and a setter dog. What's the dog for? Why, to eat the steak, of course.

We come to an agreement. I was to get two-fifty a head commission. So I started out. There wasn't many hosses in that country, and what there was the owners hadn't much use for unless it was to work a whim. I picked up about a hundred head quick enough, and reported to Dutchy.

"How about burros and mules?" I asks Dutchy.

"They goes," says he. "Mules same as hosses; burros four bits a head to you."

At the end of a week I had a remuda of probably two hundred animals. We kept them over the hills in some "parks," as these sots call meadows in that country. I rode into town and told Dutchy.

"Got them all?" he asks.

"All but a cross-eyed buckskin that's mean, and the bay mare that Noah bred to."

"Get them," says he.

"The bandits want too much," I explains.

"Get them anyway," says he.

«Pferde! Jederzeit!» schrei ich und spring auf. «Kein Problem! Da bist du bei mir goldrichtig! Was für Pferde sollen's denn sein?»

«Alle», sagt er so ruhig wie ein Pharospieler beim Geben.

«Wie?» sag ich. «Bißchen deutlicher, du Prahlhans. Solche Blankoaufträge übernehm ich nicht. Leg deine Karten auf den Tisch.»

«Ich meine es genau so», sagt er. «Ich möchte, daß du alle Pferde hier im Camp und in den Bergen kaufst. Jedes einzelne.»

Ich stieß einen Pfiff aus. «Das ist eine Mords-Bestellung. Aber ich bin dein Mann.»

«Dann komm mit», sagt er. Ich war zwar kaum aus den Federn, aber ich ging mit ihm zu seiner kleinen alten Giftfabrik. Gefrühstückt hatte ich natürlich auch nicht, aber er spendierte mir ein Kentucky-Frühstück. Was ein Kentucky-Frühstück ist? Nun ja, ein Kentucky-Frühstück besteht aus einem Drei-Pfund-Steak, einer Flasche Whisky und einem Setter. Was der Hund soll? Das Steak fressen, was sonst?

Wir wurden handelseinig. Ich sollte pro Tier zweieinhalb Dollar Provision kriegen. Also legte ich los. Viele Pferde gab es in der Gegend nicht, und für die, die es gab, hatten die Besitzer nicht viel Verwendung außer an den Fördermaschinen. Ich hatte im Handumdrehen an die hundert Tiere beisammen und erstattete Dutchy Bericht.

«Was ist mit Packeseln und Mulis?»

«Auch kaufen», sagt er. «Mulis dasselbe wie Pferde; Esel einen halben Dollar pro Tier für dich.»

Nach einer Woche hatte ich eine Herde von rund zweihundert Tieren. Wir hielten sie weiter drin in den Bergen in ein paar «Parks», wie diese Spinner dort ihre Weiden nennen. Ich ritt in die Stadt und sagte Dutchy Bescheid.

«Alle gekauft?» fragte er.

«Alle bis auf einen schielenden, bösartigen Falben und die braune Stute, mit der schon Noah gezüchtet hat.»

«Kauf sie», sagt er.

«Die Banditen verlangen zu viel», erklär ich ihm.

«Kauf sie trotzdem», sagt er.

I went away and got them. It was scand'lous; such prices.

When I hit Cyanide again I ran into scenes of wild excitement. The whole passel of them was on that one street of their'n, talkin' sixteen ounces to the pound. In the middle was Dutchy, drunk as a soldier – just plain foolish drunk.

"Good Lord!" thinks I to myself, "he ain't celebratin' gettin' that bunch of buzzards, is he?"

But I found he wasn't that bad. When he caught sight of me, he fell on me drivellin'.

"Look there!" he weeps, showin' me a letter.

I was the last to come in; so I kept that letter – here she is. I'll read her.

Dear Dutchy: – *I suppose you thought I'd flew the coop, but I haven't and this is to prove it. Pack up your outfit and hit the trail. I've made the biggest free gold strike you ever see. I'm sending you specimens. There's tons just like it, tons and tons. I got all the claims I can hold myself; but there's heaps more. I've writ to Johnny and Ed at Denver to come on. Don't give this away. Make tracks. Come in to Buck Cañon in the Whetstones and oblige.*

Yours truly, Henry Smith

Somebody showed me a handful of white rock with yeller streaks in it. His eyes was bulgin' until you could have hung your hat on them. That O'Toole party was walkin' around, wettin' his lips with his tongue and swearin' soft.

"God bless the Irish and let the Dutch rustle!" says he. "And the fool had to get drunk and give it away!"

The excitement was just started, but it didn't last long. The crowd got the same notion at the same time, and it just melted. Me and Dutchy was left alone.

Ich ging hin und kaufte sie. Es war ein Skandal, solche Preise.

Als ich wieder nach Cyanide kam, war dort alles in wildem Aufruhr. Der ganze Haufen drängte sich auf der einen Straße, die sie hatten, und redete, was das Zeug hielt. Mittendrin war Dutchy, voll wie eine Haubitze – wirklich sternhagelvoll.

«Meine Güte!» denk ich bei mir, «er feiert doch hoffentlich nicht den Kauf dieser Hammelherde?»

Aber so schlimm stand es um ihn doch noch nicht. Kaum hatte er mich erblickt, stürzte er lallend auf mich zu.

«Schau her!» schluchzte er und zeigte mir einen Brief.

Nach mir kam keiner mehr, also behielt ich den Brief – hier ist er. Ich lese ihn vor.

Lieber Dutchy! Du dachtest wohl, ich hätte mich aus dem Staub gemacht, aber nein: hier ist der Beweis. Pack deinen Krempel und mach, daß du herkommst. Ich habe den größten freien Goldfund gemacht, den du je gesehen hast. Ich schicke dir Proben. Hier gibt es Tonnen von dem Zeug, Tonnen um Tonnen. Ich habe Schürfrechte, soviel ich kriegen konnte, aber es gibt noch jede Menge. Ich habe Johnny und Ed in Denver geschrieben, daß sie kommen sollen. Erzähl keinem davon. Beeil dich. Komm zum Buck Cañon in den Whetstones und mach mit.   *Dein Henry Smith*

Jemand zeigte mir eine Handvoll weißer Steine mit gelben Streifen drin. Seine Augen quollen heraus, bis man einen Hut hätte dran aufhängen können. Dieser O'Toole ging herum, leckte sich mit der Zunge über die Lippen und fluchte leise.

«Gott segne die Iren und lasse die Holländer schuften!» sagt er. «Und der Narr mußte sich betrinken und es ausplaudern!»

Die Aufregung hatte gerade erst angefangen, aber sie dauerte nicht lange. Jedem kam zur selben Zeit derselbe Gedanke, und im Handumdrehen waren sie alle weg. Ich und Dutchy blieben allein zurück.

I went home. Pretty soon a fellow named Jimmy Tack come around a little out of breath.

"Say, you know that buckskin you bought off'n me?" says he, "I want to buy him back."

"Oh, you do," says I.

"Yes," says he. "I've got to leave town for a couple of days, and I got to have somethin' to pack."

"Wait and I'll see," says I.

Outside the door I met another fellow.

"Look here," he stops me with. "How about that bay mare I sold you? Can you call that sale off? I got to leave town for a day or two and –

"Wait," says I. "I'll see."

By the gate was another hurryin' up.

"Oh, yes," says I when he opens his mouth. "I know all your troubles. You have to leave town for a couple of days, and you want back that lizard you sold me. Well, wait."

After that I had to quit the main street and dodge back of the hog ranch. They was all headed my way. I was as popular as a snake in a prohibition town.

I hit Dutchy's by the back door.

"Do you want to sell hosses?" I asks. "Everyone in town wants to buy."

Dutchy looked hurt.

"I wanted to keep them for the valley market," says he, "but – How much did you give Jimmy Tack for his buckskin?"

"Twenty," says I.

"Well, let him have it for eighty," says Dutchy; "and the others in proportion."

I lay back and breathed hard.

"Sell them all, but the one best hoss," says he – "no, the *two* best."

"Holy smoke!" says I, gettin' my breath. "If you mean that, Dutchy, you lend me another gun and give me a drink."

Ich ging nach Hause. Nach kurzer Zeit kam etwas außer Puste ein Bursche namens Jimmy Tack an.

«Sag mal, dieser Falbe, den du mir abgekauft hast», sagt er, «ich würde ihn gern zurückkaufen.»

«Ach ja?» sag ich.

«Ja», sagt er. «Ich muß für ein paar Tage aus der Stadt weg, und ich brauche was für mein Gepäck.»

«Warte, ich will sehen, was sich machen läßt», sag ich.

Draußen vor der Tür begegnet mir ein anderer Bursche.

«Hör mal», hält er mich an. «Wegen der braunen Stute, die ich dir verkauft habe. Kannst du das rückgängig machen? Ich muß für ein, zwei Tage aus der Stadt weg und...»

«Warte», sag ich. «Ich will sehen, was sich machen läßt.»

Am Tor kommt der nächste angerannt.

«Ja, ja», sag ich, sowie er den Mund aufmacht. «Ich weiß schon, wo dich der Schuh drückt. Du mußt für ein paar Tage aus der Stadt weg und willst das Rennpferd zurück, das du mir angedreht hast. Gut, warte ein bißchen.»

Danach mußte ich runter von der Hauptstraße und mich hinter den Schweinekoben vorbeidrücken. Sie wollten alle zu mir. Ich war so gefragt wie ein Schnapsbrenner in einer Stadt mit Alkoholverbot.

Durch die Hintertür ging ich in Dutchys Kneipe.

«Möchtest du ein paar Pferde loswerden?» frag ich. «Jeder in der Stadt will kaufen.»

Dutchy sah gekränkt aus.

«Eigentlich wollte ich sie behalten für den Markt hier im Tal», sagt er. «Aber – wieviel hast du Jimmy Tack für seinen Falben gezahlt?»

«Zwanzig», sag ich.

«Gut, gib ihn ihm für achtzig», sagt Dutchy, «und bei den anderen entsprechend.»

Ich lehnte mich zurück und schnappte nach Luft.

«Verkauf sie alle, bis auf das beste», sagt er – «nein, bis auf die *zwei* besten.»

«Heiliger Strohsack!» sag ich und atme tief durch. «Wenn das dein Ernst ist, Dutchy, dann borg mir noch einen Revolver und gib mir was zu trinken.»

He done so, and I went back home to where the whole camp of Cyanide was waitin'.

I got up and made them a speech and told them I'd sell them hosses all right, and to come back. Then I got an Injin boy to help, and we rustled over the remuda and held them in a blind cañon. Then I called up these miners one at a time, and made bargains with them. Roar! Well, you could hear them at Denver, they tell me, and the weather reports said, "Thunder in the mountains." But it was cash on delivery, and they all paid up. They had seen that white quartz with the gold stickin' into it, and that's the same as a dose of loco to miner gents.

Why didn't I take a hoss and start first? I did think of it – for about one second. I wouldn't stay in that country then for a million dollars a minute. I was plumb sick and loathin' it, and just waitin' to make high jumps back to Arizona. So I wasn't aimin' to join this stampede, and didn't have no vivid emotions.

They got to fightin' on which should get the first hoss; so I bent my gun on them and made them draw lots. They roared some more, but done so; and as fast as each one handed over his dust or dinero he made a rush for his cabin, piled on his saddle and pack, and pulled his freight in a cloud of dust. It was sure a grand stampede, and I enjoyed it no limit.

So by sundown I was alone with the Injin. Those two hundred head brought in about twenty thousand dollars. It was heavy, but I could carry it. I was about alone in the landscape; and there were the two best hosses I had saved out for Dutchy. I was sure some tempted.

But I had enough to get home on anyway; and I never yet drank behind the bar, even if I might hold up the saloon from the

Das tat er, und ich ging zurück nach Hause, wo ganz Cyanide auf mich wartete.

Ich setzte mich aufs Pferd und hielt ihnen eine Rede, sagte ihnen, das mit dem Verkauf würde klargehen und sie sollten nachher wiederkommen. Dann besorgte ich mir einen Indianerjungen zum Helfen, und wir holten die Herde rüber und trieben sie in eine Schlucht ohne Ausgang. Da rief ich dann jeden Goldsucher einzeln auf und machte den Preis mit ihm aus. Ein Gebrüll war das! Man hörte sie bis nach Denver, hieß es, und der Wetterbericht soll «Gewitter im Gebirge» gemeldet haben. Aber es galt Ware gegen Geld, und sie zahlten alle. Sie hatten die weißen Quarzbrocken mit dem Gold darin gesehen, und bei so einem Anblick sticht jeden Goldgräber der Hafer.

Warum ich mir nicht ein Pferd schnappte und als erster losritt? Dran gedacht hab ich – eine Sekunde lang. Nicht für eine Million Dollar pro Minute wär ich in der Gegend geblieben. Ich hatte sie satt, sie hing mir zum Hals raus, und ich wollte baldigst mit Siebenmeilenstiefeln nach Arizona zurück. Ich hatte wenig Lust, bei der wilden Jagd mitzureiten, die ganze Aufregung ließ mich kalt.

Sie gerieten sich in die Haare, wer das erste Pferd kriegen sollte; also richtete ich meinen Revolver auf sie und ließ sie losen. Es gab wieder ein ziemliches Gebrüll, aber sie gehorchten, und kaum hatte einer seinen Kies oder seine Mäuse abgeliefert, stürzte er schon zu seiner Hütte, lud Sattel und Bündel auf und sprengte in einer Staubwolke davon. Es war wirklich ein fabelhaftes Rennen, und ich hatte einen Heidenspaß daran.

Als die Sonne unterging, war ich mit dem Indianer allein. Die zweihundert Tiere hatten an die zwanzigtausend Dollar eingebracht. Das war ein Mordsgewicht, aber ich konnte es tragen. Ich stand mehr oder weniger allein auf weiter Flur, und neben mir standen die beiden besten Pferde, die ich für Dutchy zurückbehalten hatte. Eine Versuchung war es schon. Aber ich hatte auch so genug in der Tasche, um nach Hause zu kommen; und ich hab mir noch nie einen hinterm Tresen genehmigt, nicht mal dann, wenn ich die ganze Knei-

floor. So I grieved some inside that I was so tur'ble conscientious, shouldered the sacks, and went down to find Dutchy.

I met him headed his way, and carryin' off a sheet of paper.

"Here's your dinero," says I, dumpin' the four big sacks on the ground.

He stooped over and hefted them. Then he passed one over to me.

"What's that for?" I asks.

"For you," says he.

"My commission ain't that much," I objects.

"You've earned it," says he, "and you might have skipped with the whole wad."

"How did you know I wouldn't?" I asks.

"Well," says he, and I noted that jag of his had flew. "You see, I was behind that rock up there, and I had you covered."

I saw; and I began to feel better about bein' so tur'ble conscientious.

We walked a little ways without sayin' nothin'.

"But ain't you goin' to join the game?" I asks.

"Guess not," says he, jinglin' of his gold. "I'm satisfied."

"But if you don't get a wiggle on you, you are sure goin' to get left on those gold claims," says I.

"There ain't no gold claims," says he.

"But Henry Smith —" I cries.

"There ain't no Henry Smith," says he.

I let that soak in about six inches.

"But there's a Buck Cañon," I pleads. "Please say there's a Buck Cañon."

"Oh, yes, there's a Buck Cañon," he allows. "Nice limestone formation — make good hard water."

"Well, you're a marvel," says I.

We walked on together down to Dutchy's saloon. We stopped outside.

"Now," says he, "I'm goin' to take one of those

pe in Schach gehalten habe. Also grämte ich mich innerlich ein bißchen, daß ich so zum Verzweifeln anständig war, schulterte die Säcke und ging runter, um Dutchy zu suchen.

Er war zu seinem Saloon unterwegs, als ich ihm begegnete; in der Hand hielt er ein Blatt Papier.

«Hier ist dein Zaster», sag ich und lasse die vier großen Säcke auf den Boden plumpsen.

Er bückte sich und hob sie prüfend hoch. Dann gab er mir einen.

«Wofür denn das?» frag ich.

«Für dich», sagt er.

«So hoch ist meine Provision nicht», protestiere ich.

«Du hast es dir verdient», sagt er; «und außerdem hättest du ja mit der ganzen Knete abhauen können.»

«Woher wußtest du, daß ich das nicht tu?» frag ich.

«Na ja», sagt er, und ich stelle fest, daß sein Rausch wie weggeblasen ist, «ich war da oben hinter dem Felsen, verstehst du, und hatte dich im Visier.»

Ich verstand, und es fuchste mich nicht mehr so, daß ich so zum Verzweifeln anständig gewesen war.

Wir gingen ein Stückchen, ohne etwas zu sagen.

«Willst du denn nicht auch in die Schlacht?» frag ich.

«Ach, nein», sagt er und klimpert mit seinem Geld. «Ich hab genug.»

«Aber wenn du nicht schnell machst, kriegst du keine Schürfrechte mehr», sag ich.

«Es gibt keine Schürfrechte», sagt er.

«Aber Henry Smith...» schrei ich.

«Es gibt keinen Henry Smith», sagt er.

Das mußte ich erst mal ein Weilchen einwirken lassen.

«Aber einen Buck Cañon gibt es», sag ich flehend. «Bitte sag, daß es einen Buck Cañon gibt.»

«Sicher doch, einen Buck Cañon gibt es», räumt er ein. «Schöne Kalksteinformation – gutes, hartes Wasser.»

«Also, du bist 'ne Nummer», sag ich.

Wir gingen zusammen weiter zu Dutchys Saloon. Vor der Tür blieben wir stehen.

«So», sagt er, «ich nehme mir jetzt eins von diesen Pfer-

hosses and go somewheres else. Maybe you'd better do likewise on the other."

"You bet I will," says I.

He turned around and tacked up the paper he was carryin'. It was a sign. It read:

THE DUTCH HAS RUSTLED

"Nice sentiment," says I. "It will be appreciated when the crowd comes back from that little pasear into Buck Cañon. But why not tack her up where the trail hits the camp? Why on this particular door?"

"Well," said Dutchy, squintin' at the sign sideways, "you see I sold this place day before yesterday – to Mike O'Toole."

den und schaue, daß ich wegkomme. Vielleicht solltest du es mit dem anderen genauso machen.»

«Worauf du dich verlassen kannst», sag ich.

Er drehte sich um und hängte das Blatt auf, das er mitgebracht hatte. Es stand eine Nachricht darauf. Sie lautete:

DER HOLLÄNDER HAT GESCHUFTET

«Sehr zartfühlend», sag ich. «Die Meute wird es zu würdigen wissen, wenn sie von ihrem kleinen Ausflug in den Buck Cañon zurückkommt. Aber warum hängst du es nicht vorn auf, wo sie in den Ort reinkommen? Warum ausgerechnet an diese Tür?»

«Tja», sagte Dutchy und begutachtete das Schild mit schiefgelegtem Kopf, blinzelnd. «Weißt du, ich hab den Laden vorgestern verkauft. An Mike O'Toole.»

Eugene Manlove Rhodes
Beyond the Desert

I

MacGregor was in haste. He pressed forward in a close, fine rain. A huge and graceless hulk of a man, he rode craftily, a brisk jog, a brisk walk. Where the trail was steep, he slipped from the saddle and led the way to the next smooth bit.

Hard by the head of the pass, where the peaks of San Quentin frowned through fog and mist, he paused in a brief lull between showers. Far behind and below there was a glimpse of toiling horsemen, a wavering black line where the trail clung to the hillside.

MacGregor lifted the heavy brows that pent his piggy little red eyes. His face was a large red face, heavy, square, coarse-featured, stubby. It now expressed no emotion. Unhurriedly, he took up a long thirty-forty from the sling below the stirrup-leather, raised the sights high, and dropped two bullets in the trail before the advancing party. They shrank back to a huddling clump.

Under shelter of his long slicker, he wiped the rifle carefully and returned it to the scabbard. "Persons of no experience," he grumbled. "They ride with small caution for a country of boulders and such-like cover. 'Tis plain I have naught to fear from them; for now they will think twice and again at each bend and rock-fall. Aweel – I hae seen worse days. Thanks to this good rain, I neednae fear the desert, whether for mysel' or the beastie. But beyant the desert? Ay, there's the kittle bit. There's a telephone line awa' to the south – and if the guid folk of Datil be at all of enterprising mind, 'tis like I shall hear tidings."

Dawn found him beyond the desert, breasting the long slow ridges beneath the wooded mountain

Eugene Manlove Rhodes
Jenseits der Wüste

I

MacGregor hatte es eilig. In einem dichten, feinen Regen trieb er sein Pferd an. Er ritt mit Bedacht, ein riesiger, ungeschlachter Koloß von einem Mann, in zügigem Trab, in zügigem Schritt. Wo der Pfad steil war, glitt er aus dem Sattel und führte bis zum nächsten ebenen Stück.

Hart an der Paßhöhe, wo die Gipfel von San Quentin düster durch Dunst und Nebel herüberstarrten, hielt er in einer kurzen Pause zwischen den Schauern an. Weit hinter und unter ihm waren flüchtig ein paar sich abmühende Reiter zu sehen, eine schwankende schwarze Linie, wo der Pfad sich die Bergflanke entlangwand.

MacGregor hob die schweren Brauen über den kleinen geröteten Augen. Sein Gesicht war groß und rot, ein schweres, flächiges Gesicht, grobgeschnitten und stoppelig. Es verriet keinerlei Regung. Ohne Hast zog er eine lange Thirty-Forty aus der Schlinge unter dem Steigriemen, stellte das Visier auf weite Entfernung ein und setzte zwei Kugeln in den Pfad vor der näherkommenden Gruppe. Sie wich zurück, ein aneinandergedrücktes Häuflein.

Im Schutze seines Regenumhangs wischte MacGregor die Büchse sorgfältig ab und steckte sie wieder ins Halfter. «Unerfahrene Leute», brummte er. «Reiten leichtsinnig daher in einem Gelände voller Felsblöcke und anderer Hinterhalte. Eins ist sicher, von ihnen hab ich nichts zu fürchten, denn von jetzt an werden sie an jeder Biegung und bei jedem Steinschlag doppelt aufpassen. Nun – ich hab schon schlimmere Zeiten gesehen. Dank dem braven Regen brauche ich vor der Wüste keine Angst zu haben, für mich nicht, und für meinen Gaul auch nicht. Aber auf der drüberen Seite? Ja, da kommt der schwierige Teil. Weiter südlich ist eine Telefonleitung – und wenn die braven Leute in Datil nur ein bißchen fix sind, werde ich von ihnen hören.»

Die Morgendämmerung fand ihn jenseits der Wüste, am Fuß der langen, sacht ansteigenden Höhenzüge vor dem be-

of the Datils. The storm had passed away. The desert brimmed with a golden flood of light, a flood that rolled eastward across the level, to check and break and foam against the dense cool shadow of the Datil Range. So dense and so black was that shadow that the rambling building of the CLA ranch scarce bulked blacker, hardly to be seen, save for a thin wisp of wood smoke that feathered in the windless air.

"Ay," said the horseman. "Now the pot boils. Here comes one at a hard gallop – wrangling horses, belike. And now he sees me and swerves this way. Truly, I am very desirous that this man may be Mundy himself. I would ever like best to deal with principals. Be it Clay Mundy or another, yon bit wire has gien him word and warning to mark who comes this way. I must e'en call science to my own employ. Hullo, Central!... Hullo! Give me Spunk, please... Hullo, Spunk. MacGregor speaking. Spunk, I am now come to a verra straight place, and I would be extremely blithe to hae your company. For, to deal plainly wi' you, my neck is set on the venture, no less... I am obleegit to you. Ye hae aye been dependable. See if you canna bring Common-sense wi' you. Hullo, Central! Gimme Brains... What's that? No answer? Try again, Central, gin ye please. The affair is verra urgent."

The oncoming rider slowed down. MacGregor turned to meet him, his two hands resting on the saddle-horn.

"'Tis Mundy's self, thanks be," he muttered. "Now, do you twa walk cannily, Spunk and Common-sense. Here is the narrow bit. Aha, Brains! Are ye there at the last of it? That's weel! I shall need you!"

The riders drew abreast.

"Hands up, you!"

Mundy's gun was drawn and leveled with incred-

waldeten Gebirge der Datils. Der Sturm hatte sich verzogen. Die Wüste schwamm in einer Flut goldenen Lichts, einer Flut, die ostwärts über die Ebene rollte, um sich sprühend und schäumend an dem dichten, kühlen Schatten der Datil-Mountains zu brechen. So dicht und so schwarz war dieser Schatten, daß sich die verstreuten Gebäude der CLA-Ranch kaum schwärzer davon abhoben, fast nicht auszumachen außer durch ein dünnes Fädchen Holzrauch, das sich in die windstille Luft ringelte.

«Aha», sagte der Reiter. «Jetzt wird's ernst. Hier kommt einer im gestreckten Galopp daher – treibt anscheinend Pferde zusammen. Jetzt bemerkt er mich und schwenkt in meine Richtung. Wahrhaftig, ich hoffe stark, daß dieser Mann Mundy selber ist. Mit Anführern redet sich's doch allemal am besten. Aber ob's Clay Mundy ist oder ein andrer, das Stück Draht da drüben hat ihm Botschaft zukommen lassen, daß er drauf achtet, wer hier des Weges reitet. Nun, dann muß ich meinerseits die Wissenschaft zu Hilfe rufen. Hallo Zentrale!... Hallo! Verbinden Sie mich bitte mit Mumm... Hallo, Mumm. MacGregor hier. Mumm, hier wird's gleich hart auf hart gehen, und ich wäre äußerst froh über deine Gesellschaft. Denn um ehrlich zu sein, es geht um nicht weniger als um Kopf und Kragen... danke, bin dir sehr verbunden. Auf dich ist doch immer Verlaß. Sieh zu, ob du vielleicht auch Besonnenheit mitbringen kannst. Hallo, Zentrale! Geben Sie mir Köpfchen...Was? Keiner da? Versuchen Sie's noch mal, Zentrale, bitte. Die Sache ist sehr dringend.»

Der herankommende Reiter verlangsamte sein Tempo. MacGregor wendete das Pferd in seine Richtung, beide Hände am Sattelhorn.

«Es ist Mundy selber, gottlob», murmelte er. «Jetzt heißt es geschickt vorgehen, Mumm und Besonnenheit. Das hier ist der Engpaß. Ah, Köpfchen! Hast du's doch noch geschafft? Fein, fein! Ich kann dich brauchen!»

Die Reiter hielten Seite an Seite.

«Hände hoch, du da!»

Mit unglaublicher Geschwindigkeit zückte Mundy seinen

ible swiftness. MacGregor's hands did not move from the saddle-horn.

"That is no just what ye might call a ceevil greeting, Mr Mundy. Ye give me but a queer idea of your hospitality. And man, ye think puirly! Do ye see this rifle under my knee? Thirty-forty, smokeless – and, had I meant ye ill, it was but stepping behind a bit bush to tumble you from the saddle or e'er ye clapped eyes on me."

"You have my name, I see," said Mundy. "And there is certainly some truth in your last saying. Guess you didn't know we were expecting you. Unless all signs fail, you are fresh from the loot of Luna. Now, stick up those hands or I'll blow you into eternity!"

"And that is a foolish obsairve," said MacGregor composedly. "'Into eternity!' says he. Man, I wonder at ye! We're in eternity now, – every minute of it, – as much as we e'er shall be. And I was well knowing to yon mischief-making telephone – but I took my chance of finding you a man of sense. For my hands, they are very well where they are. You have me covered – what more would you wish? I have conscientious scruples aboot this hands-up business. It is undeegnified in the highest degree."

"Very well. I am coming to get your gun. Keep your hands on the saddle-horn. If you crook a finger, I'll crook mine."

"'Tis early yet in the day, Mr Mundy." MacGregor held the same attitude. "Dinna be hasty in closing in upon me. I was thinking to propose a compromise."

"A compromise? And me with finger on trigger – me that could hit you blindfold?"

"Nae doot of it all. Ye have the name of a man of speerit and of one skilly wi' his gun and unco' swift to the back o' that. Myself, I am slow on the draw –

Revolver und zielte. MacGregors Hände rührten sich nicht vom Sattelhorn.

«Sowas nenn ich nicht grade eine höfliche Begrüßung, Mr Mundy. Was soll ich denn da für einen Eindruck von Ihrer Gastfreundschaft bekommen? Denken Sie doch nach, Mann! Sehen Sie den Schießprügel da an meinem Knie? Thirty-Forty, rauchlos – hätt ich Ihnen was antun wollen, dann hätt ein Schritt hintern Busch genügt, und ich hätt Sie aus dem Sattel geballert, bevor Sie mich überhaupt gesichtet hätten.»

«Sie kennen meinen Namen, wie ich sehe», sagte Mundy. «Und ganz unwahr ist das nicht, was Sie da zuletzt gesagt haben. Sie haben wohl nicht damit gerechnet, daß wir Sie erwarten. Wenn nicht alles täuscht, kommen Sie direkt von dem Raubüberfall in Luna. Also, hoch mit den Händen, sonst puste ich Sie in die Ewigkeit.»

«Noch einmal töricht dahergeredet», versetzte MacGregor gelassen. «‹In die Ewigkeit!› sagt er. Mann, Sie machen mir Spaß. In der Ewigkeit sind wir schon, jede einzelne Minute davon – noch ewiger wird's nicht. Daß dieses Telefon mir einen Streich spielt, hab ich nicht anders erwartet – aber ich hab drauf gesetzt, daß Sie ein vernünftiger Mensch sind. Was meine Hände angeht, die sollen ruhig bleiben, wo sie sind. Sie halten mich in Schach – was wollen Sie denn noch? Das mit dem Hände-Hoch, das hab ich noch nie mit meinem Gewissen vereinbaren können. Es ist im höchsten Maße unwürdig.»

«Wie Sie meinen. Ich komme jetzt und nehme Ihnen die Büchse ab. Lassen Sie die Hände am Sattelhorn. Wenn Sie einen Finger krümmen, krümme ich meinen.»

«Es ist noch früh am Tag, Mr Mundy.» MacGregor blieb unverändert sitzen. «Gehn Sie nicht voreilig auf mich los. Ich hab Ihnen grad'n Kompromiß vorschlagen wollen.»

«Einen Kompromiß? Und das, wo ich den Finger am Abzug habe – wo ich Sie mit verbundenen Augen treffen könnte?»

«Das glaub ich gern. Sie gelten als ein mutiger Mann, geübt im Schießen und noch dazu außerordentlich rasch. Ich für mein Teil, ich bin ein bißchen langsam beim Abdrücken

but, man! if I'm slow, I'm extraordinar' eefeecient! If you crook that finger you are speaking of, I am thinking the two of us may miss the breakfast cooking yonder."

"Fool! I can shoot you three times before you get to the gun."

"Nae doot, nae doot," said MacGregor pacifically. "It has been done. But, come, Mr Mundy. I must deal plainly wi' you. Understand me weel. I am laying no traps to tempt your eye to rove – so dinna look, but e'en take my word for it. Gin ye were free to look, ye wad see some ten-twelve black specks coming this way ahindt me on the plain, a long hour back, or near two – and ye may draw your ain conclusions thereby. To speak the plain truth, I doot they mean me nae guid at a'."

"I should conclude that this was your unlucky day, Mr Whatever-your-name-is. Quite aside from these gentlemen behind, or from myself, the whole country east of here is warned by telephone. Heavy, heavy hangs over your head!"

"I am a little struck wi' that circumstance myself," said MacGregor simply. "Ye see the seetuation wi' great clearness, Mr Mundy. But I have seen worse days, and trust to come fairly off from this one yet. For, if you can eenstruct me in what way I should be any worse off to be shot by you just now than to be hanged in a tow from a pleasant juniper a little later, I shall be the more obleegit. For then I can plainly see my way to give myself up to you. If you cannae do this, then I shall expect ye, as a reasoning man yourself, to note that ye can have naught to gain by changing shots wi' one who has naught to lose, and to conseeder the proposeetion I make to you – as I should surely do and the cases were changed."

"You put it very attractively and I see your point," said Mundy. A slow smile lit up his face.

– aber dafür bin ich um so gründlicher! Wenn Sie den Finger krumm machen, von dem Sie sprechen, dann fürchte ich, wir beide versäumen das Frühstück, das da drüben auf dem Herd brutzelt.»

«Sie Narr! Ich erschieße Sie dreimal, bevor Sie auch nur anlegen können.»

«Ich glaub's, ich glaub's», sagte MacGregor friedfertig. «So was soll's geben. Aber kommen Sie, Mr Mundy. Ich will offen mit Ihnen reden. Verstehen Sie mich recht. Es kommt jetzt kein Trick, damit Sie den Blick schweifen lassen – also schauen Sie nicht hin, glauben Sie's einfach. Wenn Sie Ausschau halten könnten, sähen Sie hinter mir in der Ebene zehn, zwölf schwarze Punkte, die auf uns zuhalten, eine gute Stunde entfernt, fast zwei – und Sie könnten Ihre eigenen Schlüsse daraus ziehen. Um es grade heraus zu sagen, ich bezweifle, daß sie was Gutes mit mir im Sinn haben.»

«Mein Schluß würde lauten, daß heute Ihr schwarzer Tag ist, Mr Wie-auch-immer. Mal abgesehen von den Gentlemen hinter Ihnen oder von meiner Wenigkeit: Die gesamte Gegend östlich von hier ist telephonisch verständigt worden. Es sieht übel aus für Sie, sehr übel!»

«Das ist mir auch nicht völlig entgangen», sagte MacGregor schlicht. «Sie haben die Lage klar erfaßt, Mr Mundy. Aber ich hab schon schlimmere Tage erlebt und bin zuversichtlich, daß ich auch diesen einigermaßen überstehen werde. Wenn Sie mich aufklären könnten, inwiefern es schlimmer für mich sein soll, hier und jetzt von Ihnen niedergeschossen zu werden als ein bißchen später an einer Schlinge an einem hübschen Wachholderstrauch zu baumeln, dann wär ich Ihnen in höchstem Maße verbunden. Dann würde ich mich nämlich ohne weiteres ergeben. Wenn Sie das nicht können, dann erwarte ich von Ihnen als vernünftigem Mann, daß Sie einsehen, daß Sie nichts gewinnen können durch einen Schußwechsel mit jemand, der nichts zu verlieren hat, und sich den Vorschlag anhören, den ich Ihnen machen will – so wie ich's im umgekehrten Fall auch täte.»

«Sie formulieren das sehr reizvoll, und ganz unrecht haben Sie nicht», sagte Mundy. Ein langsames Lächeln erhell-

He put his gun back in the scabbard. "Well, let's have it."

"And a verra guid choice, too. If it be not askin' too much, let us e'en be riding toward yon ranch gate while ye hear my offer. Yonder weary bodies gain on us while we stand here daffing."

They made a strange contrast: Mundy, smooth, slender, and graceful, black of hair and eye, poised, lithe, and tense; MacGregor, stiff, unwieldy, awkward, gross, year-bitten.

"For the first of it, ye should know that not one of these gentry behind have seen my face, the which I kep' streectly covered durin' my brief stay in Luna. Second, though no great matter, ye may care to know that the bit stroke I pulled off in Luna was even less than justice. For within year and day a good friend of mine was there begowked and cozened by that same partnership – yes, and that wi' treachery and broken trust to the back of it – of mair than I regained for him by plain and open force at noonday. So much for that. Third, for your own self, it is far known that you and the Wyandotte Company and Steelfoot Morgan are not agreeing verra well –"

"You never heard that I've taken any the worst of it, did you?"

"No, but that they keep you weel occupied. Also, that hired warriors from the Tonto are to join wi' Webb of the Wyandotte. So hear me now. I neednae ask if ye have ony but discreet persons aboot ye?"

Mundy laughed. "Boys are floating in the hills with a pack outfit. No one at the ranch to-day but Hurley, the water-mason."

"Verra weel. Do you send him away betimes on that beastie atween your knees, and I'll be watermason to you – the mair that I can run your steam-pump as well as the best. The story will be

te sein Gesicht. Er steckte das Gewehr zurück ins Halfter. «Gut, lassen Sie mich hören.»

«Sehr klug entschieden! Wenn's nicht zuviel verlangt ist, reiten wir schon mal zum Tor der Ranch vor, während ich Ihnen mein Angebot mache. Diese lahmen Gestalten da hinten holen auf, wenn wir hier stehen und schwatzen.»

Sie bildeten einen seltsamen Gegensatz: Mundy glatt, schlank und anmutig, schwarz von Auge und Haar, beherrscht, wendig und straff; MacGregor steif, plump, unbeholfen, grobschlächtig, von den Jahren gegerbt.

«Was Sie als erstes wissen sollten: Kein einziger von diesen Herrschaften dort hinten kennt mein Gesicht, das hab ich nämlich bei meinem kurzen Besuch in Luna verdeckt gehalten. Zweitens, das tut nichts zur Sache, aber vielleicht interessiert Sie's ja doch: Der kleine Überfall, den ich mir in Luna erlaubt hab, war noch weniger als eine gerechte Strafe. Denn vor Jahr und Tag ist ein guter Freund von mir von eben diesem Partner übers Ohr gehauen und geprellt worden – mit Verrat und Treuebruch obendrein –, und zwar um mehr, als ich ihm durch schlichte und offene Gewalt am hellichten Tag zurückgeholt habe. Soviel dazu. Drittens, und das geht jetzt Sie an: Jeder weiß, daß Sie sich mit der Wyandotte-Company und Steelfoot Morgan nicht allzu gut vertragen...»

«Sie haben ja wohl nicht gehört, daß ich dabei je den kürzeren gezogen hätte, oder?»

«Nein, aber daß Sie von denen ordentlich ins Schwitzen gebracht werden. Und daß Webb von der Wyandotte Verstärkung durch angeworbene Tonto-Krieger erhalten soll. Also hören Sie mir jetzt gut zu. Sie haben doch niemand hier, dem Sie nicht trauen können?»

Mundy lachte. «Die Jungs stecken irgendwo in den Bergen mit einem Packzug. Keiner auf der Ranch heute außer Hurley, dem Pumpenwart.»

«Ausgezeichnet. Den schicken Sie recht bald weg, auf dem Gaul da, den Sie zwischen den Beinen haben, und dann bin ich der Pumpenwart – ich kann Ihre Dampfpumpe so gut schüren wie irgend jemand sonst. Und Sie sagen dann, der

that the outlaw-body passed by night, unseen, liftin' your night-horse as he flitted, and leavin' this sorrel of mine. Your man Hurley can join your outfit and lose himself. And when they see how it is, that their man has got cleanly away, these men from Luna will know that the jig is definitely up, and they will be all for the eating and sleeping."

"Very pretty, and it can be done – since they do not know you," agreed Mundy. "But I do not see where I am to gain anything."

"You are to hear, then," said the outlaw. "I will praise the bridge that carried me over, but I will do more, too; I will mend that bridge. I will fight your battles with you against all comers. Not murder, you mind, but plain warfare against men fit for war."

"A fighting man, and slow on the draw?"

"I am that same, both the one and the other. Slow, I cannot deny it – slow in compare with the best. Someway, I dinna prosper verra weel as chief man – but as the next best there is none better rides leather."

"You come well recommended."

"By myself, you are meaning? And, just that you may know the worth of that recommend, I am telling ye that my name is no exactly Maxwell. I would have ye to observe, Mr Mundy, that I keepit my name streectly to myself for such time as ye might have taken the sound of it as a threat, and give it to now only when it comes mair as a promise. So now I offer you the naked choice, peace or war."

"I am decidedly inclined toward peace," said Clay Mundy, smiling again, "if only to hear you talk. And, after all, your late exploit at Luna is nothing to me. But as to your value in my little range war – you forgot to mention the name, you know."

Outlaw wäre in der Nacht durchgeschlichen, ungesehen, und hätte dabei Ihr Nachtpferd mitgenommen und statt dessen den Fuchs hier dagelassen. Ihr Hurley kann Ihren Leuten nachreiten und sich auf dem Weg verirren. Wenn die Herrschaften aus Luna sehen, wie die Sache steht – daß ihr Mann ungeschoren davongekommen ist –, dann wissen sie, daß nichts mehr zu wollen ist, und haben nur noch Essen und Schlafen im Sinn.»

«Hübsch ausgedacht, und machbar dazu – da die aus Luna Sie nicht kennen», stimmte Mundy zu. «Aber mir ist nicht ganz klar, was dabei für mich herausspringen soll.»

«Dann sag ich's Ihnen», erklärte der Outlaw. «Ich werde die Brücke preisen, die mich auf die andere Seite getragen hat, aber ich werde noch mehr tun: Ich werde diese Brücke flicken. Ich werde auf Ihrer Seite kämpfen, gegen jeden, der kommt. Kein Mord, wohlgemerkt, sondern offener und ehrlicher Krieg gegen Männer, die zum Krieg taugen.»

«Ein Krieger, und dennoch langsam am Abzug?»

«Genau, sowohl das eine wie das andere. Langsam, das kann ich nicht bestreiten – langsam im Vergleich mit den Besten. Als Anführer hab ich's nie sonderlich weit gebracht – aber zum Zweitbesten taugt keiner, der im Sattel sitzt, besser als ich.»

«Sie kommen mit erstklassigen Referenzen.»

«Von mir selber, meinen Sie? Nun, damit Sie wissen, was eine Referenz von mir wert ist, sag ich Ihnen auch noch, daß mein Name nicht unbedingt Maxwell ist. Und beachten Sie, Mr Mundy, ich behalte meinen Namen streng für mich, solange man seinen Klang als Drohung auffassen könnte, und verrate ihn Ihnen erst jetzt, wo er eher was von einem Versprechen an sich hat. Ich lass Ihnen also die Wahl: Frieden oder Krieg.»

«Ich bin ganz ausgesprochen für Frieden», sagte Clay Mundy mit einem neuerlichen Lächeln, «und sei es nur, um Sie reden zu hören. Schließlich kann mir Ihr letztes Heldenstück in Luna gleichgültig sein. Aber was Ihre Tauglichkeit in meinem kleinen Weidekrieg betrifft – Sie haben leider vergessen, Ihren Namen zu nennen.»

"The name is MacGregor."

"Not Sandy MacGregor? Of Black Mountain?"

"That same. Plain shooting done neatly."

"You're on!" said Clay Mundy.

II

Mr Maxwell had been given a mount, a rope, and a branding-iron, and so turned to learn the range. So far, his services had been confined to peaceful activities; for the bitter cattle war between Clay Mundy and his enemies, "Steelfoot" Morgan and Webb of the Wyandotte, had languished since the rains set in.

All day it had been cloudy. While Mr Maxwell was branding his maverick, it began to rain. By the time he turned it loose, the rain had turned to a blinding storm, and he was glad to turn his back to its fury and ride his straightest for the nearest shelter, Pictured Rock, an overhanging cliff of limestone, whose walls and roof are covered with the weird picture-writing of Apache and Navaho.

As he turned the bend in the cañon, Maxwell saw a great light glowing under Pictured Rock, veiled by the driving rain. Another, storm-driven like himself, was before him. He paused at the hill-foot and shouted:

"Hullo, the house! Will your dog bite?"

"*Hi!*" – it was a startled voice. A slender figure in a yellow slicker appeared beside the fire. "Dog's dead, poor fellow – starved to death! Come on up!"

The CLA man rode up the short zigzag of the trail to the fire-lit level. He took but one glance and swept off his hat, for the face he saw beneath the turned-up sombrero was the bright and sparkling face of a girl.

"You will be Miss Bennie May Morgan? I saw you in Magdalena at the steer-shipping."

«Der Name ist MacGregor.»
«Doch nicht Sandy MacGregor von Black Mountain?»
«Genau. Solides Schützenhandwerk, sauber ausgeführt.»
«Der Handel gilt!» sagte Clay Mundy.

II

Mr Maxwell hatte ein Pferd, ein Lasso und ein Brandeisen erhalten, und so ausgestattet erkundete er das Weideland. Bisher waren seine Dienste auf friedliche Betätigungen beschränkt geblieben, denn der erbitterte Viehkrieg zwischen Clay Mundy und seinen Feinden, «Steelfoot» Morgan und Webb von der Wyandotte Company, lag danieder, seit die Regenfälle eingesetzt hatten.

Den ganzen Tag über war es bewölkt gewesen. Als Mr Maxwell gerade ein Kalb brändete, begann es zu regnen. Bis er es schließlich laufen ließ, war aus dem Regen ein peitschender Sturm geworden, und Maxwell war froh, dem Toben den Rücken zu kehren und auf schnellstem Wege zum nächstgelegenen Zufluchtsort zu reiten, Pictured Rock, einem Kalksteinüberhang mit der eigentümlichen Bilderschrift der Apachen und Navajos an Wänden und Dach.

Als er in den Cañon einbog, sah Maxwell unter dem Felsen einen hellen Lichtschein, verschleiert durch den schräg herabströmenden Regen. Jemand anderes, sturmgetrieben wie er selbst, war schon vor ihm gekommen. Er hielt am Fuße des Felsens an und rief:

«He, Festung! Beißt Ihr Hund?»
«Hallo!» – die Stimme klang aufgeschreckt. Eine schlanke Gestalt im gelben Regenmantel erschien neben dem Feuer. «Der Hund ist tot, das arme Ding – verhungert. Kommen Sie nur herauf!»

Der CLA-Mann ritt das kurze Zickzack zu der vom Feuer erleuchteten Plattform hinauf. Ein Blick genügte, dann nahm er eilig den Hut vom Kopf, denn das Gesicht, das ihn unter der hochgeschlagenen Krempe des Sombreros hervor ansah, war das helle, strahlende Gesicht eines Mädchens.

«Sie sind Miss Bennie May Morgan, nicht wahr? Ich habe Sie in Magdalena beim Ochsentreiben gesehen.»

"Quite right. And you are Mr Sandy Maxwell, the new warrior for Clay Mundy."

"Faces like ours are not easily forgot," said Maxwell.

Miss Bennie laughed. "I will give you a safe-conduct. Get down – unless you are afraid of hurting your reputation, that is." She sat upon her saddle blankets where they were spread before the fire, and leaned back against the saddle.

The CLA man climbed heavily down and strode to the fire.

"How about that lunch?" demanded Miss Bennie. "It's past noon."

"Sorry, Miss Morgan, but I have not so much as a crumb. And that is a bad thing, for you are far from home, and who knows when this weary storm will be by? But dootless they will be abroad to seek for you."

Miss Bennie laid aside the hat and shook her curly head decidedly. "Not for me, Dad thinks I'm visiting Effie at the XL and Effie thinks I'm home by this time. But this storm won't last. The sun will be out by three. You'll see! And now, if you please, since you can't feed me, hadn't you better entertain me? Sit down, do!"

"It is like that I should prove entertaining for a young maid, too!" said Maxwell, carrying a flat stone to the fire to serve for a seat.

"Oh, you never can tell! Suppose, for a starter, you tell me what you are thinking so busily."

"I am thinking," said Maxwell slowly, "that you are a bonny lass and a merry one. And I was thinking one thing, too. The XL is awa' to the southeast and the Morgan home ranch as far to the southwest. Now, what may Miss Bennie Morgan need of so much northing, ten long miles aside from the straight way, and her friend Effie thinking she was safe home and all? And then I thought to myself,

«Ganz genau. Und Sie sind Mr Sandy Maxwell, Clay Mundys neuer Kriegsmann.»

«Gesichter wie unsere vergißt man nicht so leicht», sagte Maxwell.

Miss Bennie lachte. «Ich sichere Ihnen freies Geleit zu. Sitzen Sie ab – das heißt: wenn Sie keine Angst um Ihren guten Ruf haben.» Sie setzte sich auf ihre Satteldecken, die vor dem Feuer ausgebreitet lagen, und lehnte sich an den Sattel.

Der CLA-Mann stieg schwerfällig ab und trat ans Feuer.

«Wie wär's mit einem kleinen Imbiß für mich?» fragte Miss Bennie. «Es ist schon Mittag vorbei.»

«Tut mir leid, Miss Morgan, aber ich habe keinen einzigen Krümel bei mir. Und das ist schlimm, weil Sie weit weg von zu Hause sind, und wer weiß, wann dieser dumme Sturm sich verzieht? Aber man ist sicher schon unterwegs, um nach Ihnen zu suchen.»

Miss Bennie legte den Hut neben sich und schüttelte mit großer Bestimmtheit ihre Locken. «Nicht nach mir. Papa denkt, ich besuche Effie auf der XL-Ranch, und Effie glaubt, ich bin längst daheim. Aber dieser Sturm wird nicht dauern. Bis um drei scheint wieder die Sonne. Sie werden sehen! Aber hören Sie: wenn Sie schon nichts zu essen für mich haben, sollten Sie mich dann nicht wenigstens unterhalten? Kommen Sie, setzen Sie sich!»

«Sicher, ich eigne mich ja auch bestens zur Unterhaltung für junge Damen!» sagte Maxwell, indem er sich einen flachen Stein als Sitz zum Feuer trug.

«O, man kann nie wissen! Für den Anfang könnten Sie mir zum Beispiel verraten, was Sie gerade so eifrig denken.»

«Ich denke», sagte Maxwell bedächtig, «daß Sie ein hübsches Mädchen sind, und ein aufgewecktes noch dazu. Und ich hab mir noch was andres gedacht. Die XL ist ein ganzes Stück südöstlich von hier, und die Morgan-Ranch liegt ebenso weit nach Südwesten. Was bringt Miss Bennie Morgan dann so weit nach Norden, zehn lange Meilen ab vom direkten Weg, und ihre Freundin Effie denkt, sie sitzt schön brav daheim? Und dann hab ich bei mir gedacht, daß die

the folk of the San Quentin are very quiet now. It is to be thought that the season of great plenty has put them in better spunk with the world. And it is an ill thing that a way cannot be found to make an end of this brawling for good and all. And, thinks I, the bonny Earl of Murray himself was not more goodly to the eye than the man Clay Mundy – and it is a great peety for all concerned that Clay Mundy is not storm-bound this day at Pictured Rock, rather than I!"

"Well!" Miss Bonnie gasped and laughed frankly, blush-red, neck and throat. "Oh, you men! And while you were making this up –"

"It is what I thought," said Maxwell stoutly. "Only I wasnae thinking words, d'ye see? I was just thinking thoughts. And it is no verra easy to put thoughts into words."

"Well, then – while you were thinking all those preposterous thoughts, I was seeing a wonderful picture, very much like this storm, and this cave, and this fire, and us. If I were a painter, this is what I would try to paint: a hillside like this – the black night and the wild storm; a red fire glowing in a cave-mouth, and by the fire a man straining into the night at some unseen danger – a cave-man, clad in skins, with long matted hair, broad-shouldered, long-armed, ferocious, brutal – but unafraid. He is half crouching, his knees bent to spring; a dog strains beside his foot, snarling against the night, teeth bared, neck bristling; behind them, half hid, shrinking in the shadow – a woman and a child. And the name of that picture would be 'Home!'"

Maxwell's heavy face lit up, his dull and little eye gleamed with an answering spark, his sluggish blood thrilled at the spirit and beauty of her. His voice rang with a heat of frank admiration:

"And that is a brave thought you have conjured up, too, and I will be warrant you would be unco'

Leute von San Quentin sich dieser Tage sehr ruhig verhalten. Die üppige Jahreszeit muß der Grund dafür sein, daß sie mit der Welt jetzt auf besserem Fuß stehn. Und es ist eine böse Sache, daß sich kein Weg findet, um diesen Zank ein für allemal beizulegen. Und weiter denk ich, der schmucke Graf von Murray selber war nicht schöner anzusehen als der Mann Clay Mundy – und es ist ein rechter Jammer für alle Beteiligten, daß der Sturm heut nicht Clay Mundy zum Pictured Rock geblasen hat, sondern mich!»

«Also...!» Miss Bennie holte tief Atem und lachte laut auf, Kehle und Hals dunkelrot. «Ihr Männer! Und während Sie sich das alles zurechtgelegt haben...»

«Ich hab es mir eben gedacht», beharrte Maxwell. «Nur hab ich keine Worte gedacht, wissen Sie. Ich hab bloß Gedanken gedacht. Und es ist nicht grad leicht, Gedanken in Worte zu bringen.»

«Na gut, während Sie all diese unsinnigen Gedanken gedacht haben, hatte ich ein wunderbares Bild vor Augen, das war ganz ähnlich wie dieser Sturm und diese Höhle und dies Feuer und wir beide. Wenn ich ein Maler wäre, würde ich es zu malen versuchen: Eine Felswand wie die hier – schwarze Nacht und tobender Sturm; ein rotglühendes Feuer in einem Höhleneingang, und am Feuer ein Mann, der in die Nacht hinausspäht nach irgendeiner unsichtbaren Gefahr – ein Höhlenmann, in Felle gehüllt, mit langem, verfilztem Haar, breitschultrig, langarmig, wild und roh – aber furchtlos. Halb kauert er, die Knie angewinkelt zum Sprung; ein Hund duckt sich zu seinen Füßen, knurrt gegen die Nacht an, mit gebleckten Zähnen und gesträubtem Nackenfell; hinter ihnen, halb verdeckt, im Schatten verschwindend – eine Frau und ein Kind. Und der Titel des Bildes wäre ‹Daheim›!»

Maxwells schwere Züge leuchteten auf, in seinen kleinen, trüben Augen glomm ein antwortender Funke, sein träges Blut floß schneller angesichts ihrer Lebhaftigkeit und ihrer Schönheit. Aus seiner Stimme klang die Wärme unverhohlener Bewunderung:

«Das ist ein mutiger Gedanke, den Sie da herbeibeschworen haben, und ich verbürge mich dafür, daß Sie eine un-

fine woman to a cave-man. I would have you observe that the thoughts of the two of us differed but verra little when all is said – forbye it ran in my mind that a much younger person was to be cave-man to you."

"Now you are trying to torment me," said Miss Bennie briskly. "I can't have that. Roll a smoke – I know you want to. The storm is slacking already – we will be going soon."

"A pipe, since you are so kind," said Maxwell, fumbling for it.

"Do you admire your friend Clay Mundy so much?" said Miss Bennie next, elbows on knees, chin in hands.

Maxwell rolled a slow eye on her, and blew out a cloud of smoke. "My employer. I did not say friend, though if I like him no worse it may come to that yet. He has the devil's own beauty – which thing calls the louder to me, misshapen as you see me. He is a gallant horseman, fame cries him brave and proven. But I am not calling him friend yet till I know the heart of him. Fifty-and-five I am, and I can count on the fingers of my twa hands the names of those I have been willing to call wholly friends. So you will not be taking Clay Mundy to your cave upon my say-so till I am better acquaint wi' him. But dootless you know him verra weel yourself."

Miss Bennie evaded this issue. She became suddenly gloomy. "It is plain that you are a stranger here, since you can talk so glibly of any lasting peace in San Quentin. A wicked, stiff-necked, unreasoning pack they are – dad and all! There has never been anything but wrong and hate here, outrage and revenge, and there never will be. It is enough to make one believe in the truth of original sin and total depravity!"

"No truth at all!" cried Maxwell warmly. "Oree-

gemein prächtige Frau für einen Höhlenmann abgeben würden. Aber ich sag Ihnen, die Gedanken von uns zweien waren sich gar nicht so unähnlich, im Ganzen gesehen – bloß daß die Person, die ich mir für Sie als Höhlenmann vorgestellt hab, 'n gutes Stück jünger war.»

«Jetzt versuchen Sie mich zu quälen», sagte Miss Bennie knapp. «Das dulde ich nicht. Drehen Sie sich ein Zigarette – ich weiß, daß Sie das möchten. Der Sturm flaut schon ab – wir können bald aufbrechen.»

«Ein Pfeifchen, wenn Sie gestatten», sagte Maxwell und fingerte es hervor.

«Bewundern Sie Ihren Freund Clay Mundy so sehr?» erkundigte sich Miss Bennie als nächstes, Ellbogen auf den Knien, Kinn in den Handflächen.

Maxwell maß sie mit einem langsamen Blick und blies eine Rauchwolke aus. «Arbeitgeber. Ich hab nicht Freund gesagt, obwohl's noch dazu kommen kann, wenn ich nichts an ihm auszusetzen finde. Er ist schön wie die Sünde – und das ist was, wo ich noch weniger dagegen an kann wie andre, so ungestalt wie ich bin. Er ist ein wackrer Reiter, und tapfer soll er sein, und kampferprobt auch. Aber ich nenn ihn nicht meinen Freund, eh ich nicht weiß, wie's innen in ihm ausschaut. Fünfundfünfzig bin ich jetzt, und ich kann die Namen derer, die ich wirklich Freunde hab nennen mögen, an den Fingern meiner zwei Hände abzählen. Darum werd ich Ihnen nicht den Rat geben, Clay Mundy in Ihre Höhle zu nehmen, bevor ich besser mit ihm bekannt bin. Aber Sie kennen ihn ja sicherlich selber recht gut.»

Dazu schwieg Miss Bennie. Ihre Stimmung wurde plötzlich düster. «Man merkt, daß Sie nicht von hier sind, da Sie so leichthin von einem dauerhaften Frieden in San Quentin reden können. Ein gottloses, halsstarriges, unvernünftiges Pack sind sie – Papa und all die anderen! Es hat hier nie etwas anderes gegeben als Unrecht und Haß, Empörung und Rache, und das wird es auch nie. Es kann einen wirklich glauben lassen, daß Erbsünde und böses Sinnen und Trachten die einzige Wahrheit sind!»

«Von wegen Wahrheit!» rief Maxwell heftig. «Eine Tatsa-

ginal sin is just merely a fact – no truth at a'! Folks are aye graspin' at some puir haflin' fact and settin' it up to be the truth. But the storm is breaking. It will be clear as suddenly as it came on. I will be seeing that you get safe home –"

"No, you mustn't. It would only make you a hard ride for nothing. No need of it at all. There is time for me to get home while the sun is still an hour high."

"It doesn't seem right," protested Maxwell.

"Really, I'd rather you wouldn't," said Miss Bennie earnestly. "I don't want to be rude, but I am still" – she gave him her eyes and blushed to her hair – "I am still – north of where I should be, as you so shrewdly observed. And your camp lies farther yet to the north."

"Good-by, then, Miss Morgan."

"Good-by, Mr MacGregor."

He stared after her as she rode clattering down the steep.

"MacGregor!" he repeated. "MacGregor, says she! And never a soul of the San Quentin kens aught of the late MacGregor save Clay Mundy's own self! Here is news! Is she so unco' chief wi' him as that, then? And who told her whaur my camp was? She was glib to say she had time enow to go home or sundown – but she was careful she didnae say she was gaun there! Little lady, it is in my mind that you are owre far north!"

She waved her hand gaily; her fresh young voice floated back to him, lingering, soft and slow:

> "He was a braw gallant,
> And he rid at the ring:
> And the bonny Earl of Murray –
> Oh! He might have been a king."

The girl passed from sight down the narrow cañon. MacGregor-Maxwell put foot to stirrup. When

che ist die Erbsünde, keine Wahrheit! Ständig stürzen sich die Leute auf 'ne armselige, kümmerliche Tatsache und bauschen sie zur Wahrheit auf. Aber der Sturm verzieht sich. Es wird genauso schnell wieder klar, wie es genebelt hat. Ich will zusehen, daß Sie heil nach Hause kommen...»

«Nein, tun Sie das nicht. Es wäre für Sie nur ein beschwerlicher Ritt für nichts und wieder nichts. Es ist nicht nötig, wirklich nicht. Ich habe leicht Zeit, eine gute Stunde vor Sonnenuntergang heimzukommen.»

«Es scheint mir nicht richtig», beharrte Maxwell.

«Wirklich, mir wäre es lieber, Sie täten es nicht», sagte Miss Bennie ernst. «Ich will nicht unhöflich sein, aber ich bin immer noch» – sie blickte ihm in die Augen und errötete bis an die Haarwurzeln – «ich bin immer noch – weiter nördlich, als ich sein sollte, wie Sie so scharfsinnig bemerkt haben. Und Ihr Camp liegt ja noch weiter im Norden.»

«Dann auf Wiedersehen, Miss Morgan.»

«Auf Wiedersehen, Mr MacGregor.»

Er sah ihr nach, als sie klappernd den Steilhang hinunterritt.

«MacGregor!» wiederholte er. «MacGregor sagt sie! Wo doch keine Menschenseele hier in San Quentin von MacGregor selig weiß, außer Clay Mundy selber! Schau an, schau an. So vertraut ist sie also mit ihm? Und wer hat ihr erzählt, wo mein Camp liegt? Daß sie Zeit hat, vor Sonnenuntergang heimzukommen, das hat sie mit leichter Zunge gesagt – aber keine Silbe davon, daß sie wirklich dorthin geht! Kleine Lady, ich hab den Verdacht, du bist etwas arg weit im Norden!»

Sie winkte fröhlich; ihre frische junge Stimme klang zu ihm zurück, zögernd, langsam und sanft:

«Er war ein wackrer Streiter,
Er ritt im Ring so fein:
Der schmucke Graf von Murray –
Ein König sollt er sein.»

Das Mädchen verschwand den engen Cañon hinunter. MacGregor-Maxwell stellte den Fuß in den Steigbügel. Als

he came to the beaten trail again, he shook his great shoulders as if to throw off a weight. He held his cupped hands to his mouth. "Hullo, Central! Can you get Brains for me?... Try again, please... Now, Brains, you are partly acquaint wi' this day's doings. But did you mark the bonny blush of her at the name of Clay Mundy – and her so far from the plain way, wi' no cause given?... Well, then, I am telling you of it – and what am I to do in such case as that?... Oh! I am to see where Clay Mundy rides this day – if it is any affair of mine – is that it?... Surely it is my business. Any man is natural protector to any woman against any man – except himself... And if he means her naething but good?... It is what I will know."

III

"I thought it was you," said Miss Bennie May Morgan, "so I waited for you. Aren't you rather out of your own range, Mr Maxwell? The Morgans'll get you if you don't watch out!"

With elaborate surprise, MacGregor took his bearings from the distant circling hills. "Why, so I am! I was on my day to Datil," he explained. "I see now" – he jerked a thumb back over his shoulder – "that I should have ridden east-like this morning instead of west."

"It is shorter that way – and dryer," she agreed.

"Shall I ride with you a bit on your way?" asked MacGregor. "I can still get back to my camp before sundown. Mind you, I am not saying at all that I shall go to my camp by that hour, but only that there is time enough."

Then Miss Bennie Morgan knew where she stood. She flicked at her stirrup with a meditative quirt. "Why, I said something about like that to you last week at Pictured Rock, didn't I?"

er wieder auf festem Pfad war, schüttelte er seine breiten Schultern, wie um sich von einem Gewicht zu befreien. Er hielt die gewölbte Hand an den Mund. «Hallo, Zentrale! Können Sie mich mit Köpfchen verbinden?... Probieren Sie's bitte noch mal...Also, Köpfchen, das meiste, was heut geschehen ist, weißt du ja. Aber hast du bemerkt, was für eine schöne Röte ihr der Name Clay Mundy in die Wangen getrieben hat – und wie weit ab sie von ihrem Weg war, ohne daß sie einen Grund genannt hätte?... Na, dann sag ich's dir jetzt. Und was hab *ich* zu tun in einem solchen Fall?... Ach! Die Augen offenhalten, wo Clay Mundy heute so hinreitet – wenn es mich irgend etwas angeht, ist es das?... Freilich geht's mich was an. Jeder Mann ist zum natürlichen Beschützer jeder Frau vor jedem Mann bestimmt – außer vor ihm selber... Und wenn er ihr nur Gutes will? Nun, ich kriege es raus.»

III

«Ich dachte mir, daß Sie es sind», sagte Miss Bennie May Morgan, «also habe ich auf Sie gewartet. Sind Sie nicht ein bißchen weit weg von Ihrem eigenen Land, Mr Maxwell? Wenn Sie nicht aufpassen, erwischen die Morgans Sie!»

Mit betonter Überraschung überprüfte MacGregor seine Richtung am fernen Ring der Berge. «So was, Sie haben recht! Ich war auf dem Weg nach Datil», erklärte er. «Jetzt wird mir klar» – mit einem Ruck wies er mit dem Daumen über die Schulter zurück – «daß ich mich heute morgen besser nach Osten gehalten hätte als nach Westen.»

«Das wäre kürzer gewesen – und trockener», stimmte sie zu.

«Darf ich Sie ein Stückchen begleiten?» fragte MacGregor. «Ich schaffe es vor Sonnenuntergang leicht zu meinem Camp zurück. Wohlgemerkt, ich sage nicht, daß ich bis dahin wieder dort zu sein gedenke, nur, daß die Zeit reicht.»

Damit wußte Miss Bennie, woran sie war. Nachdenklich klopfte sie mit der Reitpeitsche gegen den Steigbügel. «Hm, so etwas Ähnliches habe ich letzte Woche am Pictured Rock zu Ihnen gesagt, oder?»

"Very much like that."

She turned clear, unflinching eyes upon him. "Well, let's have it!"

"Er – why – uh!" said MacGregor, and swallowed hard. "I don't quite understand you."

"Oh, yes, you do!" said Miss Bennie cheerfully. "Don't squirm! What's on your mind?"

In her inmost heart Miss Bennie knew certainly – without reason, as women know these things – that this grim old man-at-arms liked her very well, and came as a friend.

"Blackmail? Oh, no – that is not your line. And I do not take you for a telltale, either." She looked him over slowly and attentively – a cruel, contemplative glance. "I see!" She dropped the reins and clapped her hands together. "You were planning to take Clay Mundy's place with me – is that it?"

MacGregor plucked up spirit at the taunt. "And that was an unkind speech of you, Miss Morgan!"

Her eyes danced at him. "There is but one thing left, then. You have come to plead with me for your friend – your employer – to ask me to spare his youth and innocence – to demand of me, as the phrase goes, if my intentions are honorable."

"It is something verra like that, then, if I must brave your displeasure so far as to say it. It was in my mind to give you but the bare hint that your secret was stumbled upon. For what one has chanced upon this day another may chance upon tomorrow."

The girl dropped all pretense. "I think you meant kindly by me, Mr MacGregor, and I thank you for it. And you must consider that our case is hard indeed. For where can we meet, if not secretly? Fifty miles each way, every ranch is lined up on one side or the other of this feud. One word to my father's ear will mean bloodshed and death – and then, whoever wins, Bennie Morgan must lose."

«Etwas sehr Ähnliches.»

Sie sah ihn mit klaren, unerschrockenen Augen an. «Gut, tragen wir es aus!»

«O – wieso – äh!» sagte MacGregor und schluckte hart. «Ich versteh nicht.»

«Doch, das tun Sie!» sagte Miss Bennie heiter. «Drucksen Sie nicht herum! Was haben Sie auf dem Herzen?»

Im tiefsten Inneren wußte Miss Bennie ganz genau – ohne Grund, wie Frauen so etwas eben wissen –, daß dieser grimmige alte Kämpe ihr wohlgesonnen war und als Freund zu ihr kam.

«Erpressung? Nein – das paßt nicht zu Ihnen. Und für einen Ohrenbläser halte ich Sie auch nicht.» Sie faßte ihn langsam und sorgfältig ins Auge – ein grausamer, grüblerischer Blick. «Jetzt hab ich's!» Sie ließ die Zügel fallen und klatschte in die Hände. «Sie haben vor, Clay Mundys Platz bei mir einzunehmen – das ist es doch?»

Ihr Spott stachelte MacGregor auf. «Das war häßlich gesagt, Miss Morgan!»

Ihre Augen funkelten. «Dann bleibt nur eines übrig. Sie sind gekommen, um Gnade für Ihren Freund – Ihren Arbeitgeber – zu erwirken – um mich zu bitten, seiner Jugend und Unschuld zu schonen, um mich zu fragen, ob ich, wie es heißt, ehrbare Absichten habe.»

«Na ja, was ganz Ähnliches, und ich sag es auf die Gefahr hin, daß es Sie ärgert: Ich wollt Ihnen einen kleinen Wink geben, daß jemand Ihrem Geheimnis auf die Spur gekommen ist. Denn was der eine heute herauskriegt, das kann gut morgen ein andrer herauskriegen.»

Das Mädchen ließ die Maske fallen. «Ich glaube, Sie haben es gut mit mir gemeint, Mr MacGregor, und ich danke Ihnen dafür. Sie müssen bedenken, daß unsere Lage wahrhaft schwierig ist. Wie können wir uns sehen, wenn nicht heimlich? Auf fünfzig Meilen nach jeder Richtung gibt es keine Ranch, die nicht Partei ergriffen hätte in dieser Fehde. Das geringste Wort zu meinem Vater bedeutet Blutvergießen und Tod – und ganz gleich, wer dann gewinnt, die Verliererin heißt Bennie Morgan.»

"Yet you must meet?" said MacGregor.

She met his eyes bravely. "Yet we must meet!" She said it proudly.

"You two should wed out of hand, then, and put the round world between you and this place," said MacGregor.

Miss Bennie sighed. "That is what I tell Clay. It is the only way. Soon or late, if we live here, those two would meet, my father and my husband. If we go away, father may get over it in time. Clay doesn't want to go. He can't bear to have it said that he had to run away from San Quentin. But I will never marry him till he is ready to go."

"He is a fool for his pains, and I will be the one who will tell him that same!" declared MacGregor stoutly. "Him and his pride! He should be proud to run further and faster than ever man ran before, on such an argument."

"No; you mustn't say one word to him about me – please! He would be furious. He's as cross as a bear with a sore head now – so I think he is coming to my way of thinking, and doesn't like to own up. Don't you say anything. I'll tell him – not that you have seen me, but that we might so easily be seen, and that our meetings must be few and far between from now on. That will help him to make up his mind, too, if he feels –" She checked herself, with a startled shyness in her sudden drooping lids. She was only a young girl, for all her frank and boyish courage. "I will warn him, then – and yet I think there is no man who would not think twice before he whispered evil of Ben Morgan's daughter and" – she held her head proudly and lifted her brave eyes – "and Clay Mundy's sweetheart!"

MacGregor checked his horse, his poor, dull face for once lit up and uplifted. Whatever had been best of him in all his wasted and misspent life stirred at the call of her gallant girlhood.

«Und doch müssen Sie sich sehen?» fragte MacGregor.

Tapfer hielt sie seinem Blick stand. «Und doch müssen wir uns sehen!» Sie sagte es stolz.

«Dann sollten Sie beide auf der Stelle heiraten und die weite Welt zwischen sich und diesen Fleck hier legen», sagte MacGregor.

Miss Bennie seufzte. «Das predige ich Clay auch. Es ist die einzige Lösung. Wenn wir hier bleiben, geraten sie früher oder später aneinander, mein Vater und mein Mann. Wenn wir weggehen, kommt mein Vater vielleicht mal drüber hinweg. Clay will nicht gehen. Er würde es nicht ertragen, wenn es hieße, er habe aus San Quentin weglaufen müssen. Aber solange er nicht bereit ist, zu gehen, heirate ich ihn nicht.»

«Er ist ein Narr, daß er sich so quält, und ich und kein andrer werd's ihn wissen lassen!» erklärte MacGregor fest. «Er mit seinem Stolz. Bei einem so guten Grund sollt er stolz drauf sein, schneller und weiter wegzulaufen als irgendeiner vor ihm.»

«Nein, Sie dürfen zu ihm kein Wort über mich sagen – bitte! Er würde furchtbar wütend. Er ist zur Zeit gereizt wie ein angeschossener Bär – deshalb glaube ich, er sieht langsam ein, daß ich recht habe, und will es nur noch nicht zugeben. Reden Sie nicht mit ihm. Ich sage es ihm – nicht daß Sie mich gesehen haben, sondern daß wir so leicht gesehen werden könnten und daß wir uns jetzt nur noch selten und in großen Abständen treffen dürfen. Das erleichtert ihm auch den Entschluß, wenn er das Gefühl...» Sie biß sich auf die Zunge, eine erschrockene Scheu in den jäh gesenkten Augen. Bei aller freimütigen, jungenhaften Beherztheit war sie eben doch ein Mädchen. «Ich warne ihn also – dabei kann ich mir keinen vorstellen, der es sich nicht gut überlegt, bevor er etwas Schlechtes flüstert über Ben Morgans Tochter und» – sie straffte stolz den Nacken und hob den tapferen Blick – «und Clay Mundys Geliebte!»

MacGregor hielt sein Pferd an, sein armes, stumpfes Gesicht mit einemmal hell und hoch. Alles, was je an Gutem vorhanden gewesen war in seinem vergeudeten, vertanen Leben, antwortete dem Ruf ihrer mädchenhaften Kühnheit.

"I think there will be few men so vile as to think an evil thing of you," he said. "Miss Morgan, I was a puir meddlin' fool to come here on such an errand – and yet I am glad that I came, too. And now I shall go back and trouble you nae mair. Yet there is one thing, too, before I turn back."

She faced him where he stood, so that he carried with him a memory of her dazzling youth against a dazzle of sun.

"If ever you have any need of me – as is most unlike – I shall be leal friend to you; I shall stick at nothing in your service. It is so that I would have you think of old MacGregor. Good-by!"

"I shall not forget," said Bennie.

"Good-by, then!" said MacGregor again. He bent over her hand.

"Good-by!"

IV

A week later MacGregor was riding the cedar brakes on the high flanks of the mountain, branding late calves. As the day wore on he found himself well across in the Wyandotte-Morgan country, prowling in the tangle of hills, south of the Magdalena road, which was the accepted dividing line. And as he came down a ridge of backbone from the upper bench, he saw a little curl of smoke rising above the Skullspring bluff.

MacGregor remarked upon this fact to Neighbor, his horse. "We are in a hostile country, Neighbor," said he. "For all we are so quiet and peaceful these days, it will be the part of prudence to have a look into this matter."

He tied Neighbor in a little hollow of the hill, and went down with infinite precaution to the edge of the cliff above Skullspring.

Three men were by the fire below, all strangers to MacGregor. That gentleman lay flat on the rock,

«Es gibt wohl kaum einen Mann, der so mies wäre, etwas Schlechtes von Ihnen zu glauben», sagte er. «Miss Morgan, ich war ein armer, wichtigtuerischer Narr, daß ich mich auf den Gang begeben hab – aber ich bin doch froh, daß ich gekommen bin. Ich gehe jetzt zurück und falle Ihnen nicht mehr zur Last. Nur noch eins, bevor ich umkehr.»

Sie wandte sich ihm zu, wie er dort stand, so daß er ein Bild ihrer strahlenden Jugend vor dem strahlenden Sonnenlicht mit sich wegtrug.

«Wenn Sie mich jemals brauchen – was ich nicht glaub –, will ich Ihnen ein treuer Freund sein; ich will vor nichts zurückschrecken, um Ihnen zu helfen. So und nicht anders sollen Sie den alten MacGregor erinnern. Auf Wiedersehn!»

«Ich werde es nicht vergessen», sagte Bennie.

«Dann auf Wiedersehn!» sagte MacGregor noch einmal. Er beugte sich über ihre Hand.

«Auf Wiedersehn!»

IV

Eine Woche später durchkämmte MacGregor die Zederngehölze an den hochgelegenen Berghängen und brändete spätgeborene Kälber. Im Verlauf des Tages führten ihn die Streifzüge durch das Gewirr der Hügel ein gutes Stück auf Wyandotte-Morgan-Land hinüber, südlich der Straße nach Magdalena, die allgemein als Grenzlinie galt. Als er einen Höhenrücken vom oberen Plateau herunterritt, sah er über dem Skullspring-Felsen ein schmales Rauchfädchen aufsteigen.

MacGregor besprach diese Beobachtung mit Neighbor, seinem Pferd. «Wir befinden uns in Feindesland, Neighbor», sagte er. «Bei aller Ruhe und Friedlichkeit, die wir dieser Tage haben, die Vernunft will es, daß wir der Sache nachgehen.»

Er fesselte Neighbor in einer kleinen Senke am Berg die Vorderbeine und stieg mit unendlicher Vorsicht zum Rand der Felswand über Skullspring hinunter.

Drei Männer saßen dort unten um das Feuer; MacGregor kannte keinen von ihnen. Er lag flach auf dem Felsen oben

peering through a bush, and looked them over. Two were cowboys: their saddled horses stood by. The third person, a tall man of about thirty, had the look of a town man. He wore a black suit and a "hard-boiled" hat. By the fire stood a buggy and a harnessed horse.

"I tell you," said the older cowboy, a sullen-faced young man, "I'll be good and glad a-plenty when this thing is over with. It's a shaky business."

"Don't get cold feet, Joe," advised the tall man. "You're getting big money – mighty big money – for a small risk."

"I notice there's none of these San Quentin *hombres* caring for any of it," grumbled Joe sulkily.

"Aw, now, be reasonable," said the tall man. "He wouldn't risk letting any of the home people know – too shaky! You get the chance just because you're a stranger."

Plainly, here was mischief afoot. It seemed likely to MacGregor that Clay Mundy was to be the object of it.

The younger man of the party spoke up: "I'm not only goin' to get away, but I'm goin' to keep on gettin' away! I'm after that dough all right, all right – but lemme tell you, Mr Hamerick, this country'll be too hot for me when it's over."

MacGregor barely breathed. It appeared that the tall man was Hamerick, for he answered: "I'm going away myself – so far away, as the saying goes, that it'll take nine dollars to send me a postal card. But this is the chance of a life-time to make a big stake, and we don't want to make a hash of it. Keep your nerve. Your part is easy. You take the right-hand trail and drift south across that saddle-back pass yonder, so you'll get there before I do. You'll find the Bent ranch right under the pass. Nobody there. The Bents have all gone to Magdalena for supplies. If any one should come,

und nahm sie durch einen Strauch in Augenschein. Zwei waren Cowboys; ihre gesattelten Pferde standen neben ihnen. Der dritte, ein hochgewachsener Mann um die Dreißig, sah wie ein Städter aus. Er trug einen schwarzen Anzug und einen steifen Hut. Neben dem Feuer stand ein leichter Wagen mit angeschirrtem Pferd.

«Ich sag's euch», erklärte der ältere Cowboy, ein mürrisch dreinschauender junger Mann, «ich bin heilfroh, wenn wir's hinter uns haben. Die Sache ist mir nicht geheuer.»

«Krieg jetzt keine kalten Füße, Joe», mahnte der Große. «Du bekommst einen Haufen Geld – einen mordsmäßigen Haufen sogar – für ein kleines Risiko.»

«So klein, daß keiner von den Herrschaften von San Quentin irgendwas damit zu schaffen haben will», murrte Joe verdrießlich.

«Jetzt werd nicht ungerecht», sagte der Große. «Wie soll er denn jemand von den Leuten hier einweihen? Viel zu unsicher! Du bekommst deine Chance nur, weil du ein Fremder bist.»

Zweifellos war hier etwas im Busch. MacGregor hatte den Verdacht, daß sie es auf Clay Mundy abgesehen hatten.

Der jüngere Mann der Gruppe schaltete sich ein. «Ich werd jedenfalls schauen, daß ich wegkomm, und zwar so weit wie möglich! Ich bin scharf auf den Zaster, ja, sicher – aber ich sag Ihnen, Mr Hamerick, dieses Pflaster ist mir zu heiß, wenn das hier erst mal vorbei ist.»

MacGregor wagte kaum zu atmen. Der Lange war offenbar Hamerick, denn er antwortete: «Ich gehe selber weg – so weit, daß es, wie man sagt, neun Dollar kosten wird, mir eine Postkarte zu schicken. Aber so eine Chance, an das große Geld zu kommen, kriegt man nur einmal im Leben, da dürfen wir nicht pfuschen. Verliert bloß nicht die Nerven. Eure Rolle ist einfach. Ihr nehmt den Pfad nach rechts hinüber und haltet euch südlich, über den Sattelpaß dort, damit ihr auch vor mir da seid. Die Bent-Ranch liegt gleich unterhalb des Passes. Niemand zu Hause. Die Bents sind alle in Magdalena, Vorräte beschaffen. Sollte irgend jemand kommen, ist die Sache für heute abgeblasen. Wenn wir euer

it's all off, for today. If we see your fire, Mundy and me'll turn back. We'll pull it off to-morrow."

Mundy! MacGregor's heart leaped. Were the men to entice Mundy to the Bent ranch and murder him there, while he was off his guard, thinking himself among friends? MacGregor drew his gun, minded to fall upon the plotters without more ado: the vantage of ground more than made up for the odds of numbers. But he put back his gun. They were to separate. He would follow the man Hamerick and deal with him alone.

"I am to meet Mundy at that little sugar-loaf hill yonder, four or five miles out on the plain," said Hamerick. "Then I'll go on down the wagon road to Bent's with him. You boys'll have plenty of time to get settled down."

"If we don't run into a wasps' nest," said Joe sulkily.

Hamerick scowled. "I'm the one that's taking the biggest risk, with this damned buggy – but I have to have it, to play the part. I'll leave it, once I get safe back to my saddle."

"Yes – and we three want to ride in three different directions," said Joe.

MacGregor waited for no more. He rolled back from the bare rim with scarce more noise than a shadow would have made. He crawled to the nearest huddle of rocks and hid away. Presently there came the sound of wheels and a ringing of shod feet on the rock. The two cowboys toiled up the trail beyond the cliff-end, paced slowly by, black against the sky-line, and dipped down into a dark hollow that twisted away toward Bent's Pass.

The tingling echoes died. MacGregor climbed back to Neighbor. The game was in his hands. Keeping to the ridge, he would gain a long mile on the wagon road, deep in the winding pass.

When he came into the wagon road the buggy

Feuer sehen, kehren Mundy und ich wieder um. Dann bringen wir es morgen zu Ende.»

Mundy! MacGregors Herzschlag stockte. Planten die Kerle, Mundy auf die Bent-Ranch zu locken und ihn dort zu ermorden, während er nicht auf der Hut war, weil er sich unter Freunden glaubte? MacGregor zog sein Gewehr, drauf und dran, die Verschwörer anzugreifen; die Gunst des Geländes glich die zahlenmäßige Unterlegenheit mehr als aus. Aber er steckte die Büchse zurück. Sie wollten sich trennen. Er würde diesem Hamerick folgen und sich ihn allein vorknöpfen.

«Ich bin mit Mundy an dem kegelförmigen Hügel da vorne verabredet, vier oder fünf Meilen in die Ebene hinein», sagte Hamerick. «Von dort fahre ich mit ihm die Wagenstraße zur Bent-Ranch hinunter. Ihr Jungs werdet genug Zeit haben, euch häuslich niederzulassen.»

«Wenn wir nicht in ein Wespennest geraten», sagte Joe düster.

Hamerick runzelte die Stirn. «Wer hier das größte Risiko eingeht, bin ja wohl ich, mit diesem verdammten Wagen – aber den brauch ich nun mal für meine Rolle. Ich lass ihn stehen, wenn ich erst wieder im Sattel sitze.»

«Ja – und dann reiten wir drei in drei verschiedene Richtungen», sagte Joe.

MacGregor wartete nicht länger ab. Kaum geräuschvoller als ein Schatten rollte er sich von der nackten Felskante weg. Er kroch zum nächsten Steinhaufen und versteckte sich. Kurz darauf wurden Wagenräder laut, der Schlag von Hufeisen auf steinigem Grund. Die beiden Cowboys arbeiteten sich den Pfad am Ende der Felswand herauf, ritten langsam vorbei, schwarz gegen den Horizont, und tauchten dann ab in eine dunkle Talsenke, die sich in einem Bogen wegkrümmte in Richtung Bent's Pass.

Die tönenden Echos verhallten. MacGregor kletterte zurück zu Neighbor. Das Spiel lag in seiner Hand. Wenn er auf dem Kamm blieb, gewann er eine gute Meile gegenüber der Paßstraße, die sich tief unten dahinschlängelte.

Als er die Fahrstraße erreicht hatte, befand sich die klei-

was just before him. MacGregor struck into a gallop.

The stranger had been going at a brisk gait, but at sight of the horseman he slowed to a prim and mincing little trot.

"A fine day, sir!" said MacGregor civilly, as he rode alongside.

"It certainly is," said the stranger. He was plainly ill at ease at this ill-timed meeting, but tried to carry it off. "How far is it to Old Fort Tularosa – can you tell me?"

MacGegor squinted across the plain. "Forty miles, I should say. Goin' across?"

The stranger shook his head. "Not today. I think I will camp here for the night and have a look in the hills for deer. You're not going to the fort yourself, are you?"

MacGregor grinned. "Well, no – not today. The fact is, sir," – he bent over close and sank his voice to a confidential whisper, – "the fact is, if you're for camping here the night, I must even camp here too."

"What!"

"Just that. And, first of all, do you remark this little gun which I hold here in my hand? Then I will ask you to stop and to get out upon this side, holding to your lines verra carefully lest the beastie should run away, while I search you for any bit weapons of your ain. For you spoke very glibly of hunting a deer – and yet I do not see any rifle."

Hamerick groaned as he climbed out; he had not thought of that.

"I haven't any rifle. My revolver is under the cushion – but of course you can search me, if you think I've got another. What the devil do you want, anyway? If it's money you're after, you'll get most mighty little."

ne Kutsche ziemlich dicht vor ihm. MacGregor fiel in Galopp.

Der Fremde war recht flott dahingefahren, aber beim Anblick des Reiters zügelte er sein Pferd zu einem steifen, zimperlichen kleinen Trab.

«Schöner Tag heute, Sir!» grüßte MacGregor höflich, als er gleichauf mit dem Wagen war.

«Allerdings», erwiderte der Fremde. Das unzeitige Zusammentreffen sagte ihm offensichtlich wenig zu, aber er versuchte den Schein zu wahren. «Wie weit ist es bis zum alten Fort Tularosa – wissen Sie das?»

MacGregor sah aus schmalen Augen über die Ebene hinaus. «Vierzig Meilen, würde ich sagen. Fahren Sie rüber?»

Der Fremde schüttelte den Kopf. «Heute nicht. Ich glaube, ich kampiere heute nacht hier und schaue, ob mir in den Bergen vielleicht der eine oder andere Hirsch unterkommt. Sie sind nicht zufällig auch zum Fort unterwegs?»

MacGregor grinste. «Hm, nein – heut nicht. Die Sache ist die, Sir» – er beugte sich dicht an den anderen heran und senkte die Stimme zu einem vertraulichen Flüstern – «die Sache ist die, wenn Sie heut nacht hier kampieren, dann muß ich für mein Teil auch hier kampieren.»

«Was!»

«Ganz recht. Aber erst einmal: Sehen Sie diesen kleinen Schießprügel in meiner Hand hier? Als nächstes muß ich Sie bitten, stehenzubleiben und nach dieser Seite hin auszusteigen, und halten Sie die Zügel gut fest dabei, damit Ihr Gaul nicht durchbrennt, wenn ich Sie jetzt ein bißchen auf Waffen abklopfe. Denn Sie reden sehr schön von dem Hirsch, den Sie schießen wollen – aber ich kann nirgends eine Büchse entdecken.»

Hamerick stöhnte im Aussteigen; das hatte er nicht bedacht.

«Ich habe keine Büchse. Mein Revolver liegt unter dem Kissen – aber Sie können mich natürlich durchsuchen, wenn Sie denken, ich hätte noch einen anderen an mir. Was zum Teufel wollen Sie eigentlich? Wenn Sie auf Geld aus sind, dann werden Sie verdammt wenig finden.»

"All in good time, all in good time," said MacGregor cheerfully.

He went through Hamerick for arms, finding none; he went through the buggy, finding the gun under the cushion. He inspected this carefully, tried it, and stuck it in his waist-band.

"You see I have no money – you have my gun – what more do you want of me?" spluttered Hamerick. "Let me go! I have an appointment – I'll be late now."

"With that deer, ye are meaning? Do you know, sir, that in my puir opeenion, if you knew how you are like to keep that appointment of yours, you would be little made up with it?"

Hamerick stammered. He had no idea of what his captor was driving at, but he had his own reasons for great uneasiness.

He pulled himself together with an effort. "I – I don't know what you mean. I see now that you are not a robber, as I first thought. You are mistaking me for some other man. You can't be doing yourself any possible good by keeping me here. I tell you, I am waited for."

"Take my word for it, sir, if you knew my way of it, you would be less impatient for that tryst of yours."

"What – what the devil do you mean?"

"I will tell you, then, Mr Hamerick." At this unexpected sound of his own name, Hamerick started and trembled. "If Clay Mundy is at all of my mind, this is what we shall do. We will set you on Clay Mundy's horse and put Clay Mundy's hat upon your head; and we two will get in your bit wagon and drive you before our guns – just at dusk, d'ye mind? – to the Bent ranch; and there, if I do not miss my guess, you will be shot to death by hands of your own hiring!"

Here MacGregor was extremely disconcerted by

«Alles zu seiner Zeit, alles zu seiner Zeit», sagte MacGregor frohgemut.

Er suchte Hamerick nach Waffen ab und fand keine; er suchte den Wagen ab und fand den Revolver unter dem Kissen. Er inspizierte ihn sorgsam, wog ihn in der Hand und steckte ihn sich in den Hosenbund.

«Sie sehen doch, daß ich kein Geld habe – meinen Revolver haben Sie auch – was wollen Sie denn noch von mir?» stieß Hamerick hervor. «Lassen Sie mich gehen! Ich habe eine Verabredung – jetzt komme ich zu spät.»

«Mit diesem Hirsch, meinen Sie? Ich will Ihnen mal meine bescheidene Meinung sagen, Sir: Wenn Sie 'ne Ahnung hätten, auf welche Art Sie Ihre Verabredung einhalten, dann würden Sie nicht so drauf brennen.»

Hamerick geriet ins Stammeln. Er konnte sich nicht vorstellen, worauf der andere hinaus wollte, aber er hatte auch ohne das Grund genug zu großer Unruhe. Mit einiger Anstrengung riß er sich zusammen. «Ich – ich weiß nicht, was Sie meinen. Ich merke jetzt, daß Sie kein Räuber sind, wie ich erst dachte. Sie verwechseln mich mit irgend jemandem. Sie können beim besten Willen nichts profitieren, wenn Sie mich hier behalten. Ich sage Ihnen doch, ich werde erwartet.»

«Glauben Sie mir, Sir, wenn Sie die Sache mit meinen Augen sehen würden, wären Sie nicht so wild auf Ihr kleines Treffen.»

«Was – was zum Teufel meinen Sie damit?»

«Das will ich Ihnen sagen, Mr Hamerick.» Bei dem unerwarteten Klang seines eigenen Namens zuckte Hamerick zusammen und zitterte. «Wenn Clay Mundy annähernd so denkt wie ich, dann tun wir jetzt folgendes. Wir setzen Sie auf Clay Mundys Pferd und Ihnen Clay Mundys Hut auf den Kopf; und er und ich steigen in Ihr Wägelchen und treiben Sie – wenn's schon dämmrig wird, das stört Sie doch nicht? – vor unseren Flinten her zur Bent-Ranch, wo Sie dann, wenn mich nicht alles täuscht, erschossen werden, und zwar durch eine Hand, die Sie selbst gedungen haben!»

Da sah MacGregor sich durch das Verhalten des angehen-

the behavior of his prospective victim. So far from being appalled, Hamerick was black with rage.

"You fool! You poor spy! Idiot! Bungler! Why couldn't you tell me you were Mundy's man?"

"Steady, there! Are you meaning to face it out that you did not plan to murder Clay Mundy? Because we are going on now to see him."

Hamerick gathered up the reins eagerly. "Come on, then, damn you – before it's too late." There was relief and triumph in his voice – and at the sound of it MacGregor sickened with a guess at the whole dreadful business. The bright day faded. "Me kill Clay Mundy? Why, you poor, pitiful bungler, Clay Mundy brought me here to play preacher for him!"

MacGregor drew back. His face flamed red to his hair; his eyes were terrible. He jerked out Hamerick's gun and threw it at Hamerick's feet. There was a dreadful break in his voice. "Protect yourself!" he said.

But Hamerick shrank back, white-lipped, cringing. "I won't! I won't touch it!"

"Cur!"

"Oh, don't kill me, don't murder me!" He was wringing his hands, almost screaming.

MacGregor turned shamed eyes away. He took up Hamerick's gun. "Strip the harness from that horse, then, take the bridle, and ride! And be quick, lest I think better of it. Go back the way you came, and keep on going! For I shall tell your name and errand, and there is no man of Morgan's men but will kill you at kirk or gallows-foot."

He watched in silence as Hamerick fled. Then he rode down the pass, sick-hearted, brooding, grieving. At the plain's edge he saw a horseman near by, coming swiftly. It was Clay Mundy.

MacGregor slowed up. The flush of burning wrath had died away; his face was set to a heavy,

den Opfers gründlich aus dem Konzept gebracht. Hamerick zeigte absolut kein Entsetzen. Er lief dunkelrot an vor Wut.

«Narr! Jämmerlicher Spion! Idiot! Stümper! Warum haben Sie nicht gesagt, daß Sie einer von Mundys Männern sind?»

«Immer mit der Ruhe! Wagen Sie es zu behaupten, daß Sie nicht vorhatten, Clay Mundy zu ermorden? Wir treffen jetzt nämlich gleich mit ihm zusammen.»

Hamerick griff eifrig nach den Zügeln. «Dann los jetzt, verflucht noch mal – bevor es zu spät ist.» In seiner Stimme mischten sich Erleichterung und Triumph, und MacGregor wurde elend bei dem Klang; ihm schwante, was es mit der ganzen schrecklichen Geschichte auf sich hatte. Der helle Tag verdüsterte sich. «Ich Clay Mundy töten! Sie jämmerlicher kleiner Stümper, Clay Mundy hat mich herkommen lassen, damit ich ihm den Prediger spiele!»

MacGregor zuckte zurück. Sein Gesicht flammte rot bis an die Haarwurzeln, sein Blick war zum Fürchten. Er riß Hamericks Revolver heraus und warf ihn diesem vor die Füße. Es war ein unheilverkündender Bruch in seiner Stimme. «Verteidige dich!» sagte er.

Aber Hamerick wich zurück, weißlippig, zusammengeduckt. «Nein! Ich rühr das Ding nicht an!»

«Hund!»

«Nein, töten Sie mich nicht, bringen Sie mich nicht um!» Er schrie es fast und rang dabei die Hände.

MacGregor sah angewidert weg. Er hob Hamericks Revolver auf. «Dann nimm dem Pferd das Geschirr ab, pack die Zügel und reite! Und beeil dich, eh ich mir's anders überleg. Geh zurück, von wo du kommst, und noch weiter. Denn ich mache deinen Namen und Auftrag bekannt, und es wird keinen unter Morgans Männern geben, der dich nicht töten würde, ob in der Kirche oder unterm Galgen.»

Schweigend sah er zu, wie Hamerick flüchtete. Dann ritt er die Paßstraße hinunter, angeekelt, grübelnd, trauernd. Am Rand der Ebene erblickte er einen Reiter, der rasch näherkam. Es war Clay Mundy.

MacGregor verlangsamte seinen Schritt. Die brennende Zornesröte war verflogen; sein Gesicht war jetzt eine schwe-

impassive mask. He thrust Hamerick's gun between his left knee and the stirrup-leather, and gripped it there. Then he rode on to meet Clay Mundy. As at their first meeting, he laid both hands on the saddle-horn as he halted.

Clay Mundy's face was dark with suspicion.

"Have you seen a fool in a buggy?" he demanded.

"I see a fool on a horse!" responded MacGregor calmly. "For the person you seek, I have put such a word in his ear that he will never stop this side of tidewater. What devil's work is this, Clay Mundy?"

"You meddler! Are you coward as well as meddler, that you dare not move your hands?"

"Put up your foolish gun, man — you cannae fricht me with it. The thing is done, and shooting will never undo it. There will be no mock-marriage this day, nor any day — and now shoot if you will, and damned to you! Man! have ye gone clean mad? Or did ye wish to proclaim it that ye were no match for the Morgans in war? And did ye think to live the week out? That had been a chance had you married her indeed, with book and bell — as whaur could ye find better mate? But after such black treachery as ye meant you couldnae hope — oh, man, ye are not in your right mind; the devil is at your ear!"

"It is hard to kill a man who will not defend himself," said Mundy thickly. "I spared your life once because you amused me — "

"And because it was a verra judeecious thing, too — and you are well knowing to that same. Think ye I value my life owre high, or that I fear ye at all, that I come seeking you? Take shame to yourself, man! Have a better thought of it yet! Say you will marry the lassie before my eyes, and I will go with you on that errand; or turn you back, and I will

re, ausdruckslose Maske. Er steckte Hamericks Revolver zwischen sein linkes Knie und den Steigriemen und klemmte ihn dort fest. Dann ritt er Clay Mundy entgegen. Wie bei ihrem ersten Treffen legte er beide Hände ans Sattelhorn, als er anhielt.

Clay Mundys Gesicht war dunkel vor Argwohn.

«Haben Sie einen Idioten in einem Wagen gesehen?» fragte er.

«Ich sehe einen Idioten auf einem Pferd», erwiderte MacGregor ruhig. «Was den Mann angeht, den Sie suchen, so hab ich ihm ein Wörtlein mit auf den Weg gegeben, daß er vor dem nächsten Ozean nicht mehr zum Stehen kommen wird. Was für ein Bubenstück ist das hier, Clay Mundy?»

«Sie Pfuscher! Sind Sie zu aller Einmischerei auch noch feige, daß Sie jetzt Ihre Hand nicht zu rühren wagen?»

«Nehmen Sie ruhig Ihren idiotischen Schießprügel hoch, mit dem schüchtern Sie mich nicht ein. Es ist passiert, und kein Geschieße ändert was dran. Es gibt keine Schein-Heirat, weder heut noch später – und jetzt drücken Sie ab, wenn's Ihnen beliebt, verdammt noch mal! Mann! Sind Sie wahnsinnig geworden? Oder wollten Sie alle Welt wissen lassen, daß Sie kein ebenbürtiger Gegner für die Morgans sind? Und bilden Sie sich ein, Sie hätten die Woche überlebt? Es hätte gutgehen können, wenn Sie sie richtig geheiratet hätten, mit Bibel und Glocken – denn wo hätten Sie eine bessere Frau finden können? Aber nach der schwarzen Verräterei, die Sie im Sinn hatten, gibt's keine Hoffnung für Sie – Sie müssen den Verstand verloren haben; Ihnen sitzt der Teufel im Ohr!»

«Es ist schwer, einen Mann zu töten, der sich nicht verteidigt», sagte Mundy heiser. «Ich habe Ihnen einmal das Leben geschenkt, weil Sie mir Spaß gemacht haben...»

«Und weil's das Klügste war für Sie, das wissen Sie genau. Meinen Sie, ich häng gar so sehr am Leben, oder ich hätt einen Funken Angst vor Ihnen – wo ich Sie sogar suchen komm? Schande über Sie, Mann! Nehmen Sie Vernunft an! Sagen Sie, daß Sie sie vor meinen Augen heiraten, und ich tu den Gang mit Ihnen; oder kehren Sie um, und ich bring

go with her back to the house of the Morgans – and for her sake I will keep your shame to mysel'."

"Fool!" said Mundy. "I can kill you before you can touch your gun."

"It is what I doubt," said MacGregor. "Please yourself. For me there is but the clean stab of death – but you must leave behind the name of a false traitor to be a hissing and a by-word in the mouths of men."

"I will say this much, that I was wrong to call you coward," said Mundy in a changed voice. "You are a bold and stubborn man, and I think there is a chance that you might get your gun – yes, and shoot straight, too! I will not marry the girl – but neither will I harm her. But I will not be driven further. I am not willing to skulk away while you tell her your way of the story. That would be too sorry a part. I will go on alone, and tell her, and send her home."

"You will say your man fled before the Morgans, or was taken by them, or some such lies, and lure her on to her ruin," said MacGregor. "I will not turn back."

"I will give you a minute to turn back," said Mundy.

"It is what I will never do."

"Then you will die here," said Mundy.

"Think of me as one dead an hour gone," said MacGregor steadily. "My life is long since forfeit to every law of God or man. I am beyond the question. Think rather of yourself. You have the plain choice before you: a bonny wife to cherish, and bairns to your knee – life and love, peace and just dealing and quiet days – or, at the other hand, but dusty death and black shame to the back of that!"

As a snake strikes, Mundy's hand shot out. He jerked MacGregor's gun from the scabbard and

das Mädchen zurück zu den Morgans – und ihr zuliebe behalt ich Ihre Schändlichkeit für mich.»

«Sie Narr!» sagte Mundy. «Ich kann Sie töten, bevor Sie auch nur die Hand an die Büchse legen.»

«Da hab ich meine Zweifel», sagte MacGregor. «Tun Sie sich keinen Zwang an. Für mich ist es nichts als ein anständiger, schneller Tod – aber Sie hinterlassen den Namen eines gemeinen Verräters, zum Gezisch und Gespött aller Menschen.»

«Eins gebe ich zu, ich habe Sie zu Unrecht feige genannt», sagte Mundy in verändertem Ton. «Sie sind mutig und starrköpfig, und vielleicht brächten Sie es sogar wirklich fertig, Ihre Büchse zu ziehen – doch, und auch noch einen geraden Schuß abzugeben! Ich heirate das Mädchen nicht – aber ich werde ihr auch keinen Schaden zufügen. Aber zu mehr lasse ich mich nicht drängen. Ich bin nicht willens, wegzuschleichen, während Sie ihr Ihre Version der Geschichte erzählen. Das wäre eine zu klägliche Rolle. Ich reite allein weiter und sage es ihr und schicke sie nach Hause.»

«Sie werden ihr sagen, der gedungene Pfarrer sei vor den Morgans geflohen oder ihnen in die Hände gefallen, oder ihr etwas anderes vorlügen und sie ins Verderben locken», beharrte MacGregor. «Ich kehre nicht um.»

«Ich gebe Ihnen eine Minute zum Umkehren», sagte Mundy.

«Das tue ich nie und nimmer!»

«Dann sterben Sie eben hier.»

«Betrachten Sie mich als vor einer Stunde gestorben», erwiderte MacGregor unbewegt. «Mein Leben ist längst verwirkt vor jedem Gottes- oder Menschengesetz. Um mich geht es nicht mehr. Denken Sie lieber an sich selbst. Sie haben die Wahl: eine prächtige Frau an Ihrer Seite und eine Kinderschar zu Ihren Füßen – Leben und Liebe, Frieden und Rechtschaffenheit und ruhige Tage – oder aber nichts wie einen staubigen Tod und obendrein schwarze Schmach!»

Wie eine Schlange, die zustößt, schoß Mundys Hand nach vorn. Er riß MacGregors Büchse aus dem Halfter und warf

threw it behind him. His face lit up with ferocious joy.

"You prating old wind-bag! How about it now? I am sorry for the girl myself – but she shall be the same of the Morgans to-morrow. They have crowed over me for the last time."

"For the last time, Mundy, give it up! In the name of God!"

"Get off that horse! I will give you your life – you're not worth my killing. Never be seen on the San Quentin again!"

"Mundy –"

"Get off, I say!" Mundy spurred close, his cocked gun swung shoulder high.

"Aweel," said MacGregor. He began to slide off slowly, his right hand on the saddle-horn. His left hand went to the gun at his left knee; he thrust it up under Neighbor's neck and fired – once, twice, again! Crash of flames, roaring of gun-shots – he was on his back, Neighbors feet were in his ribs – he fired once more, blindly.

Breathless, crushed, he struggled to his knees, the blood pumping from two bullet-holes in his great body. A yard away, Clay Mundy lay on his face, crumpled and still, clutching a smoking gun.

"I didnae touch his face," said MacGregor. He threw both guns behind him. He turned Mundy over and opened his shirt. One wound was in his breast, close beside his heart; another was through his heart. MacGregor looked down upon him.

"The puir, mad, misguided lad!" he said, between pain-wrung lips. "Surely he was gone horn-mad with hate and wrong and revenge!"

He covered the dead man's face, and straightened the stiffening arms, and sat beside him. He looked at the low sun, the splendor of the western range. He held his hand to his own breast to stay the pulsing blood.

sie hinter sich. In seinem Gesicht leuchtete wilde Freude auf.

«Geschwätziger alter Schaumschläger! Was sagst du jetzt? Mir tut die Kleine selber leid – aber morgen wird sie der Schandfleck der Morgans sein. Die werden nie wieder über mich triumphieren.»

«Zum letzten Mal, Mundy, lassen Sie's bleiben. Im Namen Gottes!»

«Runter vom Pferd! Dein Leben kannst du haben – du bist es nicht wert, daß ich dich töte. Lass dich nie wieder in San Quentin blicken!»

«Mundy...»

«Runter, sag ich!» Mundy trieb sein Pferd nahe heran, das Gewehr mit gespanntem Hahn in Schulterhöhe erhoben.

«Also gut», sagte MacGregor. Er ließ sich langsam hinabgleiten, die rechte Hand am Sattelhorn. Seine linke Hand glitt zu dem Revolver an seinem linken Knie; er riß ihn hoch unter Neighbors Hals und feuerte – einmal, zweimal, noch einmal! Flammenblitzen, der Donner von Gewehrschüssen – er lag auf dem Rücken, Neighbors Hufe in seinen Rippen – er feuerte erneut, blindlings.

Atemlos, erledigt rappelte er sich auf die Knie, das Blut quoll aus zwei Schußlöchern in seinem massigen Körper. Einen Meter entfernt lag Clay Mundy auf dem Gesicht, verkrümmt und still, die rauchende Büchse in der Hand.

«Das Gesicht hab ich ihm heil gelassen», murmelte MacGregor. Er warf beide Waffen hinter sich. Er drehte Mundy um und knöpfte ihm das Hemd auf. Eine Wunde befand sich in der Brust, nahe dem Herzen; eine andere ging durch das Herz hindurch. MacGregor sah auf ihn hinab.

«Armer, verrückter, irregeleiteter Bursche!» sagte er mit schmerzverzogenen Lippen. «Er muß rasend gewesen sein vor Haß und Unrecht und Rache.»

Er deckte das Gesicht des Toten zu, bog die Arme, die schon steif wurden, gerade und setzte sich neben ihn. Er richtete den Blick auf die niedrigstehende Sonne, den Glanz der Berge im Westen. Er drückte sich die Hand an die Brust, um das in Stößen hervorquellende Blut zu stillen.

"And the puir lassie – she will hear this shameful tale of him! Had I killed yonder knave Hamerick, she had blamed none but me. 'Twas ill done. ...Ay, but she's young still. She will have a cave and a fire of her own yet."

There was silence a little space and his hand slipped. Then he opened his dulling eyes:

"Hullo, Central!... Give me Body, please... Hullo, Body! Hullo! That you, Body?... MacGregor's Soul speaking. I am going away. Good luck to you – good-by!... I don't know where."

«Und das arme Mädchen – nun wird sie die schändliche Geschichte über ihn hören müssen! Hätt ich diesen Buben Hamerick getötet, dann hätte sie keinem die Schuld gegeben als mir. Es ist übel ausgegangen... Ach, aber sie ist jung. Sie wird ihre Höhle und ihr Feuer schon noch bekommen.»

Eine Weile herrschte Schweigen, und seine Hand rutschte ab. Dann öffnete er die immer trüber werdenden Augen:

«Hallo, Zentrale... Körper bitte... Hallo, Körper! Hallo! Bist du's, Körper?... MacGregors Seele hier. Ich geh jetzt. Viel Glück noch – auf Wiedersehn!... wo, das weiß ich nicht.»

Charles M. Russell
Dog Eater

A man that ain't never been hungry can't tell nobody what's good to eat," says Rawhide. "I've et raw sow bosom and frozen biscuit when it tasted like a Christmas dinner.

"Bill Gurd tells me he's caught one time. He's been ridin' since daybreak and ain't had a bite. It's plum dark when he hits a breed's camp. This old breed shakes hands and tells Bill he's welcome, so after strippin' his saddle and hobblin' his hoss, he steps into the shack. Being wolf hungry, he notices the old woman's cooking bannacks at the mud fire. Tired and hungry like Bill is, the warmth and the smell of grub makes this cottonwood shack that ain't much more than a windbreak, look like a palace.

"'Tain't long till the old woman hands him a tin plate loaded with stew and bannacks with hot tea for a chaser. He don't know what kind of meat it is but he's too much of a gentleman to ask. So he don't look a gift hoss in the mouth. After he fills up, while he's smokin' the old man spreads down some blankets and Bill beds down.

"Next mornin' he gets the same for breakfast. Not being so hungry, he's more curious, but don't ask no questions. On the way out to catch his hoss he gets an answer. A little ways from the cabin, he passes a fresh dog hide pegged down on the ground. It's like seeing the hole card – it's no gamble what that stew was made of, but it was good and Bill held it.

"I knowed another fellow one time that was called Dog Eatin' Jack. I never knowed how he got his name that's hung to him, till I camp with him. This old boy is a prospector and goes gopherin' round the hills, hopin' he'll find something.

Charles M. Russell
Hundefresser

«Jemand, der nie selber Hunger gehabt hat, kann keinem erzählen, was schmeckt», sagte Rawhide. «Ich habe schon rohe Sauzitzen und gefrornen Zwieback gegessen, und geschmeckt hat's mir wie'n Weihnachtsbraten.

Bill Gurd erzählt, es hat ihn mal so richtig erwischt. Er war seit Tagesanbruch unterwegs, ohne einen Bissen zu essen. Es ist schon stockdunkel, da kommt er zu der Hütte von 'nem Mestizen. Dieser alte Mestize schüttelt ihm die Hand und bittet ihn rein, also schnallt Bill den Sattel ab und fesselt seinem Pferd die Vorderläufe und geht rein in die Hütte. Er hat einen Bärenhunger und sieht, daß dem Mestizen seine Frau über ihrem Lehmfeuerchen Gerstenbrote bäckt. Müde und hungrig wie Bill ist, kommt ihm in der Wärme und bei dem Essensgeruch die Pappelholzhütte, die nicht viel mehr als ein Windschutz ist, wie ein Palast vor.

Nicht lang, und die Alte stellt ihm 'nen Blechteller hin mit Schmorfleisch und Gerstenbrot und heißem Tee zum Nachspülen. Er weiß nicht so recht, was für Fleisch das ist, aber er ist zu sehr Gentleman, um zu fragen. Also schaut er dem geschenktem Gaul nicht ins Maul. Wie er fertig ist mit essen und noch eine raucht, breitet der alte Mann ihm ein paar Decken aus, und Bill legt sich schlafen.

Am Morgen gibt's das gleiche zum Frühstück. Jetzt, wo er nicht mehr so hungrig ist, denkt er mehr drüber nach, aber Fragen stellt er keine. Auf dem Weg hinaus zu seinem Pferd kriegt er die Antwort. Ein Stück weg von der Hütte kommt er an 'nem frischen Hundefell vorbei, das da am Boden ausgespannt ist. Wie Schuppen fällt's ihm da von den Augen – er muß nicht mehr lang rätseln, was in dem Geschmorten drin war, aber es war gut, und Bill hat's bei sich behalten.

Mal hab ich auch einen Burschen gekannt, der hieß Jack der Hundefresser. Ich wußte nie, warum sie ihm den Namen angehängt hatten, bis ich mit ihm kampiert hab. Dieser alte Knabe ist Goldsucher und buddelt ständig in den Bergen herum, um vielleicht doch noch mal was zu finden.

"I'm huntin' hosses one spring and ain't found nothing but tracks. I'm up on the Lodgepole in the foothills; it's sundown and my hoss has went lame. We're limping along slow when I sight a couple of hobbled cayuses in a beaver meadow. One of these hosses is wearing a Diamond G iron, the other a quarter circle block hoss. They're both old cow ponies. I soon locate their owner's camp – it's a lean-to in the edge of the timber.

"While I'm lookin' over the layout, here comes the owner. It's the Dog Eater. After we shake hands I unsaddle and stake out my tired hoss. When we're filled up on the best he's got (which is beans, bacon and frying pan bread, which is good filling for hungry men), we're sittin' smokin' and it's then I ask him if he ever lived with Injuns.

"'You're thinkin'' says he, 'about my name. It does sound like Injun, but they don't hang it on me. It happens about ten winters ago. I'm way back in the diamond range; I've throwed my hosses about ten mile out in the foothills where there's good feed and less snow.

I build a lean-to, a good one, and me and my dog settles down. There's some beaver here and I got out a line of traps and figger on winterin' here. Ain't got much grub but there's lots of game in the hills and my old needle gun will get what the traps won't.

"'Snow comes early and lots of it. About three days after the storm I step on a loose boulder and sprain my ankle. This puts me plumb out; I can't more than keep my fire alive. All the time I'm running short of grub. I eat a couple of skinned beaver, I'd throwed away one day. My old dog brings in a snowshoe rabbit to camp and maybe you don't think he's welcome. I cut in two with him but, manlike, I give him the front end. That's the last we got.

Einmal im Frühling will ich ein paar Pferde einfangen und find nichts als Spuren. Ich bin grad oben auf dem Lodgepole, in den Vorbergen; es wird Abend, und mein Gaul lahmt. Wir humpeln langsam dahin, als ich auf 'ner Biberwiese zwei Indianermustangs mit gefesselten Vorderbeinen seh. Der eine hat 'n G mit 'ner Raute drum eingebrannt, der andre 'n Viertel-Kreisbogen. Alte Cowboy-Pferde, alle beide. Ich mach ziemlich schnell das Quartier von ihrem Besitzer ausfindig – ein Bretterverschlag am Waldrand.

Ich verschaffe mir gerade einen Überblick, da kommt der Besitzer. Es ist der Hundefresser. Wir geben uns die Hand, und ich sattle ab und pflocke mein müdes Pferd an. Wie wir gesättigt sind mit dem besten, was er hat (Bohnen, Speck und Brot aus der Pfanne, ein guter Magenfüller für hungrige Männer), sitzen wir da und rauchen, und da frag ich ihn dann, ob er mal bei den Indianern gelebt hat.

‹Wegen meinem Namen, meinst du›, sagt er. ‹Ja, klingt indianisch, aber von denen hab ich den Namen nicht verpaßt gekriegt. Es war vor ungefähr zehn Wintern. Ich war da hinten in der Diamantengegend; ich hatte meine Pferde etwa zehn Meilen weiter draußen in den Vorbergen gelassen, wo's ordentlich was zu fressen gab und nicht so viel Schnee. Ich bau mir eine Hütte, eine gute, und ich und mein Hund machen's uns bequem. Es sind ein paar Biber da, und ich hab Fallen ausgelegt und richte mich aufs Überwintern ein. Viel zu essen hab ich nicht, aber es gibt jede Menge Wild in den Bergen, und mit meinem alten Zündnadelgewehr kann ich mir schießen, was meine Fallen nicht kriegen.

Der Schnee kommt früh und in Massen. Ungefähr drei Tage nach dem Sturm tret ich auf einen losen Stein und knick mit dem Knöchel um. Das setzt mich völlig außer Gefecht; ich kann grade noch mein Feuer am Brennen halten. So ganz allmählich geht mir das Futter aus. Ich ess ein paar abgehäutete Biber, die ich vorher mal weggeschmissen hatte. Mein alter Hund schleppt mir einen Schneehasen an, und glaub ja nicht, er hätte nichts abbekommen. Ich mach Halbe-Halbe mit ihm, aber als anständiger Mensch geb ich ihm das Vorderteil. Und damit hat sich's ausgegessen.

"'Old Friendship (that's the dog's name) goes out every day but he don't get nothing and I know he ain't cheating – he's too holler in the flanks. After about four days of living on thoughts, Friendship starts watchin' like he's afraid. He thinks maybe I'll put him in the pot, but he sizes me up wrong. If I'd do that, I hope I choke to death.

"'The sixth day I'm sizin' him up. He's laying near the fire. He's a hound with a long meaty tail. Says I to myself, "Oxtail soup! What's the matter with dog tail?" He don't use it for nothing but sign talk but it's like cutting the hands off a dummy. But the eight day, with hunger and pain in my ankle, I plumb locoed and I can't get that dog's tail out of my mind. So, a little before noon, I slip up on him while he's sleeping, with the ax. In a second it's all over. Friendship goes yelpin' into the woods and I am sobbin' like a kid, with his tail in my hand.

"'The water is already boiling in the pot an' as soon as I singe the hair off it's in the pot. I turned a couple of flour sacks inside out and dropped them in and there's enough flour to thicken the soup. It's about dark. I fill up and if it weren't for thinkin', it would have been good. I could have eat it all but I held out over half for Friendship, in case he come back.

"'It must be midnight when he pushes into the blankets with me. I take him in my arms. He's as cold as a dead snake, and while I'm holdin' him tight, I'm crying like a baby. After he warms up a little, I get up and throw some wood on the fire and call Friendship to the pot. He eats every bit of it. He don't seem to recognize it. If he does, being a dog, he forgives.

"'We go back to the blankets. It's just breaking day when he slides out, whinin' and sniffin' the air with his ears cocked and his bloody stub wob-

Der alte Friendship (so hieß der Hund) zieht jeden Tag los, aber er findet nichts. Ich weiß, er macht keine krummen Touren – dafür sind seine Flanken zu eingefallen. Als wir vier Tage nur von Gedanken gelebt haben, fängt Friendship an, sich umzuschauen, als hätt er Angst. Er denkt, am Ende steck ich ihn noch selber in den Topf, aber da kennt er mich schlecht. Wenn ich das täte, dann hoff ich, ich erstick dran.

Am sechsten Tag seh ich ihn mir gut an. Er liegt am Feuer. Er ist 'n Jagdhund mit 'm langen fleischigen Schwanz. Ich sag zu mir: «Ochsenschwanzsuppe! Wie wär's mal mit Hundeschwanz?» Er braucht ihn ja zu nichts außer für seine Zeichensprache – aber das wär, wie wenn man einem Stummen die Hände abschneidet. Aber am achten Tag bin ich halb durchgedreht vom Hunger und von den Schmerzen im Fuß und kann an nichts andres denken als an diesen Hundeschwanz. Also schleich ich mich kurz vor Mittag an ihn heran, wie er grade schläft, mit der Axt. In Sekundenschnelle ist alles vorbei. Friendship rennt jaulend in den Wald, und ich schluchze wie ein kleines Kind, seinen Schwanz in der Hand.

Im Topf kocht schon das Wasser, und sobald ich die Haare abgesengt hab, kommt er hinein. Ich hab ein paar Mehlsäcke umgestülpt und reingeschüttelt, und das Mehl reicht, um die Suppe anzudicken. Es ist schon fast dunkel. Ich lange zu, und wenn nicht das Grübeln wär, hätt's auch geschmeckt. Ich hätt alles aufessen können, aber ich lass die Hälfte für Friendship übrig, für den Fall, daß er zurückkommt.

Es muß so gegen Mitternacht sein, da schiebt er sich zu mir zwischen die Decken. Ich nehm ihn in die Arme. Er ist kalt wie eine tote Schlange, und während ich ihn fest an mich drücke, heul ich wie ein Baby. Als er sich ein bißchen aufgewärmt hat, stehe ich auf und lege ein paar Scheite nach und rufe Friendship an den Topf. Er frißt alles ratzeputz auf. Er scheint es nicht zu erkennen. Wenn doch, dann ist er ein richtiger Hund und verzeiht.

Wir kriechen zurück unter die Decke. Es wird grade Tag, als er plötzlich rausschlüpft, winselnd und schnüffelnd, die Ohren hochgestellt, und mit seinem blutigen Stumpf wak-

blin'. I look the way he's pointin' and not twenty-five yards from the lean-to stands a big elk. There's a fine snow fallin'; the wind's right for us. I ain't a second gettin' my old needle gun but I'm playin' safe – I'm coming inun on him. I use my ram rod for a rest. When the old needle speaks, the bull turns over – his neck's broken. 'Tain't long till we both get to that bull and we're both eatin' raw, warm liver. I've seen Injuns do this but I never thought I was that much wolf, but it was sure good that morning.

"'He's a big seven-point bull – old and pretty tough, but me and Friendship was looking for quantity, not quality and we got it. That meat lasted till we got out.'

"'What became of Friendship?' says I.

"'He died two years ago,' says Jack. 'But he died fat.'"

kelt. Ich schau in die Richtung, die er anzeigt, und keine fünfundzwanzig Meter von der Hütte steht ein großer Wapiti. Es fällt feiner Schnee; der Wind steht günstig für uns. Im Nu hab ich mein altes Zündnadelgewehr in der Hand, aber ich geh auf Nummer Sicher – ich nehm ihn in aller Ruhe aufs Korn. Ich benutze meinen Ladestock als Auflage. Das Schießeisen spricht, der Bulle stürzt – sein Hals ist gebrochen. Gleich sind wir bei dem Vieh, und dann essen wir beide rohe, warme Leber. Ich hab das bei den Indianern gesehen, nur hätt ich nie gedacht, daß ich selber dermaßen Wolf wär, aber an dem Morgen war's ein Festschmaus.

Es war ein großer Siebenender – alt und ganz schön zäh, aber Friendship und ich waren auf Quantität aus, nicht auf Qualität, und die kriegten wir. Das Fleisch hat gereicht, bis wir wieder wegkonnten.›

‹Was ist aus Friendship geworden?› frag ich.

‹Der ist vor zwei Jahren gestorben›, sagt Jack. ‹Aber dick und rund.›»

Andy Adams
Why the Chisholm Trail Forks

Early in the summer of '78 we were rocking along with a herd of Laurel Leaf cattle, going up the old Chisholm Trail in the Indian Territory. The cattle were in charge of Ike Inks as foreman, and had been sold for delivery somewhere in the Strip.

There were thirty-one hundred head, straight twos, and in the single ranch brand. We had been out about four months on the trail, and all felt that a few weeks at the farthest would let us out, for the day before we had crossed the Cimarron River, ninety miles south of the state line of Kansas.

The foreman was simply killing time, waiting for orders concerning the delivery of the cattle. All kinds of jokes were in order, for we all felt that we would soon be set free. One of our men had been taken sick, as we crossed Red River into the Nations, and not wanting to cross this Indian country shorthanded, Inks had picked up a young fellow who evidently had never been over the trail before. He gave the outfit his correct name, on joining us, but it proved unpronounceable, and for convenience someone rechristened him Lucy, as he had quite a feminine appearance. He was anxious to learn, and was in evidence in everything that went on.

The trail from the Cimarron to Little Turkey Creek, where we were now camped, had originally been to the east of the present one, skirting a blackjack country. After being used several years it had been abandoned, being sandy, and the new route followed up the bottoms of Big Turkey, since it was firmer soil, affording better footing to cattle. These two trails came together again at Little Turkey. At no place were they over two or three miles apart, and from where they separated to where they came together again was about seven miles.

Andy Adams
Warum sich der Chisholm Trail gabelt

Im Frühsommer '78 waren wir mit einer Herde Laurel-Leaf-Rindern unterwegs, den alten Chisholm-Trail durchs Indianerterritorium rauf. Die Aufsicht hatte der Vormann Ike Inks; die Herde war schon verkauft und sollte irgendwo im Revier ausgeliefert werden.

Es waren dreitausendeinhundert Tiere, lauter zweijährige, mit dem Brandzeichen derselben Ranch. Wir waren schon fast vier Monate unterwegs und dachten alle an nichts anderes, als daß es höchstens noch ein paar Wochen dauern würde, denn am Tag davor hatten wir den Cimarron überquert, neunzig Meilen südlich der Staatsgrenze von Kansas.

Der Vormann schlug nur noch die Zeit tot und wartete auf Anweisungen wegen der Auslieferung des Viehs. Allerlei Späße waren an der Tagesordnung, denn wir alle wußten, daß wir es bald hinter uns hatten. Einer unserer Männer war krank geworden, als wir den Red River ins Stammesgebiet überquert hatten, und da Inks nicht in zu kleiner Besetzung durch Indianerland ziehen wollte, hatte er einen jungen Burschen aufgegabelt, der offenbar noch nie bei einem Viehtrieb gewesen war. Er hatte seinen richtigen Namen angegeben, als er zu uns kam, aber der stellte sich als unaussprechbar heraus, und aus Bequemlichkeit taufte ihn einer von uns in Lucy um, weil ein wenig mädchenhaft aussah. Er wollte unbedingt alles lernen und war überall dabei, wo etwas los war.

Zwischen dem Cimarron und dem Little Turkey Creek, an dem wir gerade lagerten, war der Trail früher einmal östlich vom jetzigen Weg verlaufen, am Rand eines Gebietes mit vielen Schwarzeichen. Nachdem er mehrere Jahre benutzt worden war, hatte man ihn aufgelassen, weil er zu sandig war; der neue Weg verlief im Tal des Big Turkey, wo der Boden härter war und die Rinderhufe besseren Halt fanden. Am Little Turkey trafen die beiden Strecken wieder zusammen. An keinem Punkt lagen sie weiter als zwei, drei Meilen auseinander, und von da, wo sie sich trennten, bis wo sie wieder zusammenkamen, waren es ungefähr sieben Meilen.

It troubled Lucy not to know why this was thus. Why did these routes separate and come together again? He was fruitful with inquiries as to where this trail or that road led. The boss man had a vein of humor in his make-up, though it was not visible; so he told the young man that he did not know, as he had been over this route but once before, but he thought that Stubb, who was then on herd, could tell him how it was; he had been over the trail every year since it was laid out. This was sufficient to secure Stubb an interview, as soon as he was relieved from duty and had returned to the wagon. So Ike posted one of the men who was next on guard to tell Stubb what to expect, and to be sure to tell it to him scary.

A brief description of Stubb necessarily intrudes, though this nickname describes the man. Extremely short in stature, he was inclined to be fleshy. In fact, a rear view of Stubb looked as though someone had hollowed out a place to set his head between his ample shoulders. But a front view revealed a face like a full moon. In disposition he was very amiable. His laugh was enough to drive away the worst case of the blues. It bubbled up from some inward source and seemed perennial. His worst fault was his barroom astronomy. If there was any one thing that he shone in, it was rustling coffin varnish during the early prohibition days along the Kansas border. His patronage was limited only by his income, coupled with what credit he enjoyed.

Once, about midnight, he tried to arouse a drug clerk who slept in the store, and as he had worked this racket before, he coppered the play to repeat. So he tapped gently on the window at the rear where the clerk slept, calling him by name. This he repeated any number of times. Finally, he threatened to have a fit; even this did not work to his

Lucy wollte nun unbedingt herausbekommen, warum das so war. Warum trennten sich die beiden Wege und trafen wieder zusammen? Fragen über Fragen stellte er, wohin dieser Trail führte und wohin jener. Der Boss hatte Sinn für Humor, auch wenn man es ihm nicht ansah; also sagte er dem Jungen, er wisse es nicht, da er erst einmal auf der Strecke hier gewesen sei, aber Stubb, der gerade beim Vieh war, könne es ihm sicher erklären. Der habe jedes Jahr hier entlang getrieben, seit es den Weg gab. Damit war Stubb eine Fragestunde sicher, wenn er abgelöst wurde und zum Küchenwagen zurückkam. Also beauftragte Ike einen der Männer von der nächsten Schicht, Stubb schon einmal zu sagen, was da auf ihn zukam, damit er Lucy auch ja eine gute Schauergeschichte auftischte.

Hier wird zwangsläufig eine kurze Beschreibung von Stubb fällig, obwohl dieser Spitzname eigentlich schon alles sagt. Er war auffallend klein gewachsen und neigte zur Rundlichkeit. Von hinten konnte man sogar meinen, jemand hätte eine Stelle ausgehöhlt, um Stubbs Kopf zwischen die breiten Schultern zu setzen. Die Vorderansicht dagegen zeigte ein Gesicht so rund wie ein Vollmond. Stubb war ein äußerst liebenswerter Mensch. Sein Lachen genügte, um auch den schlimmsten Anfall von Trübsinn zu vertreiben. Es kam aus einer inneren Quelle hervorgesprudelt und schien unversiegbar. Seine größte Schwäche war seine maßlose Leidenschaft für Saloons. Wenn er es in etwas zum Meister gebracht hatte, dann im Beschaffen von Fusel an der Grenze nach Kansas in den frühen Jahren des Alkoholverbots. Sein Konsum wurde lediglich durch sein Einkommen beschränkt – wozu allerdings die Beträge kamen, die er anschreiben lassen konnte.

Einmal, gegen Mitternacht, versuchte er einen Schnapshändler, der im Laden schlief, auf die Beine zu bringen, und da er mit dieser Masche schon einmal Erfolg gehabt hatte, setzte er darauf, das Spielchen wiederholen zu können. So klopfte er denn sacht an das rückwärtige Fenster, hinter dem der Händler schlief, und rief ihn beim Namen. Das wiederholte er unzählige Male. Schließlich sagte er drohend, er

advantage. Then he pretended to be very angry, but there was no response. After fifteen minutes had been fruitlessly spent, he went back to the window, tapped on it once more, saying, "Lon, lie still, you little son-of a sheep-thief," which may not be what he said, and walked away. A party who had forgotten his name was once inquiring for him, describing him thus, "He's a little short, fat fellow, sits around the Maverick Hotel, talks cattle talk, and punishes a power of whiskey."

So before Stubb had even time to unsaddle his horse, he was approached to know the history of these two trails.

"Well," said Stubb somewhat hesitatingly, "I never like to refer to it. You see, I killed a man the day that right-hand trail was made; I'll tell you about it some other time."

"But why not now?" said Lucy, his curiosity aroused, as keen as a woman's.

"Some other day," said Stubb. "But did you notice those three graves on the last ridge of sand hills to the right as we came out of the Cimarron bottoms yesterday? You did? Their tenants were killed over that trail; you see now why I hate to refer to it, don't you? I was afraid to go back to Texas for three years afterward."

"But why not tell me?" said the young man.

"Oh," said Stubb, as he knelt down to put a hobble on his horse, "it would injure my reputation as a peaceable citizen, and I don't mind telling you that I expect to marry soon."

Having worked up the proper interest in his listener, besides exacting a promise that he would not repeat the story where it might do injury to him, he dragged his saddle up to the campfire. Making a comfortable seat with it, he riveted his gaze on the fire, and with a splendid *sang-froid* reluctantly told the history of the double trail.

werde gleich ausrasten. Auch das bewirkte nichts. Als nächstes tat er so, als schäumte er vor Wut, aber nichts rührte sich. Nach einer ergebnislosen Viertelstunde ging er wieder ans Fenster, klopfte noch einmal, sagte: «Bleib liegen, Lon, du armseliger Sohn eines Schafdiebs», etwas in dem Stil jedenfalls, und ging davon. Ein Bursche, der seinen Namen nicht mehr wußte, erkundigte sich einmal nach ihm, indem er ihn so beschrieb: «Ein kleiner Fettwanst, der immer im Maverick-Hotel herumhockt, Viehtreiber-Geschichten erzählt und mit Unmengen von Whiskey aufräumt.»

Bevor also Stubb auch nur Zeit hatte, sein Pferd abzusatteln, sollte er auch schon Auskunft geben, was es mit diesen beiden Treibwegen auf sich hatte.

«Na ja», sagte Stubb ein bißchen zögernd, «davon spreche ich gar nicht gern. Weißt du, ich hab einen umgebracht an dem Tag, an dem der Weg nach rechts rüber entstanden ist. Ich erzähl's dir ein andermal.»

«Warum nicht gleich?» fragte Lucy; seine Neugier war hellwach wie die einer Frau.

«Ein andermal», sagte Stubb. «Aber hast du die drei Gräber auf dem letzten Ausläufer der Sandhügel rechts von uns bemerkt, als wir gestern vom Cimarron heraufgekommen sind? Ja? Die da drin haben wegen diesem Weg dran glauben müssen; verstehst du jetzt, warum ich so ungern davon rede? Ich habe mich danach drei Jahre nicht mehr nach Texas zurückgetraut.»

«Aber warum erzählst du's mir nicht?» fragte der Junge.

«Ach», sagte Stubb, indem er sich hinkniete, um seinem Pferd die Vorderläufe zu fesseln, «es würde meiner gutbürgerlichen Reputation schaden, und du kannst ruhig wissen, daß ich demnächst zu heiraten gedenke.»

Nachdem er seinen Zuhörer ordentlich neugierig gemacht und ihm obendrein noch das Versprechen abgenommen hatte, die Geschichte nirgends weiterzuerzählen, wo sie ihm schädlich werden könnte, zog er seinen Sattel ans Lagerfeuer heran. Er setzte sich bequem darauf zurecht, richtete den Blick ins Feuer und erzählte mit großartiger Kaltblütigkeit widerwillig die Geschichte vom doppelten Trail.

You see – began Stubb –, the Chisholm route had been used more or less for ten years. This right-hand trail was made in '73. I bossed that year from Van Zandt County, for old Andy Erath, who, by the way, was a dead square cowman with not a hide-bound idea in his make-up. Son, it was a pleasure to know old Andy. You can tell he was a good man, for if he ever got a drink too much, though he would never mention her otherwise, he always praised his wife. I've been with him up beyond the Yellowstone, two thousand miles from home, and you always knew when the old man was primed. He would praise his wife, and would call on us boys to confirm the fact that Mary, his wife, was a good woman.

That year we had the better of twenty-nine hundred head, all steer cattle, threes and up, a likely bunch, better than these we are shadowing now. You see, my people are not driving this year, which is the reason that I am making a common hand with Inks. If I was to lay off a season, or go to the seacoast, I might forget the way. In those days I always hired my own men. The year that this right-hand trail was made, I had an outfit of men who would rather fight than eat; in fact, I selected them on account of their special fitness in the use of firearms. Why, Inks here couldn't have cooked for my outfit that season, let alone rode.

There was no particular incident worth mentioning till we struck Red River, where we overtook five or six herds that were laying over on account of a freshet in the river. I wouldn't have a man those days who was not as good in the water as out. When I rode up to the river, one or two of my men were with me. It looked red and muddy and rolled just a trifle, but I ordered one of the boys to hit it on his horse, to see what it was like. Well, he never wet the seat of his saddle going or coming,

Das war so – begann Stubb –: Die Chisholm-Strecke war ungefähr zehn Jahre lang in Benutzung. Der rechte Trail hier ist '73 entstanden. Ich war damals mit einer Herde vom Van-Zandt-County her unterwegs, als Vormann für den alten Andy Erath, der übrigens ein verdammt anständiger Viehzüchter war; knausern war für den ein Fremdwort. Junge, es war eine Freude, den alten Andy zu kennen. Er war ganz klar ein guter Mann, denn immer, wenn er einen über den Durst getrunken hatte, sang er Loblieder auf seine Frau, die er sonst nie mit einem Wort erwähnte. Ich war mit ihm bis weit über den Yellowstone hinaus, zweitausend Meilen von zu Hause weg, und immer wußte man, wann der Alte einen Zacken in der Krone hatte. Er pries seine Frau Mary und forderte uns Jungs auf, ihm zu bestätigen, daß seine Mary eine gute Frau war.

In diesem Jahr hatten wir über zweitausendneunhundert Stück Vieh dabei, lauter schlachtreife Ochsen, dreijährig und darüber, alles prächtige Tiere, besser als die, hinter denen wir jetzt herzotteln. Meine Leute treiben heuer nicht, weißt du, deshalb habe ich mich mit Inks zusammengetan. Wenn ich ein Jahr aussetzen würde oder an die Küste ginge, könnte ich aus der Übung kommen. Damals hab ich mir meine Leute immer selber zusammengesucht. In dem Jahr, als dieser rechte Trail entstanden ist, hatte ich eine Gruppe Treiber beieinander, die lieber kämpften als aßen; ich hatte sie sogar ganz gezielt nach ihren Schießkünsten ausgewählt. Herrje, der Inks hier hätte meine Leute damals nicht mal bekochen können, geschweige denn mit ihnen reiten.

Es gab keine nennenswerten Zwischenfälle, bis wir den Red River erreichten, wo wir an fünf, sechs Herden vorbeizogen, die festlagen, weil der Fluß Hochwasser führte. Männer, die nicht im Wasser genauso gut zu gebrauchen waren wie außerhalb, hätte ich damals gar nicht genommen. Ich ritt mit einem oder zwei von meinen Leuten zum Fluß vor. Er war rot und schlammig und wogte auch eine Kleinigkeit, aber ich schickte einen von den Jungs probehalber auf seinem Pferd hinein. Tja, nicht einmal den Sattel machte er sich naß, weder hin noch zurück, obwohl sein Gaul gut sech-

though his horse was in swimming water good sixty yards. All the other bosses rode up, and each one examined his peg to see if the rise was falling. One fellow named Bob Brown, boss man for John Blocker, asked me what I thought about the crossing. I said to him, "If this ferryman can cross our wagon for me, and you fellows will open out a little and let me in, I'll show you all a crossing, and it'll be no miracle either."

Well, the ferryman said he'd set the wagon over, so the men went back to bring up the herd. They were delayed some little time, changing to their swimming horses. It was nearly an hour before the herd came up, the others opening out, so as to give us a clear field, in case of a mill or balk.

I never had to give an order; my boys knew just what to do. Why, there's men in this outfit right now that couldn't have greased my wagon that year.

Well, the men on the points brought the herd to the water with a good head on, and before the leaders knew it, they were halfway across the channel, swimming like fish. The swing men fed them in, free and plenty. Most of my outfit took to the water, and kept the cattle from drifting downstream. The boys from the other herds – good men, too – kept shooting them into the water, and inside fifteen minutes' time we were in the big Injun Territory. After crossing the saddle stock and the wagon, I swam my horse back to the Texas side. I wanted to eat dinner with Blocker's man, just to see how they fed. Might want to work for him sometime, you see. I pretended that I'd help him over if he wanted to cross, but he said his dogies could never breast that water. I remarked to him at dinner, "You're feeding a mite better this year, ain't you?" "Not that I can notice," he replied, as the cook handed him a tin plate heaping with navy

zig Meter weit keinen Boden unter den Füßen hatte. Alle anderen Vormänner ritten heran, und jeder überprüfte seinen Pflock, ob das Wasser zurückging. Ein Bursche namens Bob Brown, der Vormann von John Blocker, fragte mich, ob ich eine Durchquerung für möglich hielte. Ich sagte: «Wenn mir der Fährmann hier den Küchenwagen rüberbringen kann und ihr Jungs ein bißchen auseinanderrückt und mir Platz laßt, dann zeig ich euch, was eine Durchquerung ist, und an Wunder braucht ihr deshalb auch nicht zu glauben.»

Nun, der Fährmann sagte, er würde den Küchenwagen übersetzen; also ritten die Männer zurück, um die Herde zu holen. Sie brauchten eine Weile, um auf die wassertüchtigen Pferde umzusatteln. Es dauerte fast ein Stunde, bis die Herde herankam; die anderen machten Platz, um uns ein freies Feld zu geben, falls die Tiere scheuten oder im Kreis liefen. Ich mußte keinen einzigen Befehl geben; meine Jungs wußten genau, was zu tun war. Mein Gott, hier in Inks Mannschaft sind Leute, die hätten damals nicht mal die Räder von meinem Küchenwagen schmieren können.

Gut, die Spitzenreiter brachten die Herde zügig ans Wasser, und ehe die Leittiere wußten, wie ihnen geschah, waren sie schon halb durch den Fluß, schwimmend wie die Fische. Die Flügelreiter lenkten sie rein, ruckzuck ging das. Die meisten meiner Männer postierten sich im Wasser, um zu verhindern, daß das Vieh stromabwärts trieb. Die Jungs von den anderen Herden – auch keine schlechten Leute – sorgten durch Schüsse für Druck von hinten, und in einer Viertelstunde waren wir drüben im weiten Indianerland. Nachdem ich die Satteltiere und den Küchenwagen übergesetzt hatte, kehrte ich zu Pferde auf die Texas-Seite zurück. Ich wollte mit Blockers Mann zu Abend essen, nur um zu sehen, wie seine Leute verköstigt wurden. Hätte ja sein können, daß ich mal für ihn arbeiten wollte. Ich tat so, als wollte ich ihm rüberhelfen, falls er das vorhätte, aber er meinte, seine Tierlein wären diesem Wasser bestimmt nicht gewachsen. Beim Essen sagte ich beiläufig: «Ihr werdet dies Jahr ein bißchen besser verpflegt, oder?» «Ist mir nicht aufgefallen», erwiderte er, während der Koch ihm einen Blechteller mit

bean, "and I'm eating rather regular with the wagon, too." I killed time around for a while, and then we rode down to the river together. The cattle had tramped out his peg, so after setting a new one, and powwowing around, I told him good-by and said to him, "Bob, old man, when I hit Dodge, I'll take a drink and think of you back here on the trail, and regret that you are not with me, so as to make it two-handed." We said our "so-longs" to each other, and I gave the gray his head and he took the water like a duck. He could outswim any horse I ever saw, but I drownded him in the Washita two weeks later. Yes, tangled his feet in some vines in a sunken treetop, and the poor fellow's light went out. My own candle came near being snuffed. I never felt so bad over a little thing since I burned my new red topboots when I was a kid, as in drownding that horse.

There was nothing else worth mentioning until we struck the Cimarron back here, where we overtook a herd of Chisholm's that had come in from the east. They had crossed through the Arbuckle Mountains – came in over the old Whiskey Trail. Here was another herd waterbound, and the boss man was as important as a hen with one chicken. He told me that the river wouldn't be fordable for a week; wanted me to fall back at least five miles; wanted all this river bottom for his cattle; said he didn't need any help to cross his herd, though he thanked me for the offer with an air of contempt. I informed him that our cattle were sold for delivery on the North Platte, and that we wanted to go through on time. I assured him if he would drop his cattle a mile down the river, it would give us plenty of room. I told him plainly that our cattle, horses, and men could all swim, and that we never let a little thing like swimming water stop us.

No! No! he couldn't do that; we might as well

einem Berg weißer Bohnen reichte, «und ich esse ziemlich regelmäßig hier beim Küchenwagen.» Ich schlug noch ein bißchen Zeit tot, dann ritten wir gemeinsam zum Fluß runter. Die Rinder hatten seinen Pflock weggetrampelt; nachdem wir einen neuen gesetzt und noch etwas palavert hatten, verabschiedete ich mich und sagte: «Bob, alter Junge, wenn ich in Dodge ankomme, dann trink ich einen und denke, wie du hier auf dem Trail sitzt, und bin traurig, daß du nicht bei mir bist, um mit mir anzustoßen.» Wir sagten uns auf Wiedersehn, dann gab ich dem Grauschimmel die Zügel frei; er ging ins Wasser wie eine Ente. Er war im Schwimmen jedem Pferd überlegen, das ich je gesehen habe, aber zwei Wochen später ist er mir im Washita ertrunken. Hat sich in den Zweigen einer gesunkenen Baumkrone verheddert, und mit dem armen Kerl war's vorbei. Fast wäre auch meine Kerze ausgegangen. Seit mir als Kind meine neuen roten Langschäfter verbrannten, war mir wegen keiner kleinen Sache so elend zumute wie da, als mir dieses Pferd ertrank.

Sonst gab es nichts Erwähnenswertes, bis wir eben hier wieder an den Cimarron kamen, wo wir eine von Chisholms Herden einholten, die von Osten her eingeschwenkt war. Sie waren über die Arbuckle-Mountains gekommen – über den alten Whiskey-Trail. Auch wieder so eine Herde, die am Fluß festsaß, und der Vormann tat sich wichtig wie eine Henne mit einem einzigen Küken. Er behauptete, der Fluß werde eine Woche nicht zu überqueren sein; wollte, daß ich mich mindestens fünf Meilen zurückzog; wollte die gesamte Flußniederung für sein Vieh; sagte, er brauche keine Hilfe, um seine Herde auf die andere Seite zu bringen, und dankte mir etwas von oben herab für mein Angebot. Ich teilte ihm mit, daß unser Vieh zur Übergabe am Nord-Platte verkauft war und daß wir pünktlich ankommen wollten. Ich versicherte ihm, daß er seine Tiere nur eine Meile flußabwärts zu treiben brauche, dann hätten wir reichlich Platz. Ich sagte ihm ganz schlicht, daß unser Vieh, unsere Pferde und unsere Männer alle schwimmen könnten und daß wir uns durch eine Kleinigkeit wie Hochwasser nicht aufhalten ließen.

Nein! Nein! das komme nicht in Frage; wir sollten gefäl-

fall back and take our turn. "Oh, well," said I, "if you want to act contrary about it, I'll go up to the Kingfisher crossing, only three miles above here. I've almost got time to cross yet this evening."

Then he wilted and inquired, "Do you think I can cross if it swims them any?"

"I'm not doing your thinking, sir," I answered, "but I'll bring up eight or nine good men and help you rather than make a six-mile elbow." I said this with some spirit and gave him a mean look.

"All right," said he, "bring up your boys, say eight o'clock, and we will try the ford. Let me add right here," he continued, "and I'm a stranger to you, young man, but my outfit don't take anybody's slack, and as I am older than you, let me give you this little bit of advice: when you bring your men here in the morning, don't let them whirl too big a loop, or drag their ropes looking for trouble, for I've got fellows with me that don't turn out of the trail for anybody."

"All right, sir," I said. "Really, I'm glad to hear that you have some good men, still I'm pained to find them on the wrong side of the river for travelers. But I'll be here in the morning," I called back as I rode away. So telling my boys that we were likely to have some fun in the morning, and what to expect, I gave it no further attention. When we were catching up our horses next morning for the day, I ordered two of my lads on herd, which was a surprise to them, as they were both handy with a gun. I explained it to them all – that we wished to avoid trouble, but if it came up unavoidable, to overlook no bets – to copper every play as it fell.

We got to the river too early to suit Chisholm's boss man. He seemed to think that his cattle would take the water better about ten o'clock. To kill time my boys rode across and back several times to see

ligst hinten bleiben, bis wir an der Reihe wären. «Na gut», sagte ich, «wenn Sie Schwierigkeiten machen, ziehe ich weiter zur Kingfisher-Furt, nur drei Meilen stromaufwärts. Es müßte reichen, um noch bis abends rüberzukommen.»

Da wurde er mürbe und fragte: «Meinen Sie, ich könnte es schaffen, wenn das Wasser einigermaßen mitmacht?»

«Das ist Ihr Problem, Sir», antwortete ich, «aber ich bringe gern acht oder neun gute Männer zum Helfen, wenn ich mir damit sechs Meilen Umweg erspare.» Das sagte ich etwas spitz und mit einem boshaften Blick.

«Na gut», sagte er, «bringen Sie Ihre Jungs her, sagen wir um acht Uhr, dann probieren wir die Furt aus. Eins möchte ich allerdings hinzufügen», fuhr er fort, «auch wenn wir uns nicht kennen, junger Mann: Meine Leute lassen sich von niemandem was gefallen, und da ich älter bin als Sie, lassen Sie mich Ihnen noch einen kleinen Rat geben: Wenn Sie morgen früh Ihre Männer herbringen, passen Sie auf, daß die ihre Lassos nicht zu angeberisch herumwirbeln oder aufreizend schleifen lassen, denn ich habe hier Burschen, die keinem auf dem Trail Platz machen.»

«Schon recht, Sir», sagte ich. «Freut mich, zu hören, daß Sie ein paar gute Männer haben, auch wenn sie ja leider für ihr Reise-Vorhaben am falschen Flußufer sind. Aber ich bin morgen früh hier», rief ich im Wegreiten über die Schulter. Ich sagte meinen Jungs also, daß wir am nächsten Morgen wahrscheinlich ein bißchen Spaß haben würden und worauf sie sich einzustellen hatten, und kümmerte mich ansonsten nicht um die Sache. Als wir dann am Morgen unsere Pferde für den Tag einfingen, ordnete ich zwei von meinen Burschen zum Herdendienst ab, was sie überraschte, da sie beide geschickt im Schießen waren. Ich erklärte es ihnen allen – Ärger wollten wir möglichst keinen, aber wenn es gar nicht zu vermeiden war, würden wir kein Spielchen ausschlagen, sondern jedes gehörig parieren.

Wir kamen früher an den Fluß, als es Chisholms Vormann genehm war. Er glaubte anscheinend, daß das Wasser seinem Vieh so gegen zehn Uhr mehr zusagen würde. Um sich die Zeit zu vertreiben, ritten meine Jungs mehrmals hinüber

what the water was like. "Well, anyone that would let as little swimming water as that stop them must be a heap sight sorry outfit," remarked one-eyed Jim Reed, as he rode out of the river, dismounting to set his saddle forward and tighten his clinches, not noticing that this foreman heard him. I rode around and gave him a look, and he looked up at me and muttered, "'Scuse me, boss, I plumb forgot!" Then I rode back and apologized to this boss man, "Don't pay any attention to my boys; they are just showing off, and are a trifle windy this morning."

"That's all right," he retorted, "but don't forget what I told you yesterday, and let it be enough said."

"Well, let's put the cattle in," I urged, seeing that he was getting hot under the collar. "We're burning daylight, pardner."

"Well, I'm going to cross my wagon first," said he.

"That's a good idea," I answered. "Bring her up."

Their cook seemed to have a little sense, for he brought up his wagon in good shape. We tied some guy ropes to the upper side, and taking long ropes from the end of the tongue to the pommels of our saddles, the ease with which we set that commissary over didn't trouble anyone but the boss man, whose orders were not very distinct from the distance between banks. It was a good hour then before he would bring up his cattle. The main trouble seemed to be to devise means to keep their guns and cartridges dry, as though that was more important than getting the whole herd of nearly thirty-five hundred cattle over. We gave them a clean cloth until they needed us, but as they came up we divided out and were ready to give the lead a good push. If a cow changed his mind about taking a swim that morning, he changed it right back and

und wieder zurück, um zu sehen, wie sich das Wasser anfühlte. «Na, das muß ja ein jammervoller Haufen sein, der sich von so'n bißchen Hochwasser aufhalten läßt», erklärte der einäugige Jim Reed, als er aus dem Fluß geritten kam und vom Pferd sprang, um seinen Sattel vorzurücken und die Gurte fester zu zurren; er merkte nicht, daß der Chisholm-Vormann ihn hörte. Ich ritt zu ihm hinüber und warf ihm einen Blick zu, und er sah zu mir auf und murmelte: «Tschuldigung, Boss, hab's glatt vergessen!» Dann ritt ich zurück und entschuldigte mich bei dem Vormann: «Beachten Sie meine Jungs gar nicht; sie geben nur an; sie sind ein bißchen schwatzhaft heute morgen.»

«Schon gut», gab er zurück, «aber vergessen Sie nicht, was ich Ihnen gestern gesagt habe – ich sag's nicht noch einmal.»

«Treiben wir endlich das Vieh rein», drängte ich, da ihm offenbar langsam der Kamm schwoll. «Wir verschwenden kostbare Zeit, Kollege.»

«Na gut, dann setze ich zuerst den Küchenwagen über», sagte er.

«Gute Idee», antwortete ich. «Holen Sie ihn her.»

Der Koch hatte anscheinend ein bißchen Verstand, denn er fuhr seinen Wagen ganz flott heran. Wir legten ein paar Halteseile um den Aufbau und banden lange Seile vom Ende der Deichsel zu unseren Sattelknäufen, und die Leichtigkeit, mit der wir diese Futterkiste übersetzten, störte niemanden als den Vormann, dessen Befehle von seinem fernen Ufer herüber etwas undeutlich klangen. Es dauerte dann noch eine gute Stunde, bis er sein Vieh endlich in Bewegung setzte. Seine Hauptsorge war offenbar, daß sie es zuwege brächten, Schießeisen und Patronen trocken zu halten, wie wenn das wichtiger wäre, als die ganze Herde von fast dreieinhalbtausend Tieren auf die andere Seite zu bringen. Wir ließen ihnen freie Bahn, solange sie uns nicht brauchten, aber als sie ans Wasser kamen, verteilten wir uns und standen bereit, um den vordersten Rindern Beine zu machen. Wenn sich ein Tier an diesem Morgen um sein Bad drücken wollte, dann besann es sich sehr schnell eines besseren und ging

took it. For in less than twenty minutes' time they were all over, much to the surprise of the boss and his men; besides, their weapons were quite dry; just the splash had wet them.

I told the boss that we would not need any help to cross ours, but to keep well out of our way, as we would try and cross by noon, which ought to give him a good five-mile start. Well, we crossed and nooned, lying around on purpose to give them a good lead, and when we hit the trail back in these sand hills, there he was, not a mile ahead, and you can see there was no chance to get around. I intended to take the Dodge Trail, from this creek where we are now, but there we were, blocked in! I was getting a trifle wolfish over the way they were acting, so I rode forward to see what the trouble was.

"Oh, I'm in no hurry. You're driving too fast. This is your first trip, isn't it?" he inquired, as he felt a pair of checked pants drying on the wagon wheel.

"Don't you let any idea like that disturb your Christian spirit, old man," I replied with some resentment. "But if you think I am driving too fast, you might suggest some creek where I could delude myself with the idea, for a week or so, that it was not fordable."

Assuming an air of superiority he observed, "You seem to have forgot what I said to you yesterday."

"No, I haven't," I answered, "but are you going to stay all night here?"

"I certainly am, if that's any satisfaction to you," he answered.

I got off my horse and asked him for a match, though I had plenty in my pocket, to light a cigarette which I had rolled during the conversation. I had no gun on, having left mine in our wagon, but

rein. In nicht mal zwanzig Minuten waren sie alle drüben, sehr zur Verwunderung des Vormanns und seiner Leute. Deren Waffen waren übrigens so gut wie trocken geblieben; nur ein paar Wasserspritzer hatten sie abbekommen.

Ich sagte dem Vormann, wir brauchten keine Hilfe, um unser Vieh durch den Fluß zu treiben; nur möchte er uns nicht im Weg sein, da wir die Überquerung bis Mittag hinter uns bringen wollten, was ihm gut fünf Meilen Vorsprung verschaffen müßte. Wir setzten also über, hielten Mittagsrast und trödelten dabei absichtlich, um ihnen einen ordentlichen Vorsprung zu lassen; und als wir hier in den Sandhügeln auf den Trail kamen, waren sie immer noch da, nicht mal eine Meile vor uns – und an ein Überholen war nicht zu denken, das siehst du ja selber. Von diesem Fluß hier, wo wir jetzt gerade sind, von hier ab wollte ich eigentlich den Dodge-Trail nehmen, aber da saßen wir, eingekeilt. Ihr Verhalten machte mich langsam, aber sicher ein bißchen wild, und so ritt ich vor, um zu sehen, wo das Problem lag.

«Oh, ich habe keine Eile. Sie treiben zu schnell. Das ist wohl Ihr erster Viehtrieb, wie?» fragte er und befühlte eine karierte Hose, die auf dem Wagenrad trocknete.

«Lassen Sie sich bitte von dieser Vorstellung nicht Ihren heiligen Geist durcheinanderbringen, Alter», erwiderte ich ziemlich heftig. «Wenn Sie finden, ich treibe zu schnell, können Sie mir vielleicht ein Flüßchen vorschlagen, an dem ich mir ein, zwei Wochen lang vormachen kann, es wäre nicht zu durchqueren.»

Er schaute recht überlegen drein und sagte: «Sie haben wohl vergessen, was ich Ihnen gestern gesagt habe.»

«Das habe ich nicht», antwortete ich, «aber gedenken Sie die ganze Nacht hierzubleiben?»

«Allerdings, wenn Ihnen das ein angenehmer Gedanke ist», antwortete er.

Ich stieg vom Pferd und bat ihn um ein Streichholz, obwohl ich selber genug in der Tasche hatte für die Zigarette, die ich während des Redens gedreht hatte. Ich hatte mein Gewehr nicht bei mir, das lag in unserem Küchenwagen, aber ich wollte ihn doch ein bißchen reizen, um zu sehen,

fancied I'd stir him up and see how bad he really was. I thought it best to stroke him with and against the fur, try and keep on neutral ground, so I said —

"You ain't figuring none that in case of a run tonight we're a trifle close together for cow herds. Besides, my men on a guard last night heard gray wolves in these sand hills. They are liable to show up tonight. Didn't I notice some young calves among your cattle this morning? Young calves, you know, make larruping fine eating for grays."

"Now, look here, Shorty," he said in a patronizing tone, as though he might let a little of his superior cow sense shine in on my darkened intellect, "I haven't asked you to crowd up here on me. You are perfectly at liberty to drop back to your heart's content. If wolves bother us tonight, you stay in your blankets snug and warm, and pleasant dreams of old sweethearts on the Trinity to you. We won't need you. We'll try and worry along without you."

Two or three of his men laughed gruffly at these remarks, and threw leer-eyed looks at me. I asked one who seemed bad, what caliber his gun was. "Forty-five ha'r trigger," he answered. I nosed around over their plunder on purpose. They had things drying around like Bannock squaws jerking venison.

When I got-on my horse, I said to the boss, "I want to pass your outfit in the morning, as you are in no hurry and I am."

"That will depend," said he.

"Depend on what?" I asked.

"Depend on whether we are willing to let you," he snarled.

I gave him as mean a look as I could command and said tauntingly, "Now, look here, old girl, there's no occasion for you to tear your clothes

wie ekelhaft er wirklich war. Ich fand es am besten, ihn mit dem Strich und gegen den Strich zu bürsten und dabei möglichst auf neutralem Boden zu bleiben, also sagte ich:

«Stellen Sie sich vor, die Tiere gehen nachts plötzlich durch – sind wir da nicht ein bißchen arg nah beieinander für zwei Rinderherden? Außerdem haben meine Männer gestern bei der Nachtwache Präriewölfe in den Sandhügeln hier gehört. Die werden heute sicher nicht lange auf sich warten lassen. Ich habe doch heute morgen ein paar kleine Kälber in Ihrer Herde bemerkt. Kleine Kälber sind bekanntlich Leckerbissen für Wölfe.»

«Jetzt hören Sie mal zu, Sie Knirps», sagte er in gönnerhaftem Ton, als ob er einen Strahl seines überlegenen Rinderverstandes in meine geistige Umnachtung scheinen lassen wollte, «ich habe Sie nicht gebeten, mir so dicht auf den Pelz zu rücken. Sie können zurückgehen, soweit Ihr Herz begehrt. Wenn wir heute nacht von Wölfen behelligt werden, dann kuschelt ihr euch schön warm in eure Decken und träumt süß von alten Liebchen zu Trinitatis. Wir brauchen euch nicht. Wir schlagen uns schon alleine durch.»

Zwei, drei seiner Männer lachten rauh bei diesen Bemerkungen und schielten gehässig herüber. Ich fragte einen, der mir besonders übel vorkam, nach dem Kaliber seines Gewehrs. «Fünfundvierziger Stecherabzug», antwortete er. Ich schnüffelte mit Bedacht ein bißchen bei ihnen herum. Überall hingen Sachen zum Trocknen, wie die Fleischstreifen, die die Bannock-Squaws in die Sonne legen.

Als ich wieder aufs Pferd stieg, sagte ich zu dem Vormann: «Ich ziehe morgen an euch vorbei, nachdem ihr keine Eile habt und ich schon.»

«Das kommt drauf an», sagte er.

«Worauf?» fragte ich.

«Darauf, ob wir euch vorbeilassen oder nicht», knurrte er.

Ich warf ihm meinen giftigsten Blick zu und sagte höhnisch: «Jetzt hör mir mal zu, altes Mädchen, es gibt keinen Grund, so ein Tauziehen mit mir zu veranstalten. Außer-

with me this way. Besides, I sometimes get on the prod myself, and when I do, I don't bar no man, Jew nor Gentile, horse, mare or gelding. You may think different, but I'm not afraid of any man in your outfit, from the gimlet to the big auger. I've tried to treat you white, but I see I've failed. Now I want to give it out to you straight and cold, that I'll pass you tomorrow, or mix two herds trying. Think it over tonight and nominate your choice – be a gentleman or a hog. Let your own sweet will determine which."

I rode away in a walk, to give them a chance to say anything they wanted to, but there were no further remarks. My men were all hopping mad when I told them, but I promised them that tomorrow we would fix them plenty or use up our supply of cartridges if necessary. We dropped back a mile off the trail and camped for the night. Early the next morning I sent one of my boys out on the highest sand dune to Injun around and see what they were doing. After being gone for an hour he came back and said they had thrown their cattle off the bed-ground up the trail, and were pottering around like as they aimed to move. Breakfast over, I sent him back again to make sure, for I wanted yet to avoid trouble if they didn't draw it on. It was another hour before he gave us the signal to come on. We were nicely strung out where you saw those graves on that last ridge of sand hills, when there they were about a mile ahead of us, moseying along. This side of Chapman's, the Indian trader's store, the old route turns to the right and follows up this blackjack ridge. We kept up close, and just as soon as they turned in to the right – the only trail there was then – we threw off the course and came straight ahead, cross-country style, same route we came over today, except there was no trail there; we had to make a new one.

dem fahre ich auch manchmal aus der Haut, und wenn das geschieht schone ich keinen, ob Jude oder Heide, Pferd, Stute oder Wallach. Sie können denken, was Sie wollen, aber mir ist vor keinem in Ihrem Haufen bange, vom Drahtstift bis zum Donnerbolzen. Ich habe versucht, Sie ordentlich zu behandeln, aber offenbar ohne Erfolg. Deshalb sage ich Ihnen jetzt ganz klipp und klar: entweder Sie lassen mich morgen hier vorbei, oder ich bringe die beiden Herden durcheinander. Denken Sie heute nacht drüber nach und treffen Sie Ihre Wahl – seien Sie ein Gentleman oder ein Mistkerl. Sie können ganz nach Belieben entscheiden.»

Ich ritt im Schritt davon, um ihnen Gelegenheit zu geben, noch etwas zu sagen, wenn sie wollten, aber es kam nichts mehr. Meine Männer wurden fuchsteufelswild, als ich ihnen alles erzählte, aber ich versprach ihnen, daß wir es ihnen am nächsten Tag ordentlich zeigen oder, wenn es sein mußte, unseren Vorrat an Patronen aufbrauchen würden. Wir zogen uns eine Meile vom Trail zurück und schlugen unser Nachtlager auf. Früh am nächsten Morgen schickte ich einen von meinen Jungs auf die höchste Sanddüne, damit er von dort oben auskundschaftete, was sich bei ihnen tat. Nach einer Stunde kam er mit der Meldung zurück, sie hätten ihr Vieh aus der Flußniederung auf den Trail getrieben und werkelten herum, als wollten sie gleich losziehen. Nach dem Frühstück schickte ich ihn zur Sicherheit noch einmal los, denn ich wollte den Ärger immer noch vermeiden, wenn sie es nicht darauf anlegten. Eine weitere Stunde verging, bis er uns das Zeichen zum Losziehen gab. Wir hatten gerade den gesamten Zug in Bewegung gebracht, da, wo du auf dieser letzten Hügelkette die Gräber gesehen hast, als sie wieder vor uns dahinzuckelten, vielleicht eine Meile entfernt. Vor Chapman's, der Handelsstation, wendet sich die alte Strecke nach rechts und folgt dem Kamm mit den Schwarzeichen. Wir hielten uns dicht hinter ihnen, und sobald sie nach rechts abbogen – in den einzigen Trail, den es damals gab –, verließen wir den Weg und zogen geradeaus weiter, einfach querfeldein, dieselbe Strecke wie wir heute, nur daß es damals keinen Trail gab; wir mußten einen neuen bahnen.

Now they watched us a-plenty, but it seemed they couldn't make out our game. When we pulled up even with them, half a mile apart, they tumbled that my bluff of the day before was due to take effect without further notice. Then they began to circle and ride around, and one fellow went back, only hitting the high places, to their wagon and saddle horses, and they were brought up on a trot. We were by this time three quarters of a mile apart, when the boss of their outfit was noticed riding out toward us. Calling one of my men, I rode out and met him halfway.

"Young man, do you know just what you are trying to do?" he asked.

"I think I do. You and myself as cowmen don't pace in the same class, as you will see, if you will only watch the smoke of our tepee. Watch us close, and I'll pass you between here and the next water."

"We will see you in hell first!" he said, as he whirled his horse and galloped back to his men. The race was on in a brisk walk. His wagon, we noticed, cut in between the herds, until it reached the lead of his cattle, when it halted suddenly, and we noticed that they were cutting off a dry cowskin that swung under the wagon. At the same time two of his men cut a wild steer, and as he ran near their wagon one of them roped and the other heeled him. It was neatly done.

I called Big Dick, my boss roper, and told him what I suspected — that they were going to try and stampede us with a dry cowskin tied to that steer's tail they had down. As they let him up, it was clear I had called the turn, as they headed him for our herd, the flint thumping at his heels. Dick rode out in a lope, and I signaled for my crowd to come on and we would back Dick's play. As we rode out together, I

Jetzt behielten sie uns scharf im Auge, aber sie schienen unser Spielchen nicht so ganz zu durchschauen. Als wir gleichauf mit ihnen waren, eine halbe Meile entfernt, ging ihnen schlagartig auf, daß meine Ankündigung vom Vortag soeben ohne viel Umstände in die Tat umgesetzt wurde. Darauf begannen sie hin und her und im Kreis zu reiten, und einer von ihnen machte in fliegendem Galopp kehrt zu ihrem Küchenwagen und den Reitpferden, die nun in Trab gesetzt wurden. Wir lagen inzwischen eine dreiviertel Meile auseinander, als wir sahen, daß ihr Boss auf uns zuhielt. Ich rief einen von meinen Leuten heran, und wir ritten ihm entgegen und trafen ihn auf halbem Wege.

«Junger Mann, ist Ihnen klar, was Sie da versuchen?» fragte er.

«Ich denke schon. Sie und ich, wir haben beim Viehtreiben nicht dieselbe Gangart, wie Sie schon am Rauch aus unserem Tipi merken sollten. Schauen Sie gut hin! Ich ziehe zwischen hier und der nächsten Wasserstelle an Ihnen vorbei.»

«Eher landet ihr in der Hölle», sagte er, riß sein Pferd herum und sprengte zurück zu seinen Leuten. Der Wettlauf war flott im Gange. Sein Küchenwagen, sahen wir, zwängte sich zwischen den Herden nach vorne, bis er die Spitze seines Zuges erreicht hatte, wo er plötzlich anhielt. Wir beobachteten, wie sie eine getrocknete Kuhhaut abschnitten, die unter dem Wagen hing. Gleichzeitig sonderten zwei seiner Männer einen wilden Bullen von der Herde ab, und als er in die Nähe des Wagens kam, fing ihn der eine mit dem Lasso ein, und der andere warf ihn zu Boden. Es war saubere Arbeit. Ich rief Big Dick, meinen besten Lassowerfer, und sagte ihm, was ich befürchtete – daß sie nämlich unsere Tiere in Panik versetzen wollten, indem sie dem Bullen, den sie da am Boden hatten, die getrocknete Kuhhaut an den Schwanz banden. Als sie ihn wieder hochließen, war klar, daß ich richtig lag, denn sie trieben den Bullen auf unsere Herde zu, daß die Steine unter seinen Hufen nach allen Seiten spritzten. Dick ritt in leichtem Galopp los, und ich gab meinen Leuten Zeichen, aufzurücken und Dicks Spiel Deckung zu geben. Während wir uns alle in Bewegung setzten,

said to my boys, "The stuff's off, fellows! Shoot, and shoot to hurt!"

It seemed their whole outfit was driving that one steer, and turning the others loose to graze. Dick never changed the course of that steer, but let him head for ours, and as they met and passed, he turned his horse and rode onto him as though he was a post driven in the ground. Whirling a loop big enough to take in a yoke of oxen, he dropped it over his off fore shoulder, took up his slack rope, and when that steer went to the end of the rope, he was thrown in the air and came down on his head with a broken neck. Dick shook the rope off the dead steer's forelegs without dismounting, and was just beginning to coil his rope when those varmints made a dash at him, shooting and yelling.

That called for a counterplay on our part, except our aim was low, for if we didn't get a man, we were sure to leave one afoot. Just for a minute the air was full of smoke. Two horses on our side went down before you could say "Jack Robinson," but the men were unhurt, and soon flattened themselves on the ground Indian fashion, and burnt the grass in a half-circle in front of them. When everybody had emptied his gun, each outfit broke back to its wagon to reload. Two of my men came back afoot, each claiming that he had got his man all right, all right. We were no men shy, which was lucky. Filling our guns with cartridges out of our belts, we rode out to reconnoiter and try and get the boys' saddles.

The first swell of the ground showed us the field. There was the dead steer, and five or six horses scattered around likewise, but the grass was too high to show the men that we felt were there. As the opposition was keeping close to their wagon, we rode up to the scene of carnage. While some of the boys were getting the saddles off the dead

sagte ich zu meinen Jungs: «Jetzt ist's soweit, Burschen! Schießt! Und zwar gezielt!»

So wie es aussah, hetzten alle ihre Treiber den einen Bullen und ließen die restliche Herde unbewacht weiden. Dick drängte den Bullen nicht von seinem Kurs ab, sondern ließ ihn weiter auf unsere Rinder zurasen, und als er an ihm vorbei war, riß er sein Pferd herum und ritt auf ihn zu, als wäre der Bulle ein in den Boden gerammter Pflock. Er schwang eine Schlinge über seinem Kopf, die groß genug war, um ein Joch Ochsen einzufangen, ließ die Leine über die rechte Schulter ablaufen, sicherte das lose Ende, und als das Seil sich straffte, wurde der Bulle in die Höhe gerissen und landete mit gebrochenem Hals auf dem Kopf. Ohne abzusteigen, zog Dick das Lasso von den Vorderbeinen des toten Bullen ab und begann es gerade aufzuwickeln, als dieses Gesindel schießend und schreiend auf ihn losstürmte.

Das verlangte nach einem Gegenschlag von unserer Seite, nur daß wir niedrig zielten, um die Männer, wenn wir nicht sie selber trafen, doch wenigstens zu Fußgängern zu machen. Eine Minute lang war die Luft voll Rauch. Ehe man sich's versah, gingen zwei unserer Pferde zu Boden, aber die Männer waren unverletzt; sie warfen sich sofort nach Indianerart hin und zündeten im Halbkreis das Gras vor sich an. Als alle Gewehre leer waren, preschte jede der beiden Gruppen zurück zu ihrem Küchenwagen, um nachzuladen. Zwei von meinen Leuten kamen zu Fuß wieder, und beide erklärten, sie hätten ihren Mann erledigt. Wir hatten keinen verloren, was ein Glück war. Wir luden unsere Gewehre mit Patronen aus unseren Gürteln und ritten los, um die Lage zu erkunden und nach Möglichkeit die Sättel der Jungs zu holen.

Die erste Bodenwelle gab den Blick auf das Schlachtfeld frei. Da war der tote Bulle, und fünf oder sechs Pferde lagen herum, aber das Gras war zu hoch, als daß man die Männer hätte sehen können, die auch da liegen mußten. Da die Gegenseite bei ihrem Küchenwagen blieb, ritten wir an den Schauplatz des Gemetzels heran. Während ein paar Jungs den toten Pferden die Sättel abnahmen, fanden wir drei Män-

horses, we found three men taking their last nap in the grass. I recognized them as the boss man, the fellow with the ha'r-trigger gun, and a fool kid that had two guns on him when we were crossing their cattle the day before. One gun wasn't plenty to do the fighting he was hankering for; he had about as much use for two guns as a toad has for a stinger.

The boys got the saddles off the dead horses, and went flying back to our men afoot, and then rejoined us. The fight seemed over, or there was some hitch in the program, for we could see them hovering near their wagon, tearing up white biled shirts out of a trunk and bandaging up arms and legs, that they hadn't figures on any. Our herd had been overlooked during the scrimmage, and had scattered so that I had to send one man and the horse wrangler to round them in. We had ten men left, and it was beginning to look as though hostilities had ceased by mutual consent. You can see, son, we didn't bring it on. We turned over the dead steer, and he proved to be a stray; at least he hadn't their road brand on. One-eyed Jim said the ranch brand belonged in San Saba County; he knew it well, the X Bar 2. Well, it wasn't long until our men afoot got a remount and only two horses shy on the first round. We could stand another on the same terms in case they attacked us. We rode out on a little hill about a quarter mile from their wagon, scattering out so as not to give them a pot shot, in case they wanted to renew the unpleasantness.

When they saw us there, one fellow started toward us, waving his handkerchief. We began speculating which one it was, but soon made him out to be the cook; his occupation kept him out of the first round. When he came within a hundred yards, I rode out and met him. He offered me his

ner, die im Gras ihr letztes Schläfchen hielten. Ich erkannte den Vormann, den Burschen mit dem Stecherabzug und einen Bengel, der zwei Revolver getragen hatte, als wir am Vortag ihr Vieh durch den Fluß getrieben hatten. Einer war ihm nicht genug gewesen für die Schießereien, von denen er träumte; jetzt hatte er von zweien genausoviel wie eine Kröte von einem Stachel.

Die Jungs hatten nun die toten Pferde abgesattelt, galoppierten zu den Männern zurück, die zur Zeit unberitten waren, und stießen dann wieder zu uns. Der Kampf schien beendet, oder zumindest gab es bei ihnen eine Panne, denn wir sahen sie um den Küchenwagen herumstehen und weiße Hemden aus einer Kiste holen, in Streifen reißen und Arme und Beine damit verbinden; mit so etwas hatten sie offenbar überhaupt nicht gerechnet. Unsere Herde war während des Getümmels ohne Aufsicht gewesen und hatte sich zerstreut, so daß ich einen Mann und den Pferdehirten losschicken mußte, um sie wieder zusammenzutreiben. Wir waren noch zu zehnt, und langsam sah es wirklich so aus, als wären die Feindseligkeiten in beiderseitigem Einvernehmen beigelegt worden. Du siehst, Junge, an uns lag's nicht. Wir drehten den toten Bullen um, und er stellte sich als ein verirrtes Tier heraus; jedenfalls hatte er nicht ihr Trieb-Brandzeichen. Der einäugige Jim meinte, das Ranch-Zeichen gehöre nach San-Saba-County; es war die X/2, die kannte er gut. Nun, es dauerte nicht lang, da saßen unsere beiden Fußgänger wieder im Sattel, und wir hatten in der ersten Runde gerade mal zwei Pferde verloren. Unter diesen Bedingungen standen wir auch eine zweite Runde durch, falls sie nochmal angriffen. Wir ritten zu einem kleinen Hügel, ungefähr eine Viertelmeile von ihrem Küchenwagen entfernt, und verteilten uns, um kein allzu bequemes Ziel abzugeben für den Fall, daß sie die Unfreundlichkeiten wieder aufnehmen wollten.

Als sie uns da oben sahen, kam einer von ihnen auf uns zu und schwenkte dabei sein Taschentuch. Wir fragten uns, welcher es wohl war, erkannten aber schon bald den Koch; sein Gewerbe hatte ihn von der ersten Runde ferngehalten. Als er bis auf hundert Meter herangekommen war, ritt ich

hand and said, "We are in a bad fix. Two of our crowd have bad flesh wounds. Do you suppose we could get any whiskey back at this Indian trader's store?"

"If there is any man in this territory can get any I can if they have it," I told him. "Besides, if your layout has had all the satisfaction fighting they want, we'll turn to and give you a lift. It seems like you all have some dead men over back here. They will have to be planted. So if your outfit feel as though you had your bellyful of fighting for the present, consider us at your service. You're the cook, ain't you?"

"Yes, sir," he answered. "Are all three dead?" he then inquired.

"Dead as heck," I told him.

"Well, we are certainly in a bad box," said he meditatingly. "But won't you all ride over to our wagon with me? I think our fellows are pacified for the present."

I motioned to our crowd, and we all rode over to their wagon with him. There wasn't a gun in sight. The ragged edge of despair don't describe them. I made them a little talk; told them that their boss had cashed in, back over the hill; also if there was any *segundo* in their outfit, the position of big augur was open to him, and we were at his service.

There wasn't a man among them that had any sense left but the cook. He told me to take charge of the killed, and if I could rustle a little whiskey to do so. So I told the cook to empty out his wagon, and we would take the dead ones back, make boxes for them, and bury them at the store. Then I sent three of my men back to the store to have the boxes ready and dig the graves. Before these three rode away, I said, aside to Jim, who was one of them, "Don't bother about any whiskey; branch water is plenty nourishing for the wounded. It

ihm entgegen. Er streckte mir die Hand hin und sagte: «Wir stecken bös in der Klemme. Zwei von unseren Leuten haben üble Fleischwunden. Glauben Sie, wir können in dieser Handelsbude Whiskey kriegen?»

«Wenn es hier in der Gegend jemanden gibt, der welchen kriegt, dann bin ich das, vorausgesetzt, sie haben welchen», sagte ich ihm. «Übrigens, wenn euer Trupp seine Kampfeslust soweit befriedigt hat, dann packen wir mit an und helfen euch. Sieht so aus, als hättet ihr ein paar Tote bei uns drüben. Die müssen unter die Erde. Wenn ihr also meint, ihr hättet für den Augenblick die Nase voll vom Kämpfen, dann stehen wir euch zu Diensten. Du bist der Koch, stimmt's?»

«Ja, Sir», antwortete er. «Sind alle drei tot?» wollte er dann wissen.

«Toter geht's nicht», sagte ich ihm.

«Tja, wir sitzen wirklich bös in der Patsche», sagte er nachdenklich. «Aber warum kommt ihr nicht mit rüber zu unserem Küchenwagen? Ich denke, unsere Jungs haben ihr Mütchen fürs erste gekühlt.»

Ich winkte meine Leute heran, und wir ritten alle mit ihm zu ihrem Küchenwagen. Nirgends eine Spur von einem Schießeisen. Sie als Häuflein Elend zu beschreiben, wäre noch milde gesagt. Ich hielt ihnen eine kleine Rede, sagte ihnen, daß ihr Vormann abgetreten war, drüben hinter dem Hügel. Wenn es einen *segundo* bei ihnen gäbe, dann sei der Posten des Oberpriesters jetzt für ihn frei und er könne über uns verfügen.

Keinem von diesen Männern war auch nur ein Funken Verstand geblieben außer dem Koch. Er bat mich, ich möchte mich um die Getöteten kümmern und wenn möglich ein bißchen Whiskey beschaffen. Also sagte ich ihm, er solle seinen Wagen ausräumen, dann würden wir die Toten einladen, Särge für sie bauen und sie bei der Handelsstation begraben. Ich schickte drei von meinen Leuten dorthin voraus, die sollten dafür sorgen, daß die Särge bereitstünden, und sollten die Gräber schaufeln. Bevor die drei losritten, nahm ich Jim, den einen von ihnen, beiseite und sagte: «Vergiß den Whiskey; Flußwasser tut's für die Verwundeten

would be a sin and shame to waste good liquor on paltry like them."

The balance of us went over to the field of carnage and stripped the saddles off their dead horses, and arranged the departed in a row, covering them with saddle blankets, pending the planting act. I sent part of my boys with our wagon to look after our own cattle for the day. It took us all the afternoon to clean up a minute's work in the morning.

I never like to refer to it. Fact was, all the boys felt gloomy for weeks, but there was no avoiding it. Two months later, we met old man Andy, way up at Fort Laramie on the North Platte. He was tickled to death to meet us all. The herd had come through in fine condition. We never told him anything about this until the cattle were delivered, and we were celebrating the success of that drive at a nearby town.

Big Dick told him about this incident, and the old man feeling his oats, as he leaned with his back against the bar, said to us with a noticeable degree of pride, "Lads, I'm proud of every one of you. Men who will fight to protect my interests have my purse at their command. This year's drive has been a success. Next year we will drive twice as many. I want every rascal of you to work for me. You all know how I mount, feed, and pay my men, and as long as my name is Erath and I own a cow, you can count on a job with me."

"But why did you take them back to the sand hills to bury them?" cut in Lucy.

"Oh, that was Big Dick's idea. He thought the sand would dig easier, and laziness guided every act of his life. That was five years ago, son, that this lower trail was made, and for the reasons I have just given you. No, I can't tell you any more personal experiences tonight; I'm too sleepy."

genauso. Es wäre eine Sünde und eine Schande, guten Saft an solches Pack zu verschwenden.»

Wir übrigen ritten hinüber zum Schlachtfeld, schnallten den toten Pferden die Sättel ab, legten die Verstorbenen in eine Reihe und deckten sie mit Satteldecken zu, bis sie in die Erde kamen. Einen Teil meiner Jungs schickte ich mit dem Küchenwagen los, damit sie so lange ein Auge auf unser Vieh hätten. Wir brauchten den ganzen Nachmittag, um das Werk einer einzigen Minute am Morgen aufzuräumen.

Ach, ich rede nicht gern darüber. Tatsache war: Alle meine Jungs waren noch wochenlang ziemlich bedrückt, aber was hätte man machen sollen? Zwei Monate später trafen wir den alten Andy oben in Fort Laramie am Nord-Platte. Er war todfroh, uns alle zu sehen. Die Herde war in bester Verfassung angekommen. Wir sagten ihm nichts von der Sache, bis das Vieh übergeben war und wir in einer nahegelegenen Stadt den erfolgreichen Trieb feierten.

Big Dick erzählte ihm von dem Vorfall, und der gute alte Andy wurde richtig übermütig, wie er so am Tresen lehnte, und er sagte mit merklicher Hochachtung in der Stimme: «Burschen, ich bin stolz auf jeden einzelnen von euch. Männer, die für meine Interessen zu kämpfen bereit sind, können sich auf meine Börse verlassen. Der Viehtrieb dieses Jahr war ein Erfolg. Nächstes Jahr treiben wir doppelt so viele. Ich will jeden von euch Halunken in meiner Mannschaft haben. Ihr alle wißt, wie ich meine Leute ausrüste, verpflege und bezahle, und solange ich Erath heiße und eine Kuh mein eigen nenne, könnt ihr mit einer Arbeit bei mir rechnen.»

«Aber warum habt ihr sie zu den Sandhügeln zurückgebracht, um sie zu begraben?» warf Lucy ein.

«Ach, das war Big Dicks Idee. Er dachte, im Sand ließe sich leichter graben, und Faulheit war sein Lebensprinzip. Es ist jetzt fünf Jahre her, Junge, daß der untere Trail entstanden ist, und zwar aus den Gründen, die ich dir eben genannt habe. Nein, heute abend kann ich dir nicht noch mehr persönliche Erlebnisse erzählen, ich bin zu müde.»

Owen Wister
Napoleon Shave-Tail

Augustus Albumblatt, young and new and sleek with the latest book knowledge of war, reported to his first troop commander at Fort Brown. The ladies had watched for him, because he would increase the number of men, the officers because he would lessen the number of duties; and he joined at a crisis favorable to becoming speedily known by them all. Upon that same day had household servants become an extinct race. The last one, the commanding officer's cook, had told the commanding officer's wife that she was used to living where she could see the cars.

She added that there was no society here "fit for man or baste at all." This opinion was formed on the preceding afternoon when Casey, a sergeant of roguish attractions in G troop, had told her that he was not a marrying man. Three hours later she wedded a gambler, and this morning at six they had taken the stage for Green River, two hundred miles south, the nearest point where the bride could see the cars.

"Frank," said the commanding officer's wife, "send over to H troop for York."

"Catherine," he answered, "my dear, our statesmen at Washington say it's wicked to hire the free American soldier to cook for you. It's too menial for his manhood."

"Frank, stuff!"

"Hush, my love. Therefore York must be spared the insult of twenty more dollars a month, our statesmen must be re-elected, and you and I, Catherine, being cookless, must join the general mess."

Thus did all separate housekeeping end, and the garrison began unitedly to eat three times a day

Owen Wister
Napoleon Jungspund

Augustus Albumblatt, jung, neu und erfüllt von der aktuellsten Bücherweisheit über den Krieg, meldete sich bei seinem ersten Kommandeur in Fort Brown. Die Damen hatten ungeduldig seiner geharrt, weil er die Zahl der Männer vergrößern, die Offiziere, weil er die Zahl der Pflichten verringern würde; und er trat seinen Dienst zur Zeit einer Krise an, die dazu angetan war, daß er rasch mit ihnen allen bekannt wurde. An eben jenem Tage waren Hausangestellte zu einer ausgestorbenen Gattung geworden. Das letzte Exemplar, die Köchin des Kommandeurs, hatte der Frau desselben erklärt, sie sei es gewohnt, mit Blick auf die Eisenbahn zu leben. Es gebe hier keine Gesellschaft, fügte sie hinzu, die «einem Mensch oder Tier würdig» sei. Zu dieser Ansicht war sie am vorhergehenden Nachmittag gelangt, an welchem Casey, ein Sergeant von schlitzohrigem Charme aus dem Zug G, ihr eröffnet hatte, daß er kein Mann zum Heiraten sei. Drei Stunden später hatte sie einen Spieler geehelicht, und heute morgen um sechs waren die beiden in die Postkutsche nach dem zweihundert Meilen südlich gelegenen Green River gestiegen, dem nächstgelegenen Ort, wo die Braut einen Blick auf die Eisenbahn hatte.

«Frank», sagte die Kommandeursgattin, «lass York aus Zug H herkommen.»

«Catherine», erwiderte er, «meine Liebe, unsere Staatsmänner in Washington finden es unmoralisch, einen freien amerikanischen Soldaten zum Koch zu machen. So niedere Dienste vertragen sich nicht mit seiner Männlichkeit.»

«So ein Unsinn, Frank!»

«Schweig, mein Herz. Darum muß York die Kränkung eines zusätzlichen Monatslohns von zwanzig Dollar erspart bleiben, unsere Staatsmänner müssen wiedergewählt werden, und du und ich, Catherine, kochlos, wie wir sind, müssen mit den anderen im Kasino essen.»

So hatte denn alle separate Haushaltsführung ein Ende, und die Garnison nahm dreimal täglich einträchtig zu sich,

what a Chinaman set before them, when the long-expected Albumblatt stepped into their midst, just in time for supper.

This youth was spic-and-span from the Military Academy, with a top-dressing of three months' thoughtful travel in Germany. "I was deeply impressed with the modernity of their scientific attitude," he pleasantly remarked to the commanding officer. For Captain Duane, silent usually, talked at this first meal to make the boy welcome in this forlorn two-company post.

"We're cut off from all that sort of thing here," said he. "I've not been east of the Missouri since '69. But we've got the railroad across, and we've killed some Indians, and we've had some fun, and we're glad we're alive – eh, Mrs Starr?"

"I should think so," said the lady.

"Especially now we've got a bachelor at the post!" said Mrs Bainbridge. "That has been the one drawback, Mr Albumblatt."

"I thank you for the compliment," said Augustus, bending solemnly from his hips; and Mrs Starr looked at him and then at Mrs Bainbridge.

"We're not over-gay, I fear," the Captain continued; "but the flat's full of antelope, and there's good shooting up both cañons."

"Have you followed the recent target experiments at Metz?" inquired the traveller. "I refer to the flattened trajectory and the obus controversy."

"We have not heard the reports," answered the commandant, with becoming gravity. "But we own a mountain howitzer."

"The modernity of German ordnance –" began Augustus.

"Do you dance, Mr Albumblatt?" asked Mrs Starr.

"For we'll have a hop and all be your partners," Mrs Bainbridge exclaimed.

"I will be pleased to accommodate you, ladies."

was ein Chinese ihnen vorsetzte, als der langersehnte Albumblatt in ihre Mitte trat, pünktlich zum Abendessen.

Der junge Mann kam frisch von der Militärakademie und hatte sich bei einer wohlverarbeiteten dreimonatigen Deutschlandreise den letzten Schliff geholt. «Die Modernität der wissenschaftlichen Einstellung dort hat mich zutiefst beeindruckt», bemerkte er leutselig zum Kommandeur. Denn Captain Duane, für gewöhnlich ein Schweiger, zeigte sich bei dieser ersten Mahlzeit gesprächig, damit der Junge sich auf diesem gottverlassenen Zwei-Kompanien-Posten heimisch fühlte.

«Von solchen Sachen bekommen wir hier nichts mit», sagte er. «Ich war seit '69 nicht mehr östlich vom Missouri. Aber wir haben die Eisenbahn rübergebracht und haben ein paar Indianer abgeschossen und haben ein bißchen Spaß gehabt und freuen uns des Lebens – stimmt's, Mrs Starr?»

«Das will ich doch meinen», sagte die Dame.

«Vor allem jetzt, wo wir einen Junggesellen hier haben!» sagte Mrs Bainbridge. «Das war bisher der einzige Nachteil, Mr Albumblatt.»

«Ich danke Ihnen für das Kompliment», sagte Augustus mit einer feierlichen Verbeugung aus der Hüfte; und Mrs Starr sah erst ihn an und dann Mrs Bainbridge.

«Allzu bunt ist das Treiben bei uns nicht, fürchte ich», fuhr der Captain fort; «aber in der Prärie wimmelt es von Antilopen, und in beiden Cañons gibt es reichlich Wild.»

«Haben Sie die jüngsten Schießversuche in Metz verfolgt?» erkundigte sich der Weitgereiste. «Ich spreche von der flachen Flugbahn und der verringerten Geschützmasse.»

«Wir sind darüber nicht unterrichtet», antwortete der Kommandeur mit geziemendem Ernst. «Aber wir haben hier eine Gebirgshaubitze.»

«Die Modernität der deutschen Artillerie...» setzte Augustus an.

«Tanzen Sie, Mr Albumblatt?» fragte Mrs Starr.

«Dann geben wir nämlich einen Ball, und Sie fordern uns alle auf», rief Mrs Bainbridge aus.

«Ich stehe mit Vergnügen zu Diensten, meine Damen.»

"It's anything for variety's sake with us, you see," said Mrs Starr, smoothly smiling; and once again Augustus bent blandly from his hips.

But the commanding officer wished leniency. "You see us all," he hastened to say. "Commissioned officers and dancing-men. Pretty shabby –"

"Oh, Captain!" said a lady.

"And pretty old."

"*Captain!*" said another lady.

"But alive and kicking. Captain Starr, Mr Bainbridge, the Doctor and me. We are seven."

Augustus looked accurately about him. "Do I understand seven, Captain?"

"We are seven," the senior officer repeated.

Again Mr Albumblatt counted heads. "I imagine you include the ladies, Captain? Ha! ha!"

"Seven commissioned males, sir. Our Major is on sick-leave, and two of our Lieutenants are related to the President's wife. She can't bear them to be exposed. None of us in the church-yard lie – but we are seven."

"Ha! ha, Captain! That's an elegant double entendre on Wordsworth's poem and the War Department. Only, if I may correct your addition – ha! ha! – our total, including myself, is eight." And Augustus grew as hilarious as a wooden nutmeg.

The commanding officer rolled an intimate eye at his wife.

The lady was sitting big with rage, but her words were cordial still: "Indeed, Mr Albumblatt, the way officers who have influence in Washington shirk duty here and get details East is something I can't laugh about. At one time the Captain was his own adjutant and quartermaster. There are more officers at this table to-night than I've seen in three years. So we are doubly glad to welcome you at Fort Brown."

«Für eine kleine Abwechslung tun wir alles, wissen Sie», sagte Mrs Starr mit liebreizendem Lächeln; und wieder verbeugte sich Augustus artig aus der Hüfte.

Aber der Kommandeur wünschte Nachsicht. «Sie sehen uns vollzählig versammelt», erklärte er eilig. «Offiziere und Tänzer. Ziemlich schäbig...»

«Oh, Captain!» sagte eine Dame.

«Und ziemlich alt.»

«*Captain!*» sagte eine andere Dame.

«Aber gesund und munter. Captain Starr, Mr Bainbridge, der Doktor und ich. Wir sind sieben.»

Augustus sah sich gewissenhaft um. «Sieben sagten Sie, Captain?»

«Wir sind sieben», wiederholte sein Vorgesetzter.

Erneut zählte Mr Albumblatt die Häupter. «Ich nehme an, Sie schließen die Damen ein, Captain? Ha ha!»

«Sieben hierher abgestellte Herren, Sir. Unser Major ist auf Krankenurlaub, und zwei unserer Leutnants sind mit der Gattin des Präsidenten verwandt. Sie will sie keiner Gefahr ausgesetzt sehen. ‹Keiner von uns ist im Kirchhof drauß› – doch wir sind sieben.»

«Ha ha, Captain! Das ist eine sehr feinsinnige Anspielung auf Wordsworths Gedicht und das Kriegsministerium. Aber wenn ich Ihre letzte Anmerkung berichtigen darf – ha ha! –, unsere Gesamtanzahl, meine Wenigkeit inbegriffen, beträgt acht.» Und Augustus verströmte so viel Heiterkeit wie eine taube Muskatnuß.

Der Kommandeur warf einen vielsagenden Blick zu seiner Frau hinüber.

Die Dame war empört, aber ihre Worte waren immer noch freundlich: «Ich muß sagen, Mr Albumblatt, die Art, wie Offiziere mit Beziehungen nach Washington sich vor dem Dienst hier draußen drücken und Aufträge im Osten bekommen, ist etwas, worüber ich nicht lachen kann. Zuzeiten war der Captain sein eigener Adjutant und Quartiermeister. An diesem Tisch sitzen heute abend so viele Offiziere, wie ich seit drei Jahren nicht gesehen habe. Wir sind deshalb doppelt froh, Sie in Fort Brown zu begrüßen.»

"I am fortunate to be on duty where my services are so required, though I could object to calling it Fort Brown." And Augustus exhaled a new smile.

"Prefer Smith?" said Captain Starr.

"You misunderstand me. When we say *Fort* Brown, *Fort* Russell, *Fort* Et Cetera, we are inexact. They are not fortified."

"Cantonment Et Cetera would be a trifle lengthy, wouldn't it?" put in the Doctor, his endurance on the wane.

"Perhaps; but technically descriptive of our Western posts. The Germans criticise these military laxities."

Captain Duane now ceased talking, but urbanely listened; and from time to time his eye would scan Augustus, and then a certain sublimated laugh, to his wife well known, would seize him for a single voiceless spasm, and pass. The experienced Albumblatt meanwhile continued, "By-the-way, Doctor, you know the Charité, of course?"

Doctor Guild had visited that great hospital, but being now a goaded man he stuck his nose in his plate, and said, unwisely: "Sharrity? What's that?" For then Augustus told him what and where it was, and that Krankenhaus is German for hospital, and that he had been deeply impressed with the modernity of the ventilation. Thirty-five cubic metres to a bed in new wards," he stated. "How many do you allow, Doctor?"

"None," answered the surgeon.

"Do I understand none, Doctor?"

"You do, sir. My patients breathe in cubic feet, and swallow their doses in grains, and have their inflation measured in inches."

"Now there again!" exclaimed Augustus, cheerily. "More antiquity to be swept away! And people say we young officers have no work cut out for us!"

«Ich schätze mich glücklich, zur Stelle zu sein, wo meine Dienste so sehr benötigt werden, obwohl ich gewisse Einwände gegen den Namen Fort Brown habe.» Augustus versprühte neuerliches Lächeln.

«Wäre Ihnen Smith lieber?» fragte Captain Starr.

«Sie mißverstehen mich. Wenn wir Fort Brown, Fort Russell, Fort Etcetera sagen, sind wir nicht ganz korrekt. Sie sind nicht befestigt.»

«Cantonnement Etcetera wäre ein wenig umständlich, meinen Sie nicht?» schaltete sich der Doktor ein, dessen Geduld langsam zu Ende ging.

«Vielleicht, aber technisch gesehen eine akkurate Beschreibung unserer Posten im Westen. Die Deutschen mißbilligen solche militärischen Ungenauigkeiten.»

Captain Duane sagte nun nichts mehr, hörte jedoch liebenswürdig zu; von Zeit zu Zeit richtete er ein prüfendes Auge auf Augustus, und ein gewisses, unterdrücktes Lachen, das seine Frau nur zu gut kannte, schüttelte ihn einen Augenblick lautlos und verschwand. Der wohlbewanderte Albumblatt fuhr unterdessen fort: «Übrigens, Doktor, Ihnen ist selbstverständlich die Charité ein Begriff?»

Doktor Guild hatte dieses berühmte Krankenhaus sogar einmal besucht, aber gereizt, wie er nun war, senkte er die Nase auf den Teller und sagte unklugerweise: «Schari-Tee? Was'n das?» Darauf belehrte ihn Augustus, was es war und auch wo, und daß *hospital* auf deutsch «Krankenhaus» hieß und daß die Modernität der Entlüftung ihn zutiefst beeindruckt hatte. «Fünfunddreißig Kubikmeter pro Bett in den neuen Stationen», tat er kund. «Wie viele sind es bei Ihnen, Doktor?»

«Null», antwortete der Arzt.

«Haben Sie null gesagt, Doktor?»

«Allerdings, Sir. Meine Patienten atmen in Kubikfuß, und sie schlucken ihre Medizin in Gran und bekommen ihre Schwellungen in Zoll gemessen.»

«Wieder so etwas!» rief Augustus frohgemut aus. «Überall Moder, der weggefegt gehört! Und da sagen die Leute, für uns junge Offiziere gäbe es nichts zu tun!»

"Patients don't die then under the metric system?" said the Doctor.

"No wonder Europe's overcrowded," said Starr.

But the student's mind inhabited heights above such trifling. "Death," he said, "occurs in ratios not differentiated from our statistics." And he told them much more while they looked at him over their plates. He managed to say 'modernity' and 'differentiate' again, for he came from our middle West, where they encounter education too suddenly, and it would take three generations of him to speak clean English. But with all his polysyllabic wallowing, he showed himself keen-minded, pat with authorities, a spruce young graduate among these dingy Rocky Mountain campaigners. They had fought and thirsted and frozen; the books that he knew were not written when they went to school; and so far as war is to be mastered on paper, his equipment was full and polished while theirs was meagre and rusty.

And yet, if you know things that other and older men do not, it is as well not to mention them too hastily. These soldiers wished that they could have been taught what he knew; but they watched young Augustus unfolding himself with a gaze that might have seemed chill to a less highly abstract thinker. He, however, rose from the table pleasantly edified by himself, and hopeful for them. And as he left them, "Good-night, ladies and gentlemen," he said; "we shall meet again."

"Oh yes," said the Doctor. "Again and again."

"He's given me indigestion," said Bainbridge.

"Take some metric system," said Starr.

"And lie flat on your trajectory," said the Doctor.

"I hate hair parted in the middle for a man," said Mrs Guild.

"And his superior eye-glasses," said Mrs Bainbridge.

«Unter dem metrischen System sterben demnach keine Patienten?» fragte der Doktor.

«Kein Wunder, daß Europa übervölkert ist», sagte Starr.

Aber der Geist des jungen Gelehrten weilte hoch über solchen Spötteleien. «Die Todesraten», sagte er, «sind statistisch kaum anders proportioniert als bei uns.» Und er erklärte ihnen noch vieles mehr, während sie ihn über ihre Teller hinweg ansahen. Mehr als einmal flocht er «Modernität» und «proportionieren» ein, denn er stammte aus unserem Mittleren Westen, wo die Bildung zu unvermittelt über die Menschen hereinbricht und es drei Generationen dauert, bis einer wieder ein sauberes Englisch spricht. Aber bei all seinem vielsilbigen Schwelgen zeigte er sich doch aufgeweckt, unbefangen gegenüber den Vorgesetzten: ein schmucker junger Akademiker unter diesen verwitterten Rocky-Mountain-Veteranen. Sie hatten gekämpft und gedürstet und gefroren; die Bücher, die er kannte, waren zu ihrer Schulzeit noch nicht geschrieben gewesen; soweit sich Krieg auf dem Papier führen läßt, war seine Ausrüstung vollständig und blitzend, während die ihre dürftig und verrostet war.

Wenn man freilich Kenntnisse hat, die andere, ältere Menschen nicht besitzen, tut man gut daran, sie nicht vorschnell zu erwähnen. Diese Soldaten wünschten, sie hätten lernen dürfen, was er wußte; aber sie sahen auf den jungen Augustus, der sich da ausließ, mit einem Blick, der einem weniger abstrakt Denkenden frostig vorkommen mochte. Augustus jedoch erhob sich von der Tafel, höchst erbaut von sich selbst und voll Hoffnung für seine Tischgenossen. «Angenehme Nachtruhe, meine Damen und Herren», sagte er zum Abschied; «wir sehen uns bald wieder.»

«O ja», sagte der Doktor. «Immer und immer wieder.»

«Der Mann macht mir Magenkrämpfe», sagte Bainbridge.

«Nehmen Sie eine Dosis Kubikmeter», sagte Starr.

«Und legen Sie sich schön flach auf Ihre Flugbahn», sagte der Doktor.

«Mittelscheitel finde ich bei Männern ein Unding», sagte Mrs Guild.

«Und dieser arrogante Kneifer», sagte Mrs Bainbridge.

"His staring conceited teeth," hissed Mrs Starr.

"I don't like children slopping their knowledge all over me," said the Doctor's wife.

"He's well brushed, though," said Mrs Duane, seeking the bright side. "He'll wipe his feet on the mat when he comes to call."

"I'd rather have mud on my carpet than that bandbox in any of my chairs," said Mrs Starr.

"He's no fool," mused the Doctor. "But, kingdom come, what an ass!"

"Well, gentlemen," said the commanding officer (and they perceived a flavor of the official in his tone), "Mr Albumblatt is just twenty-one. I don't know about you; but I'll never have that excuse again."

"Very well, Captain, we'll be good," said Mrs Bainbridge.

"And gr-r-ateful," said Mrs Starr, rolling her r piously. "I prophecy he'll entertain us."

The Captain's demeanor remained slightly official; but walking home, his Catherine by his side in the dark was twice aware of that laugh of his, twinkling in the recesses of his opinions. And later, going to bed, a little joke took him so unready that it got out before he could suppress it. "My love," said he, "my Second Lieutenant is grievously mislaid in the cavalry. Providence designed him for the artillery."

It was wifely but not right in Catherine to repeat this strict confidence in strictest confidence to her neighbor, Mrs Bainbridge, over the fence next morning before breakfast. At breakfast Mrs Bainbridge spoke of artillery reinforcing the post, and her husband giggled girlishly and looked at the puzzled Duane; and at dinner Mrs Starr asked Albumblatt, would not artillery strengthen the garrison?

"Even a light battery," pronounced Augustus, promptly, "would be absurd and useless."

«Und seine eitel vorstehenden Zähne», zischte Mrs Starr.

«Ich kann es nicht leiden, wenn Kinder mir ihre Weisheiten hinreiben», sagte die Doktorsgattin.

«Immerhin ist er manierlich», sagte Mrs Duane, bemüht, die Sache von ihrer guten Seite zu nehmen. «Er wird sich die Füße abtreten, wenn er seine Aufwartung macht.»

«Lieber Schmutz auf dem Teppich als diese Hutschachtel auf einem meiner Stühle», erklärte Mrs Starr.

«Dumm ist er nicht», sagte der Doktor sinnend. «Aber beim himmlischen Jerusalem, was für ein Narr!»

«Nun, meine Herren», sagte der Kommandeur (und aus seiner Stimme war eine Prise Amtlichkeit herauszuhören, «Mr Albumblatt ist erst einundzwanzig. Ich weiß nicht, wie es Ihnen geht; ich jedenfalls werde diese Entschuldigung nie wieder haben.»

«Sehr gut, Captain, wir werden brav sein», versprach Mrs Bainbridge.

«Und dankbar-r-r», sagte Mrs Starr mit fromm gerolltem r. «Ich prophezeie Ihnen, er wird uns unterhalten.»

Das Gebaren des Captain blieb leicht amtlich; aber auf dem Heimweg gewahrte seine Catherine neben ihm im Dunkeln zweimal dieses ganz spezielle Lachen, wie ein Aufblitzen aus der Tiefe dessen, was er wirklich meinte. Und später, als sie zu Bett gingen, überkam ihn ein kleiner Scherz so unversehens, daß er heraus war, bevor er ihn unterdrücken konnte. «Meine Liebe», sagte er, «mein zweiter Leutnant ist in der Kavallerie hoffnungslos fehl am Platz. Die Vorsehung hat ihn für die Artillerie geschaffen.»

Es war Gattinnenart, aber nicht recht, daß Catherine das strikt Vertrauliche am nächsten Morgen vor dem Frühstück strikt vertraulich ihrer Nachbarin Mrs Bainbridge über den Zaun weitergab. Beim Frühstück sprach Mrs Bainbridge von einer Verstärkung des Postens durch Artillerie; ihr Mann kicherte wie ein Backfisch und sah den erstaunten Duane an; beim Abendessen fragte Mrs Starr Albumblatt, ob nicht Artillerie zur Stärkung der Garnison beitragen würde.

«Selbst eine leichte Batterie», verlautbarte Augustus unverzüglich, «wäre absurd und nutzlos.»

Whereupon the mess rattled knives, sneezed, and became variously disturbed. So they called him Albumbattery, and then Blattery, which is more condensed; and Captain Duane's official tone availed him nothing in this matter. But he made no more little military jokes; he disliked garrison personalities. Civilized by birth and ripe from weather-beaten years of men and observing, he looked his Second Lieutenant over, and remembered to have seen worse than this. He had no quarrel with the metric system (truly the most sensible), and thinking to leaven it with a little rule of thumb, he made Augustus his acting quartermaster. But he presently indulged his wife with the soldier-cook she wanted at home, so they no longer had to eat their meals in Albumblatt's society; and Mrs Starr said that this showed her husband dreaded his quartermaster worse than the Secretary of War.

Alas for the Quartermaster's sergeant, Johannes Schmoll, that routined and clock-work German! He found Augustus so much more German than he had ever been himself, that he went speechless for three days. Upon his lists, his red ink, and his ciphering, Augustus swooped like a bird of prey, and all his fond red-tape devices were shredded to the winds. Augustus set going new quadratic ones of his own, with an index and cross-references. It was then that Schmoll recovered his speech and walked alone, saying, "Mein Gott!" And often thereafter, wandering among the piled stores and apparel, he would fling both arms heavenward and repeat the exclamation. He had rated himself the unique human soul at Fort Brown able to count and arrange underclothing. Augustus rejected his laborious tally, and together they vigiled after hours, verifying socks and drawers. Next, Augustus found more horseshoes than his papers called for.

Woraufhin das Kasino mit den Messern klapperte, nieste und auf manch andere Weise in Unordnung geriet. Von da an nannten sie ihn Albumbatterie, und dann, noch etwas bündiger, Blatterie; und Captain Duanes amtlicher Ton half ihm in dieser Angelegenheit gar nichts. Aber er machte keine militärischen Späßchen mehr; er wollte in seiner Garnison keinen Klatsch und Tratsch haben. Von Haus aus kultiviert und in langen harten Dienstjahren zum Menschenkenner gereift, begutachtete er seinen zweiten Leutnant und fand, daß ihm schon Schlechteres untergekommen war. Er hatte nichts gegen das metrische System (das unbestreitbar das vernünftigste war), und in der Absicht, es mit einem kleinen Machtwort durchzusetzen, ernannte er Augustus zum diensttuenden Quartiermeister. Aber kurz darauf entsprach er dem Wunsch seiner Gemahlin nach einem hauseigenen Soldaten-Koch, so daß sie ihre Mahlzeiten nicht länger in Albumblatts Gesellschaft einnehmen mußten; Mrs Starr sagte, das zeige, daß ihr Mann seinen neuen Quartiermeister mehr fürchtete als den Kriegsminister.

Böse Zeiten für des Quartiermeisters Sergeanten, Johannes Schmoll, diesen versierten und korrekten Deutschen! Augustus war so viel deutscher, als er selbst je gewesen war, daß es ihm für drei Tage die Sprache verschlug. Seine Listen, seine rote Tinte und seine Kürzel, auf all das stieß Augustus herab wie ein Raubvogel, seine ganze liebevoll ausgeklügelte Bürokratie wurde weggepustet. Augustus führte seine eigenen Verzeichnisse ein, karierte Bögen, mit Registern und Querverweisen. Das war der Punkt, wo Schmoll seine Sprache wiederfand, allein herumging und «Mein Gott!» sagte. Und auch später, wenn er zwischen den Stapeln von Vorräten und Kleidungsstücken auf- und abging, reckte er oft beide Arme himmelwärts und wiederholte den Ausruf. Er hatte sich immer für die einzige Menschenseele in Fort Brown gehalten, die Unterwäsche zählen und ordnen konnte. Augustus verwarf seine mühselige Inventarliste, und gemeinsam blieben sie nach Dienstschluß auf, um Socken und Unterhosen nachzuzählen. Als nächstes entdeckte Augustus mehr Hufeisen, als in seinen Papieren verzeichnet standen.

"That man gif me der stomach pain efry day," wailed Schmoll to Sergeant Casey. "I tell him, 'Lieutenant, dose horseshoes is expendable. We don't acgount for efry shoe like they was men's shoes, und oder dings dot is issued.' 'I prefer to dake them oop!' says Baby Bismarck. Und he smile mit his two beaver teeth."

"Baby Bismarck!" cried, joyfully, the rosy-faced Casey. "Yo-hanny, take a drink."

"Und so," continued the outraged Schmoll, "he haf a Board of Soorvey on dree-pound horseshoes, und I haf der stomach pain."

It was buckles the next month. The allowance exceeded the expenditure, Augustus's arithmetic came out wrong, and another board sat on buckles.

"Yo-hanny, you're lookin' jaded under Colonel Safetypin" said Casey. "Have something."

"Safetypin is my treat," said Schmoll; "und very apt."

But Augustus found leisure to pervade the post with his modernity. He set himself military problems, and solved them; he wrote an essay on "The Contact Squadron"; he corrected Bainbridge for saying "throw back the left flank" instead of "refuse the left flank"; he had reading-room ideas, canteen ideas, ideas for the Indians and the Agency, and recruit drill ideas, which he presented to Sergeant Casey. Casey gave him, in exchange, the name of Napoleon Shave-Tail, and had his whiskey again paid for by the sympathetic Schmoll.

"But bless his educated heart," said Casey, "he don't learn me nothing that'll soil my innercence!"

Thus did the sunny-humored Sergeant take it, but not thus the mess. Had Augustus seen himself as they saw him, could he have heard Mrs Starr – But he did not; the youth was impervious, and to remove his complacency would require (so Mrs Starr said) an operation, probably fatal. The com-

«Der Mann macht mir Bauchveh, jeden Tag», jammerte Schmoll dem Sergeanten Casey vor. «Ich sag ihm: ‹Herr Leutnant, Hufeisen ham wir mehr als genug. Wir führn nicht Buch über jedes Eisen, vie venn's Schuhe värn oder sonstwas, das zugeteilt wird.› ‹Ich will es doch erfassen!› sagt dieser Taschen-Bismarck. Und dann lächelt er mit seine zwei Biberzähne.»

«Taschen-Bismarck!» rief beglückt der rosenwangige Casey. «Jo-hanny, ich geb dir einen aus.»

«Also geht er hin», eiferte sich der empörte Schmoll weiter, «und bestellt ein Kontrollkommission zusamm vegen Drei-Pfund-Hufeisen, und ich sitz da mit meim Bauchveh.»

Im Monat darauf waren es Gürtelschnallen. Der Etatansatz lag über den Ausgaben, Augustus' Rechnung ging nicht auf, eine neue Kommission befaßte sich mit Schnallen.

«Jo-hanny, Colonel Sicherheitsnadel scheint dir nicht zu bekommen», sagte Casey. «Lass dir einen spendieren.»

«Sicherheitsnadel geht auf meine Rechnung», sagte Schmoll, «und mit Richtigkeit.»

Aber Augustus fand Zeit und Muße, das Fort mit seiner Modernität zu durchdringen. Er dachte sich militärische Probleme aus und löste sie; er verfaßte einen Traktat mit dem Titel «Der Aufklärungszug»; er korrigierte Bainbridge, weil dieser «die linke Flanke zurückpfeifen» sagte statt «die linke Flanke zurücknehmen»; er hatte Lesestuben-Ideen, Feldküchen-Ideen, Ideen für die Indianer und die Agentur sowie für die Schulung der Rekruten, die er Sergeant Casey unterbreitete. Im Gegenzug verlieh Casey ihm den Namen Napoleon Jungspund und bekam dafür seinen Whiskey wieder einmal von dem teilnahmsvollen Schmoll bezahlt.

«Aber Gott segne seine Büldung», sagte Casey, «er lernt mir nichts, was meine Unschuld befleckt!»

So sah es der sonnige Sergeant, nicht aber das Kasino. Hätte Augustus sich mit ihren Augen sehen, hätte er Mrs Starr hören können – aber er tat es nicht; der junge Mann war taub und blind für alles, und um ihm seine Selbstzufriedenheit zu nehmen, bedurfte es (so Mrs Starr) einer Operation, wahrscheinlich mit tödlichem Ausgang. Der Komman-

manding officer held always aloof from gibing, yet often when Augustus passed him his gray eye would dwell upon the Lieutenant's back, and his voiceless laugh would possess him.

That is the picture I retain of these days – the unending golden sun, the wide, gentle-colored plain, the splendid mountains, the Indians ambling through the flat, clear distance; and here, close along the parade-ground, eye-glassed Augustus, neatly hastening, with the Captain on his porch, asleep you might suppose.

One early morning the agent, with two Indian chiefs, waited on the commanding officer, and after their departure his wife found him breakfasting in solitary mirth.

"Without me," she chided, sitting down. "And I know you've had some good news."

"The best, my love. Providence has been tempted at last. The wholesome irony of life is about to function."

"Frank, don't tease so! And where are you rushing now before the cakes?"

"To set our Augustus a little military problem, dearest. Plain living for to-day, and high thinking be jolly well –"

"Frank, you're going to swear, and I *must* know!"

But Frank had sworn and hurried out to the right to the Adjutant's office, while his Catherine flew to the left to the fence.

"Ella!" she cried. "Oh, Ella!"

Mrs Bainbridge, instantly on the other side of the fence, brought scanty light. A telegram had come, she knew, from the Crow Agency in Montana. Her husband had admitted this three nights ago; and Captain Duane (she knew) had given him some orders about something; and could it be the Crows? "Ella, I don't know," said Catherine. "Frank

deur verkniff sich jeglichen Spott, doch wenn Augustus an ihm vorbeiging, ließ er sein graues Auge oft auf dem Rücken des Leutnants verweilen, und sein stimmloses Lachen überkam ihn.

Das ist das Bild, das mir von diesen Tagen im Gedächtnis geblieben ist – die immer gleiche goldene Sonne, die weite, sanftfarbige Prärie, die leuchtenden Berge, die Indianer, die geruhsam in der flachen, klaren Ferne vorbeiziehen; und hier, gleich am Rande des Paradeplatzes, der kneiferbewehrte Augustus, zierlich dahineilend, dieweil der Captain auf seiner Veranda sitzt, allem Anschein nach schlafend.

Eines frühen Morgens sprach der Agent in Begleitung zweier Indianerhäuptlinge beim Kommandeur vor. Als sie gegangen waren, fand seine Frau ihn in stillvergnügter Einsamkeit beim Frühstück.

«Ohne mich», schalt sie, indem sie Platz nahm. «Du hast eine gute Nachricht bekommen, das weiß ich genau.»

«Die beste, meine Liebe. Endlich hat die göttliche Vorsehung angebissen. Jetzt kommt die heilsame Ironie des Lebens zum Zuge.»

«Frank, spann mich nicht so auf die Folter! Und wo rennst du denn jetzt hin, vor dem Gebäck?»

«Unserem Augustus ein kleines militärisches Problem unterbreiten. Heute heißt es ‹schlicht leben›, das ‹hehr denken› kann meinetwegen zum...»

«Frank, gleich wirst du fluchen und ich *muß* wissen, was los ist.»

Aber der Fluch war schon heraus, und Frank stürmte nach rechts davon, zur Stube des Adjutanten, während seine Catherine nach links an den Zaun eilte.

«Ella!» rief sie. «Oh, Ella!»

Die flugs auf der anderen Seite des Zauns auftauchende Mrs Bainbridge wußte kaum mehr. Es sei ein Telegramm gekommen, berichtete sie, von der Crow-Agentur in Montana. Das hatte sich ihr Mann drei Abende zuvor entlocken lassen; Captain Duane (wußte sie) hatte ihm irgendwelche Anweisungen wegen irgend etwas erteilt; ob es die Crow waren?

«Ella, ich weiß es nicht», sagte Catherine. «Frank hat nur

talked all about Providence in his incurable way, and it may be anything." So the two ladies wondered together over the fence, until Mrs Duane, seeing the Captain return, ran to him and asked, were the Crows on the war-path? Then her Frank told her yes, and that he had detailed Albumblatt to vanquish them and escort them to Carlisle School to learn German and Beethoven's sonatas.

"Stuff, stuff, stuff ! Why, there he *does* go!" cried the unsettled Catherine. "It's something at the Agency!" But Captain Duane was gone into the house for a cigar.

Albumblatt, with Sergeant Casey and a detail of six men, was in truth hastening over that broad mile which opens between Fort Brown and the Agency. On either side of them the level plain stretched, gray with its sage, buff with intervening grass, hay-cocked with the smoky, mellow-stained, meerschaum-like canvas tepees of the Indians, quiet as a painting; far eastward lay long, low, rose-red hills, half dissolved in the trembling mystery of sun and distance; and westward, close at hand and high, shone the great pale-blue serene mountains through the vaster serenity of the air. The sounding hoofs of the troops brought the Indians out of their tepees to see.

When Albumblatt reached the Agency, there waited the agent and his two chiefs, who pointed to one lodge standing apart some three hundred yards, and said, "He is there." So then Augustus beheld his problem, the military duty fallen to him from Providence and Captain Duane.

It seems elementary for him who has written of "The Contact Squadron." It was to arrest one Indian. This man, Ute Jack, had done a murder among the Crows, and fled south for shelter. The telegram heralded him, but with boundless miles for hiding he had stolen in under the cover of night. No wel-

von der Vorsehung gesprochen auf seine unverbesserliche Art; das kann alles mögliche heißen.» So rätselten die beiden Damen über den Zaun hinweg, bis Mrs Duane, die den Captain zurückkommen sah, zu ihm lief und ihn fragte, ob die Crow auf dem Kriegspfad seien. Ganz recht, erklärte ihr Frank, und er habe Albumblatt abgeordnet, sie niederzuwerfen und auf die Indianerschule nach Carlisle zu bringen, damit sie Deutsch und Beethoven-Sonaten lernten.

«Unsinn, Unsinn, Unsinn! Was, da reitet er ja wirklich weg!» rief die aufgebrachte Catherine. «Es ist irgend etwas mit der Agentur!» Aber Captain Duane war auf eine Zigarre im Haus verschwunden.

In der Tat jagte Albumblatt mit Sergeant Casey und einem Sechs-Mann-Trupp über jene weite Meile, die sich zwischen Fort Brown und der Agentur auftut. Zu ihren beiden Seiten breitete sich die flache Prärie, grau von Salbei, gelblichbraun von den Grasbüscheln dazwischen, mit rauchenden, zart gefleckten, meerschaumfarbenen Indianertipis betupft wie mit Heuhocken, still wie ein Gemälde; weit im Osten lagerten lange, niedrige rosenrote Hügel, halb aufgelöst im flimmernden Wunderland aus Sonne und Ferne; und im Westen, nah und hoch, leuchteten die großen, blaßblauen, ruhig-heiteren Berge durch den noch größeren Glanz der Luft. Die hallenden Hufe des Trupps lockten die Indianer aus ihren Tipis hervor.

Als Albumblatt die Agentur erreichte, warteten dort der Agent und seine beiden Häuptlinge, die auf ein etwa dreihundert Meter entferntes Zelt zeigten und sagten: «Da ist er drin.» So stand nun Augustus Auge in Auge mit seinem Problem, der militärischen Pflicht, die ihm von der Vorsehung und von Captain Duane auferlegt worden war.

Sie scheint ein Kinderspiel für den Autor eines Traktats über den «Aufklärungszug». Sie bestand darin, einen Indianer festzunehmen. Dieser Mann, Ute Jack, hatte bei den Crow einen Mord begangen und suchte nun weiter südlich Zuflucht. Das Telegramm hatte ihn angekündigt, aber dank der endlosen Weite hatte er sich im Schutze der Nacht unbemerkt herangestohlen. Willkommen war er nicht. Die Fort-

come met him. These Fort Brown Indians were not his friends at any time, and less so now, when he arrived wild drunk among their families. Hounded out, he sought this empty lodge, and here he was, at bay, his hand against every man's, counting his own life worthless except for destroying others before he must himself die.

"Is he armed?" Albumblatt inquired, and was told yes.

Augustus considered the peaked cone tent. The opening was on this side, but a canvas drop closed it. Not much of a problem – one man inside a sack with eight outside to catch him!

But the books gave no rule for this combination, and Augustus had met with nothing of the sort in Germany. He considered at some length. Smoke began to rise through the meeting poles of the tepee, leisurely and natural, and one of the chiefs said:

"Maybe Ute Jack cooking. He hungry."

"This is not a laughing matter," said Augustus to the by-standers, who were swiftly gathering. "Tell him that I command him to surrender," he added to the agent, who shouted this forthwith; and silence followed.

"Tell him I say he must come out at once," said Augustus then; and received further silence.

"He eat now," observed the chief. "Can't talk much."

"Sergeant Casey," bellowed Albumblatt, "go over there and take him out!"

"The Lootenant understands," said Casey, slowly, "that Ute Jack has got the drop on us, and there ain't no getting any drop on him."

"Sergeant, you will execute your orders without further comment."

At this amazing step the silence fell cold indeed; but Augustus was in command.

Brown-Indianer hatten ihn nie gemocht, und mochten ihn erst recht nicht jetzt, als er sturzbetrunken inmitten ihrer Behausungen auftauchte. Von den Hunden verjagt, hatte er sich in diesem leeren Zelt verkrochen, und da stand er nun mit dem Rücken zur Wand, allein gegen den Rest der Welt, und sah keinen Sinn mehr in seinem Leben außer dem, andere zu vernichten, bevor er selbst sterben mußte.

«Ist er bewaffnet?» fragte Albumblatt und erfuhr, daß dem so sei.

Augustus besah sich das spitze kegelförmige Zelt. Die Öffnung befand sich auf der ihm zugewandten Seite, war aber mit einer Sackleinenplane verschlossen. Kein großes Problem – ein einzelner Mann in einem Sack mit acht Leuten davor, um ihn zu fassen. Aber die Bücher enthielten keine Anweisungen für diesen speziellen Fall, und in Deutschland war Augustus mit so etwas nicht in Berührung gekommen. Er besah sich das Zelt sehr gründlich. Rauch begann zwischen den Zeltstangen aufzusteigen, gelassen und selbstverständlich, und einer der Häuptlinge sagte:

«Kann sein Ute Jack kocht. Er Hunger.»

«Das hier ist nicht zum Lachen», erklärte Augustus den sich schnell ansammelnden Zuschauern. «Sagen Sie, ich befehle ihm, sich zu ergeben», ergänzte er an den Agenten gewandt, der die Order mit erhobener Stimme übermittelte; dem folgte Schweigen.

«Sagen Sie ihm, er soll sofort herauskommen», forderte Augustus sodann und erntete wiederum Schweigen.

«Er essen jetzt», bemerkte der Häuptling. «Kann er nicht viel reden.»

«Sergeant Casey», brüllte Albumblatt, «gehen Sie hin und holen Sie ihn heraus!»

«Der Herr Leutnant weiß», sagte Casey langsam, «daß Ute Jack uns gegenüber im Vorteil ist und wir keine Möglichkeit haben, den Spieß umzudrehen.»

«Sergeant, Sie befolgen Ihre Instruktionen ohne weiteren Kommentar.»

Auf diesen verblüffenden Schritt hin wurde das Schweigen steinern; doch Augustus führte das Kommando.

Shall I take any men along, sir?" said Casey in his soldier's machine voice.

"Er – yes. Er – no. Er – do as you please."

The six troopers stepped forward to go, for they loved Casey; but he ordered them sharply to fall back. Then, looking in their eyes, he whispered, "Good-bye, boys, if it's to be that way," and walked to the lodge, lifted the flap, and fell, shot instantly dead through the heart. "Two bullets into him," muttered a trooper, heavily breathing as the sounds rang. "He's down," another spoke to himself with fixed eyes; and a sigh they did not know of passed among them.

The two chiefs looked at Augustus and grunted short talk together; and one, with a sweeping lift of his hand out towards the tepee and the dead man by it, said, "Maybe Ute Jack only got three – four – cartridges – so!" (his fingers counted it). "After he kill three – four – men, you get him pretty good." The Indian took the white man's death thus; but the white men could not yet be even saturnine.

"This will require reinforcement, "said Augustus to the audience. "The place must be attacked by a front and flank movement. It must be knocked down. I tell you I must have it knocked down. How are you to see where he is, I'd like to know, if it's not knocked down?" Augustus's voice was getting high. "I want the howitzer," he screeched generally.

A soldier saluted, and Augustus chattered at him.

"The howitzer, the mountain howitzer, I tell you. Don't you hear me? To knock the cursed thing he's in down. Go to Captain Duane and give him my compliments, and – no, I'll go myself. Where's my horse? My horse, I tell you! It's got to be knocked down."

"If you please, Lieutenant," said the trooper, "may we have the Red Cross ambulance?"

«Soll ich Männer mitnehmen, Sir?» fragte Casey mit seiner ausdruckslosesten Soldatenstimme.

«Äh – ja. Äh – nein. Äh – wie Sie wollen.»

Die sechs Kavalleristen traten vor, denn sie liebten Casey, aber er befahl ihnen scharf, zurückzubleiben. Dann sah er ihnen in die Augen, sagte gedämpft: «Lebt wohl, Jungs, wenn's denn sein muß», ging zum Zelt hinüber, schlug die Plane zurück und stürzte ins Herz getroffen zu Boden. «Zwei Kugeln abgekriegt», murmelte einer der Kavalleristen mit einem schweren Atemzug, als die Schüsse verhallt waren. «Den hat's erwischt», sagte ein anderer starren Blicks zu sich; und ohne daß sie es merkten, ging ein Seufzer durch ihre Reihen.

Die beiden Häuptlinge sahen Augustus an und berieten sich mit einsilbigen Grunzern, worauf einer von ihnen eine ausladende Handbewegung in Richtung des Tipi und des Toten daneben machte und sagte: «Kann sein, Ute Jack hat nur drei – vier – Patronen – so!» (Seine Finger halfen ihm beim Zählen.) «Er erschießt drei – vier – Männer, dann holt ihr ihn.» So sah der Indianer den Tod des weißen Mannes; die Weißen waren solch heiliger Schicksalsergebenheit noch nicht fähig.

«Hier ist Verstärkung geboten», sprach Augustus zu seinem Publikum. «Das Zelt muß frontal und aus den Flanken angegriffen werden. Es muß zusammengeschlagen werden. Ich bestehe darauf, daß es zusammengeschlagen wird. Wie soll man bitte sehen, wo er ist, wenn es nicht zusammengeschlagen wird?» Augustus Stimme wurde schrill. «Ich brauche die Haubitze», kreischte er in die Runde.

Ein Soldat salutierte, und Augustus schimpfte auf ihn ein.

«Die Haubitze, die Gebirgshaubitze sage ich. Sind Sie denn taub? Um das verdammte Ding zusammenzuschlagen, in dem er sich versteckt. Gehen Sie zu Captain Duane und sagen Sie ihm einen schönen Gruß von mir, und – nein, ich gehe selber. Wo ist mein Pferd? Mein Pferd, sag ich! Das Ding muß zusammengeschlagen werden.»

«Wenn Sie erlauben, Herr Leutnant», sagte der Kavallerist, «dürfen wir nach dem Lazarettwagen schicken?»

"Red Cross? What's that for? What's that?"

"Sergeant Casey, sir. He's a-lyin' there."

"Ambulance? Certainly. The howitzer – perhaps they're only flesh wounds. I hope they are only flesh wounds. I must have more men – you'll come with me."

From his porch Duane viewed both Augustus approach and the man stop at the hospital, and having expected a bungle, sat to hear; but at Albumblatt's mottled face he stood up quickly and said, "What's the matter?" And hearing, burst out: "Casey! Why, he was worth fifty of – Go on, Mr Albumblatt. What next did you achieve, sir?" And as the tale was told he cooled, bitter, but official.

"Reinforcements is it, Mr Albumblatt?"

"The howitzer, Captain."

"Good. And G troop?"

"For my double flank movement I –"

"Perhaps you'd like H troop as reserve?"

"Not reserve, Captain. I should establish –"

"This is your duty, Mr Albumblatt. Perform it as you can, with what force you need."

"Thank you, sir. It is not exactly a battle, but with a, so-to-speak, intrenched –"

"Take your troops and go, sir, and report to me when you have arrested your man."

Then Duane went to the hospital, and out with the ambulance, hoping that the soldier might not be dead. But the wholesome irony of life reckons beyond our calculations; and the unreproachful, sunny face of his Sergeant evoked in Duane's memory many marches through long heat and cold, back in the rough, good times.

"Hit twice, I thought they told me," said he; and the steward surmised that one had missed.

"Perhaps," mused Duane. "And perhaps it went as intended, too. What's all that fuss?"

He turned sharply, having lost Augustus among

«Lazarett? Wozu denn das? Was soll das?»

«Sergeant Casey, Sir. Er liegt da drüben.»

«Lazarettwagen? Sicher. Die Haubitze – vielleicht sind es nur Fleischwunden. Ich hoffe, es sind nur Fleischwunden. Ich brauche mehr Leute – Sie kommen mit mir.»

Von seiner Veranda aus sah Duane Augustus herankommen und den Mann beim Lazarett absteigen und setzte sich zurecht, um sich den erwarteten Fehlschlag berichten zu lassen; beim Anblick von Albumblatts fleckigem Gesicht jedoch stand er rasch auf und sagte: «Was ist los?» Und auf die Meldung hin brach es aus ihm heraus: «Casey! Mein Gott, er war fünfzigmal so viel wert wie... Weiter, Mr Albumblatt. Was haben Sie weiter erreicht, Sir?» Als die ganze Geschichte heraus war, wurde er ruhiger, bitter, aber amtlich.

«Verstärkung soll es sein, Mr Albumblatt?»

«Die Haubitze, Captain.»

«Gut. Und Zug G?»

«Für meine doppelte Flankenbewegung sollte ich...»

«Vielleicht möchten Sie noch H als Reserve?»

«Nicht als Reserve, Captain. Ich brauche...»

«Es ist Ihr Auftrag, Mr Albumblatt. Führen Sie ihn aus, wie Sie können, mit so vielen Truppen, wie Sie benötigen.»

«Danke, Sir. Es ist nicht gerade eine Schlacht, aber bei einem Feind, der sich sozusagen verschanzt hat...»

«Nehmen Sie Ihre Leute und gehen Sie, Sir, und sagen Sie mir Bescheid, wenn Sie den Mann verhaftet haben.»

Darauf begab sich Duane zum Lazarett und ritt neben dem Krankenwagen her, in der Hoffnung, der Soldat möge nicht tot sein. Aber die heilsame Ironie des Lebens kümmert sich nicht um unsere Berechnungen; und das sonnige, von jedem Vorwurf freie Gesicht seines Sergeanten weckte in Duane die Erinnerung an viele Märsche durch lange Hitze und Kälte, damals in den rauhen, guten Zeiten.

«Zwei Schüsse, so hieß es doch», sagte er; der Proviantmeister mutmaßte, daß eine Kugel ihr Ziel verfehlt hatte.

«Vielleicht», sann Duane. «Und vielleicht hat ja alles so kommen sollen. Was ist das eigentlich für ein Radau?»

Er drehte sich jäh um; Augustus war ihm über seinen

his sadder thoughts; and here were the operations going briskly. Powder-smoke in three directions at once! Here were pickets far out-lying, and a double line of skirmishers deployed in extended order, and a mounted reserve, and men standing to horse – a command of near a hundred, a pudding of pompous, incompetent, callow bosh, with Augustus by his howitzer, scientifically raising and lowering it to bear on the lone white tepee that shone in the plain. Four races were assembled to look on – the mess Chinaman, two black laundresses, all the whites in the place (on horse and foot, some with their hats left behind), and several hundred Indians in blankets. Duane had a thought to go away and leave this galling farce under the eye of Starr, for the officers were at hand also. But his second thought bade him remain; and looking at Augustus and the howitzer, his laugh would have returned to him; but his heart was sore for Casey.

It was an hour of strategy and cannonade, a humiliating hour, which Fort Brown tells of to this day; and the tepee lived through it all. For it stood upon fifteen slender poles, not speedily to be chopped down by shooting lead from afar. When low bullets drilled the canvas, the chief suggested to Augustus that Ute Jack had climbed up; and when the bullets flew high, then Ute Jack was doubtless in a hole. Nor did Augustus contrive to drop a shell from the howitzer upon Ute Jack and explode him – a shrewd and deadly conception; the shells went beyond, except one, that ripped through the canvas, somewhat near the ground; and Augustus, dripping, turned at length, and saying, "It won't go down," stood vacantly wiping his white face.

Then the two chiefs got his leave to stretch a rope between their horses and ride hard against the tepee. It was military neither in essence

dunkleren Gedanken entfallen, aber hier erfolgten die Manöver Schlag auf Schlag. Pulverdampf in drei Richtungen auf einmal! Bis weit außen waren Gefechtsvorposten eingesetzt, dazu eine Schützenlinie in geöffneter Ordnung, eine feuerbereite Reserve und Reiter bei gesattelten Pferden – ein Aufgebot von nahezu hundert Mann, ein Pudding pompösen, inkompetenten, grünschnäbligen Pfuschertums, mit Augustus an seiner Haubitze, die er wissenschaftlich exakt hob und senkte, um damit das Tipi zu bestreichen, das einsam und weiß über die Ebene leuchtete. Vier Rassen waren zum Zuschauen versammelt: der Chinese vom Kasino, zwei schwarze Wäscherinnen, sämtliche Weiße am Ort (zu Pferd und zu Fuß, manche ohne Hut) und ein paar hundert in Decken gewickelte Indianer. Duanes erste Regung war, wegzugehen und die quälende Farce der Aufsicht Starrs zu überlassen, denn die Offiziere hatten sich ebenfalls eingefunden. Aber seine zweite Regung hieß ihn bleiben. Beim Anblick Augustus' und seiner Haubitze kam ihn wieder ein Lachen an, aber das Herz war ihm schwer wegen Casey.

Es folgte nun eine Stunde der Feldherrenkunst und des Geschützdonners, eine demütigende Stunde, von der Fort Brown bis zum heutigen Tage kündet; das Tipi hielt dem allen stand. Denn es wurde von fünfzehn schlanken Stäben getragen, die sich nicht so rasch durch einen Bleihagel aus großer Entfernung zu Fall bringen ließen. Wenn niedrige Kugeln die Plane durchlöcherten, sagte der Häuptling zu Augustus, Ute Jack sei wohl nach oben geklettert; und wenn die Kugeln hoch flogen, dann steckte Ute Jack mit Sicherheit in einem Loch. Es gelang Augustus auch nicht, mit der Haubitze eine Granate auf Ute Jack zu schießen und ihn in die Luft zu sprengen – ein ebenso raffinierter wie tödlicher Plan; die Geschosse flogen zu weit, bis auf eines, das in Bodennähe durch die Plane schlug; der schweißnasse Augustus gab es endlich auf. «Nichts zu machen», sagte er und stand ziellos da und wischte sich über sein fahles Gesicht. Da baten ihn die beiden Häuptlinge um die Erlaubnis, zwischen ihren Pferden ein Seil zu spannen und mit Wucht gegen das Tipi zu reiten. Das war nichts Militärisches, weder tat-

nor to see, but it prevailed. The tepee sank, a huge umbrella wreck along the earth, and there lay Ute Jack across the fire's slight hollow, his knee-cap gone with the howitzer shell. But no blood had flown from that; blood will not run, you know, when a man has been dead some time. One single other shot had struck him – one through his own heart. It had singed the flesh.

"You see, Mr Albumblatt," said Duane, in the whole crowd's hearing, "he killed himself directly after killing Casey. A very rare act for an Indian, as you are doubtless aware. But if your manœuvres with his corpse have taught you anything you did not know before, we shall all be gainers."

"Captain," said Mrs Starr, on a later day, "you and Ute Jack have ended our fun. Since the Court of Inquiry let Mr Albumblatt off, he has not said Germany once – and that's three months to-morrow."

sächlich noch fürs Auge, doch es wirkte. Das Tipi legte sich auf den Boden wie ein riesenhafter zerbrochener Regenschirm, und quer über der flachen Mulde der Feuerstelle lag Ute Jack, dem die Granate die Kniescheibe abgerissen hatte. Aber kein Blut war aus dieser Wunde geflossen; das Blut fließt bekanntlich nicht mehr, wenn einer schon eine Weile tot ist. Ein einziger anderer Schuß hatte ihn getroffen – ein Schuß durchs eigene Herz. Er hatte das Fleisch versengt.

«Sehen Sie, Mr Albumblatt», sagte Duane so, daß alle es hörten, «er hat sich selbst getötet, gleich nachdem er Casey getötet hat. Ein ungewöhnliches Verhalten für einen Indianer, wie Ihnen sicher klar ist. Aber wenn Ihre Manöver mit seinem Leichnam Sie etwas gelehrt haben, was Sie vorher nicht wußten, hat es sich für uns alle gelohnt.»

«Captain», sagte Mrs Starr eines späteren Tages, «Sie und Ute Jack haben uns um unseren ganzen Spaß gebracht. Seit der Untersuchungsausschuß Mr Albumblatt freigesprochen hat, hat er kein einziges Mal das Wort Deutschland in den Mund genommen – und das ist morgen drei Monate her.»

Dorothy M. Johnson
A Man Called Horse

He was a young man of good family, as the phrase went in the New England of a hundred-odd years ago, and the reasons for his bitter discontent were unclear, even to himself. He grew up in the gracious old Boston home under his grandmother's care, for his mother had died in giving him birth; and all his life he had known every comfort and privilege his father's wealth could provide.

But still there was the discontent, which puzzled him because he could not even define it. He wanted to live among his equals – people who were no better than he and no worse either. That was as close as he could come to describing the source of his unhappiness in Boston and his restless desire to go somewhere else.

In the year 1845, he left home and went out West, far beyond the country's creeping frontier, where he hoped to find his equals. He had the idea that in Indian country, where there was danger, all white men were kings, and he wanted to be one of them. But he found, in the West as in Boston, that the men he respected were still his superiors, even if they could not read, and those he did not respect weren't worth talking to.

He did have money, however, and he could hire the men he respected. He hired four of them, to cook and hunt and guide and be bis companions, but he found them not friendly.

They were apart from him and he was still alone. He still brooded about his status in the world, longing for his equals.

On a day in June, he learned what it was to have no status at all. He became a captive of a small raiding party of Crow Indians.

He heard gunfire and the brief shouts of his com-

Dorothy M. Johnson
Ein Mann namens Pferd

Er war ein junger Mann «von Familie», wie man vor gut hundert Jahren in Neu-England zu sagen pflegte, und die Gründe für sein bohrendes Mißbehagen waren unklar, auch ihm selber. Er wuchs in einem alten, kultivierten Haus in Boston auf, in der Obhut seiner Großmutter, denn die Mutter war bei seiner Geburt gestorben; und Zeit seines Lebens hatte er all die Annehmlichkeiten und Privilegien genossen, die väterlicher Reichtum zu bescheren vermag.

Aber das Mißbehagen war und blieb da; das verwirrte ihn, denn er konnte es nicht einmal benennen. Er wollte unter Seinesgleichen leben – unter Menschen, die nicht besser und auch nicht schlechter waren als er. Genauer wußte er nicht Auskunft zu geben darüber, warum er sich in Boston so unwohl fühlte und warum es ihn so unaufhaltsam von dort weg zog.

Im Jahre 1845 ging er fort von Zuhause, in den Westen, weit hinaus über die vorwärtskriechende Landesgrenze, wo er Seinesgleichen zu finden hoffte. Bei den Indianern, im Land der Gefahren, waren alle Weißen Könige, stellte er sich vor, und er wollte einer von ihnen sein. Aber er erkannte, daß im Westen wie in Boston die Männer, vor denen er Achtung hatte, ihm überlegen waren, selbst wenn sie nicht lesen konnten, während die, vor denen er keine Achtung hatte, es nicht wert waren, daß man ein Wort mit ihnen wechselte.

Er hatte jedoch Geld, und so konnte er die Männer, die er achtete, in seinen Dienst nehmen. Er heuerte vier von ihnen an, daß sie für ihn kochten, mit ihm jagten, ihn führten und seine Gefährten waren, aber seine Freunde wurden sie nicht.

Sie blieben Fremde für ihn, und er war immer noch allein. Immer noch grübelte er über seinen Status in der Welt nach und sehnte sich nach Seinesgleichen.

Eines Junitages erfuhr er, was es hieß, ganz ohne Status zu sein. Eine kleine Gruppe von Crow-Indianern auf dem Kriegspfad machte ihn zu ihrem Gefangenen.

Er hörte das Knallen von Schüssen und die kurzen Schreie

panions around the bend of the creek just before they died, but he never saw their bodies. He had no chance to fight, because he was naked and unarmed, bathing in the creek, when a Crow warrior seized and held him.

His captor let him go at last, let him run. Then the lot of them rode him down for sport, striking him with their coup sticks. They carried the dripping scalps of his companions, and one had skinned off Baptiste's black beard as well, for a trophy.

They took him along in a matter-of-fact way, as they took the captured horses. He was unshod and naked as the horses were, and like them he had a rawhide thong around his neck. So long as he didn't fall down, the Crows ignored him.

On the second day they gave him his breeches. His feet were too swollen for his boots, but one of the Indians threw him a pair of moccasins that had belonged to the halfbreed, Henri, who was dead back at the creek. The captive wore the moccasins gratefully. The third day they let him ride one of the spare horses so the party could move faster, and on that day they came in sight of their camp.

He thought of trying to escape, hoping be might be killed in flight rather than by slow torture in the camp, but he never had a chance to try. They were more familiar with escape than he was and, knowing what to expect, they forestalled it. The only other time he had tried to escape from anyone, he had succeeded. When he had left his home in Boston, his father had raged and his grandmother had cried, but they could not talk him out of his intention.

The men of the Crow raiding party didn't bother with talk.

Before riding into camp they stopped and dressed in their regalia, and in parts of their victims' clothing; they painted their faces black. Then, leading

seiner Gefährten hinter der Biegung des Flusses, bevor sie starben, aber ihre Leichen sah er nicht. Er konnte gar nicht erst kämpfen, da er ein Bad im Fluß nahm und daher nackt und unbewaffnet war, als ein Crow-Krieger ihn aufgriff und festhielt.

Nach einer Weile ließ der Indianer ihn los, ließ ihn laufen. Dann ritten sie ihn zum Spaß nieder, der ganze Haufe, und hieben mit ihren *Coup*-Stäben auf ihn ein. Sie trugen die blutigen Skalpe seiner Gefährten bei sich, und einer hatte als Siegeszeichen auch noch Baptistes schwarzen Bart abgezogen.

Sie nahmen ihn mit, genauso sachlich, wie sie die gefangenen Pferde mitnahmen. Er war ohne Schuhe und Kleider, genau wie die Pferde, und gleich ihnen hatte er einen Strick aus Rohleder um den Hals. Solange er nicht hinfiel, beachteten die Crow ihn nicht.

Am zweiten Tag gaben sie ihm seine Hose. Seine Füße waren zu geschwollen für seine Stiefel, aber einer der Indianer warf ihm ein Paar Mokassins hin, die dem Halbblut gehört hatten, Henri, der tot im Fluß lag. Der Gefangene trug die Mokassins dankbar. Am dritten Tag setzten sie ihn auf eines der überzähligen Pferde, damit sie schneller vorankamen, und noch am selben Tag erschienen ihre Zelte in Sichtweite.

Er dachte an Flucht, in der Hoffnung, dabei getötet zu werden, bevor sie ihn im Zeltdorf langsam zu Tote marterten, aber er fand keine Gelegenheit, es auch nur zu versuchen. Sie verstanden mehr vom Fliehen als er, und da sie wußten, worauf sie zu achten hatten, ließen sie es gar nicht erst so weit kommen. Das einzige Mal, da er jemandem hatte entfliehen wollen, war es ihm gelungen. Als er aus seinem Elternhaus in Boston weggegangen war, hatte sein Vater getobt und seine Großmutter geweint, aber all ihr Reden hatte ihn nicht umzustimmen vermocht.

Die Crow-Männer auf ihrem Kriegspfad hielten sich nicht mit Reden auf.

Bevor sie ins Dorf einritten, machten sie halt und legten ihren Feststaat an, dazu ausgewählte Kleidungsstücke ihrer Opfer; ihre Gesichter malten sie schwarz. Dann ritten sie auf

the white man by the rawhide around his neck as though he were a horse, they rode down toward the tepee circle, shouting and singing, brandishing their weapons. He was unconscious when they got there; he fell and was dragged.

He lay dazed and battered near a tepee while the noisy, busy life of the camp swarmed around him and Indians came to stare. Thirst consumed him, and when it rained he lapped rain water from the ground like a dog. A scrawny, shrieking, eternally busy old woman with ragged graying hair threw a chunk of meat on the grass, and he fought the dogs for it.

When his head cleared, he was angry, although anger was an emotion he knew he could not afford.

It was better when I was a horse, he thought – when they led me by the rawhide around my neck. I won't be a dog, no matter what!

The hag gave him stinking, rancid grease and let him figure out what it was for. He applied it gingerly to his bruised and sun-seared body.

Now, he thought, I smell like the rest of them.

While he was healing, he considered coldly the advantages of being a horse. A man would be humiliated, and sooner or later he would strike back and that would be the end of him. But a horse had only to be docile. Very well, he would learn to do without pride.

He understood that he was the property of the screaming old woman, a fine gift from her son, one that she liked to show off. She did more yelling at him than at anyone else, probably to impress the neighbors so they would not forget what a great and generous man her son was. She was bossy and proud, a dreadful bag of skin and bones, and she was a devilish hard worker.

The white man, who now thought of himself as a horse, forgot sometimes to worry about his dan-

den Kreis der Tipis zu; sie führten den weißen Mann wie ein Pferd an dem Lederstrick, den er um den Hals hatte, und schrien und sangen und schwenkten ihre Waffen. Er war bewußtlos, als sie dort ankamen; er fiel hin und wurde weitergeschleift.

Benommen und zerschlagen lag er neben einem Tipi, inmitten des lärmenden, rührigen Dorflebens, und Indianer kamen herbei, um ihn anzugaffen. Durst plagte ihn, und als es regnete, leckte er das Regenwasser vom Boden auf wie ein Hund. Eine dürre, keifende, ewig geschäftige alte Frau mit struppigem ergrauenden Haar warf einen Fleischbrocken ins Gras, und er kämpfte mit den Hunden darum.

Als sein Kopf klarer wurde, spürte er Wut, obwohl er wußte, daß Wut eine Empfindung war, die er sich nicht leisten konnte.

Es war besser, als ich ein Pferd war, dachte er – als sie mich noch an dem Lederstrick um den Hals führten. Ein Hund werde ich nicht, auf gar keinen Fall!

Die Alte gab ihm stinkendes, ranziges Fett und ließ ihn selbst dahinterkommen, wofür es gut war. Er verrieb es zögernd auf seinem zerschundenen, von der Sonne versengten Körper.

Jetzt, dachte er, rieche ich wie die anderen alle. Während seine Wunden heilten, hielt er sich kalt die Vorteile des Pferde-Daseins vor Augen. Ein Mann würde sich gedemütigt fühlen, er würde über kurz oder lang zurückschlagen, und dann war es aus mit ihm. Aber ein Pferd hatte nur fügsam zu sein. Nun gut, er würde lernen, ohne Stolz auszukommen.

Er begriff, daß er Eigentum der keifenden Alten war, eine Gabe von ihrem Sohn, mit der sie gern prahlte. Sie schrie ihn noch mehr an als alle anderen, vermutlich um die Nachbarn zu beeindrucken, damit diese nicht vergaßen, welch ein großer und freigebiger Mann ihr Sohn war. Sie war herrisch und hochmütig, eine Vogelscheuche aus Haut und Knochen, und sie arbeitete entsetzlich hart.

Der weiße Mann, der sich jetzt als Pferd sah, vergaß manchmal ganz die Sorge über seine gefährliche Lage. Er

ger. He kept making mental notes of things to tell his own people in Boston about this hideous adventure. He would go back a hero, and he would say, "Grandmother, let me fetch your shawl. I've been accustomed to doing little errands for another lady about your age."

Two girls lived in the tepee with the old hag and her warrior son. One of them, the white man concluded, was his captor's wife and the other was his little sister. The daughter-in-law was smug and spoiled. Being beloved, she did not have to be useful. The younger girl had bright, wandering eyes. Often enough they wandered to the white man who was pretending to be a horse.

The two girls worked when the old woman put them at it, but they were always running off to do something they enjoyed more. There were games and noisy contests, and there was much laughter. But not for the white man. He was finding out what loneliness could be.

That was a rich summer on the plains, with plenty of buffalo for meat and clothing and the making of tepees. The Crows were wealthy in horses, prosperous and contented. If their men had not been so avid for glory, the white man thought, there would have been a lot more of them. But they went out of their way to court death, and when one of them met it, the whole camp mourned extravagantly and cried to their God for vengeance.

The captive was a horse all summer, a docile bearer of burdens, careful and patient. He kept reminding himself that he had to be better-natured than other horses, because he could not lash out with hoofs or teeth. Helping the old woman load up the horses for travel, he yanked at a pack and said, "Whoa, brother. It goes easier when you don't fight."

machte sich im Geist Notizen von all den Dingen, die er seinen Leuten in Boston von diesem gräßlichen Abenteuer erzählen wollte. Er würde als Held zurückkehren, und er würde sagen: «Großmutter, lass mich deinen Schal holen. Ich habe einer anderen Dame, die etwa so alt war wie du, auch des öfteren kleine Dienste erwiesen.»

Zwei Mädchen wohnten bei der Alten und ihrem Krieger-Sohn im Tipi. Die eine, so reimte es sich der weiße Mann zusammen, war die Frau des Sohnes, die andere seine kleine Schwester. Die Schwiegertochter war selbstgefällig und verwöhnt. Da sie geliebt wurde, brauchte sie sich nicht nützlich zu machen. Das jüngere Mädchen hatte helle, rege Augen. Oft genug wanderten sie zu dem weißen Mann hinüber, der tat, als wäre er ein Pferd.

Die beiden Mädchen arbeiteten, wenn die alte Frau sie dazu antrieb, aber immer wieder entwischten sie, um etwas zu tun, das ihnen mehr Spaß machte. Es gab Spiele und lärmende Wettkämpfe, und es gab oft was zu lachen. Aber nicht für den weißen Mann. Er erlebte, was es hieß, einsam zu sein.

Der Sommer in der Prärie war gut, mit vielen Büffeln, aus denen Nahrung gewonnen und Kleider und Tipis gefertigt werden konnten. Die Crow waren reich an Pferden, wohlhabend und zufrieden. Wenn ihre Männer nicht so gierig nach Ruhm gewesen wären – dachte der weiße Mann –, hätte es viel mehr von ihnen gegeben. Aber sie taten alles, um den Tod herauszufordern, und wenn einer von ihnen ihn fand, trauerte das gesamte Dorf hemmungslos und schrie zu seinem Gott nach Rache.

Der Gefangene blieb den ganzen Sommer lang Pferd, ein gefügiger Lastenträger, achtsam und geduldig. Immer wieder schärfte er sich ein, daß er gutartiger als andere Pferde sein mußte, weil er sich nicht mit Hufen oder Zähnen zur Wehr setzen konnte. Als er der alten Frau einmal half, die Pferde zur Reise zu beladen, rückte er einen Packen zurecht und sagte: «Brrr, Bruder. Es geht leichter, wenn du nicht dagegen ankämpfst.»

The horse gave him a big-eyed stare as if it understood his language – a comforting thought, because nobody else did. But even among the horses he felt unequal. They were able to look out for themselves if they escaped. He would simply starve. He was envious still, even among the horses.

Humbly he fetched and carried. Sometimes he even offered to help, but he had not the skill for the endless work of the women, and he was not trusted to hunt with the men, the providers.

When the camp moved, he carried a pack trudging with the women. Even the dogs worked then, pulling small burdens on travois of sticks.

The Indian who had captured him lived like a lord, as he had a right to do. He hunted with his peers, attended long ceremonial meetings with much chanting and dancing, and lounged in the shade with his smug bride. He had only two responsibilities: to kill buffalo and to gain glory. The white man was so far beneath him in status that the Indian did not even think of envy.

One day several things happened that made the captive think he might sometime become a man again. That was the day when he began to understand their language. For four months he had heard it day and night, the joy and the mourning, the ritual chanting and sung prayers, the squabbles and the deliberations. None of it meant anything to him at all.

But on that important day in early fall the two young women set out for the river, and one of them called over her shoulder to the old woman. The white man was startled. She had said she was going to bathe. His understanding was so sudden that he felt as if his ears had come unstopped. Listening to the racket of the camp, he heard fragments of meaning instead of gabble.

On that same important day the old woman

Das Pferd starrte ihn mit großen Augen an, als verstünde es seine Sprache – ein tröstlicher Gedanke, denn niemand sonst verstand ihn. Aber selbst den Pferden fühlte er sich nicht gleichrangig. Sie waren in der Lage, für sich zu sorgen, wenn sie fortliefen. Er würde einfach verhungern. Er war immer noch neidisch, selbst unter den Pferden.

Demütig holte und schleppte er Lasten. Manchmal bot er seine Hilfe sogar freiwillig an, aber er war nicht geübt in der endlosen Arbeit der Frauen, und zur Jagd mit den Männern, den Ernährern, traute man ihm nicht genug.

Wenn das Zeltdorf verlegt wurde, ging er schwerbepackt mit den Frauen zu Fuß. Bei den Märschen wurden selbst die Hunde eingespannt; sie zogen kleine Lasten an einer Rutsche aus Stöcken.

Der Indianer, der ihn gefangen genommen hatte, lebte fürstlich, wie es sein gutes Recht war. Er jagte mit den anderen Kriegern, nahm an langen Zeremonien mit viel Singen und Tanzen teil und lag träge mit seiner selbstgefälligen Braut im Schatten. Er hatte nur zwei Pflichten: Büffel zu töten und und Ruhm zu erlangen. Der weiße Mann stand so weit unter ihm, daß der Indianer an Neid nicht einmal dachte.

Eines Tages geschah zweierlei, was dem Gefangenen die Hoffnung gab, irgendwann vielleicht doch wieder Mensch zu werden. Das war der Tag, an dem er ihre Sprache zu verstehen begann. Vier Monate hindurch hatte er sie gehört, Tag und Nacht, die Freude und die Trauer, die Kultgesänge und gesungenen Gebete, die Händel und die Beratungen. Nichts davon hatte ihm irgend etwas gesagt.

Aber an diesem wichtigen Tag im Frühherbst machten sich die beiden jungen Frauen auf den Weg zum Fluß, und die eine rief der alten Frau über die Schulter etwas zu. Der weiße Mann traute seinen Ohren nicht. Sie hatte gesagt, sie wolle schwimmen gehen. Das Verstehen kam so plötzlich, daß er das Gefühl hatte, jemand hätte ihm einen Wachspfropfen aus den Ohren entfernt. Indem er auf den Dorflärm lauschte, hörte er statt Kauderwelsch Bruchstücke von Sinn.

An diesem selben wichtigen Tag brachte die alte Frau ein

brought a pair of new moccasins out of the tepee and tossed them on the ground before him. He could not believe she would do anything for him because of kindness, but giving him moccasins was one way of looking after her property.

In thanking her, he dared greatly. He picked a little handful of fading fall flowers and took them to her as she sqatted in front of her tepee, scraping a buffalo hide with a tool made from a piece of iron tied to a bone. Her hands were hideous — most of the fingers had the first joint missing. He bowed solemnly and offered the flowers.

She glared at him from beneath the short, ragged tangle of her hair. She stared at the flowers, knocked them out of his hand and went running to the next tepee, squalling the story. He heard her and the other women screaming with laughter.

The white man squared his shoulders and walked boldly over to watch three small boys shooting arrows at a target. He said in English, "Show me how to do that, will you?"

They frowned, but he held out his hand as if there could be no doubt. One of them gave him a bow and one arrow, and they snickered when he missed.

The people were easily amused, except when they were angry. They were amused, at him, playing with the little boys. A few days later he asked the hag, with gestures, for a bow that her son had just discarded, a man-size bow of horn. He scavenged for old arrows. The old woman cackled at his marksmanship and called her neighbors to enjoy the fun.

When he could understand words, he could identify his people by their names. The old woman was Greasy Hand, and her daughter was Pretty Calf. The other young woman's name was not clear to him, for the words were not in his vocabulary. The man who had captured him was Yellow Robe.

Paar neuer Mokassins aus dem Tipi und warf sie vor ihm auf den Boden. Daß sie ihm eine Freundlichkeit erweisen wollte, konnte er sich nicht vorstellen; ihm Mokassins zu geben, war einfach eine Art, ihr Eigentum instand zu halten.

Seine Dankbezeigung war ein großes Wagnis. Er pflückte eine kleine Handvoll welkender Herbstblumen und brachte sie ihr. Sie hockte gerade vor dem Tipi, vor sich ein Büffelfell, das sie mit einem an einem Knochen festgebundenen Stück Eisen abschabte. Ihre Hände waren abscheulich anzusehen – an fast allen Fingern fehlte das oberste Glied. Er verbeugte sich feierlich und hielt ihr die Blumen hin.

Unter kurzen, struppigen Haarsträhnen hervor stierte sie ihn an. Dann starrte sie auf die Blumen, schlug sie ihm aus der Hand und rannte ins Nachbartipi, wo sie kreischend die Geschichte zum besten gab. Er hörte sie und die anderen Frauen brüllend lachen.

Der weiße Mann straffte die Schultern und ging beherzt zu drei kleinen Jungen hinüber, die mit Pfeilen auf eine Zielscheibe schossen. «Bringt mir das bitte bei» sagte er auf englisch.

Sie machten abweisende Gesichter, aber er streckte die Hand aus, als könne es gar keinen Zweifel geben. Einer der Jungen reichte ihm seinen Bogen und einen Pfeil, und sie kicherten, wenn er danebentraf.

Die Leute waren leicht zu erheitern, wenn sie nicht gerade schlecht gelaunt waren. Ihn mit den kleinen Jungen spielen zu sehen, erheiterte sie sehr. Ein paar Tage später bat er die Alte in Zeichensprache um einen Bogen, den ihr Sohn vor kurzem abgelegt hatte, einen großen Bogen aus Horn. Er durchstöberte das Dorf nach alten Pfeilen. Die alte Frau lachte gackernd über seine Schießkünste und rief ihre Nachbarn herbei, damit auch sie ihren Spaß hatten.

Nun da er Worte verstand, konnte er seine Leute nach ihrem Namen unterscheiden. Die alte Frau hieß Hände-voll-Talg, ihre Tochter Hübsches Kalb. Der Name der anderen jungen Frau blieb ihm unklar, weil er die Worte noch nicht kannte. Der Mann, der ihn gefangengenommen hatte, hieß Gelbrock.

Once he could understand, he could begin to talk a little, and then he was less lonely. Nobody had been able to see any reason for talking to him, since he would not understand anyway. He asked the old woman, "What is my name?" Until he knew it, he was incomplete. She shrugged to let him know he had none.

He told her in the Crow language, "My name is Horse." He repeated it, and she nodded. After that they called him Horse when they called him anything. Nobody cared except the white man himself.

They trusted him enough to let him stray out of camp, so that he might have got away and, by unimaginable good luck, might have reached a trading post or a fort, but winter was too close. He did not dare leave without a horse; he needed clothing and a better hunting weapon than he had, and more certain skill in using it. He did not dare steal, for then they would surely have pursued him, and just as certainly they would have caught him. Remembering the warmth of the home that was waiting in Boston, he settled down for the winter.

On a cold night he crept into the tepee after the others had gone to bed. Even a horse might try to find shelter from the wind. The old woman grumbled, but without conviction. She did not put him out.

They tolerated him, back in the shadows, so long as he did not get in the way.

He began to understand how the family that owned him differed from the others. Fate had been cruel to them. In a short, sharp argument among the old women, one of them derided Greasy Hand by sneering, "You have no relatives!" and Greasy Hand raved for minutes of the deeds of her father and uncles and brothers. And she had had four sons, she reminded her detractor – who answered with scorn, "Where are they?"

Nachdem er nun manches verstand, konnte er ein wenig zu sprechen beginnen und war weniger einsam. Niemand hatte zuvor einen Grund dafür sehen können, mit ihm zu reden, weil er ja doch nichts verstanden hätte. Er fragte die alte Frau: «Wie ist mein Name?» Solange er das nicht wußte, fehlte ihm etwas. Sie zuckte die Achsel zum Zeichen, daß er keinen habe.

Er sagte ihr in der Crow-Sprache: «Mein Name ist Pferd.» Er wiederholte es, und sie nickte. Von da an nannten sie ihn Pferd, wenn sie ihn überhaupt ansprachen. Es war für niemanden von Belang als für ihn selbst.

Sie vertrauten ihm nun soweit, daß sie ihn in der Umgebung des Dorfes herumstreifen ließen, so daß er hätte weglaufen und mit unvorstellbar viel Glück sogar einen Handelsposten oder ein Fort erreichen können, aber der Winter stand zu dicht vor der Tür. Er wagte die Flucht nicht ohne Pferd; er brauchte Kleider; er brauchte eine bessere Jagdwaffe, als er hatte, und mehr Sicherheit im Umgang damit. Er traute sich nichts zu stehlen, denn dann hätten sie ihn bestimmt verfolgt und ebenso bestimmt auch erwischt. Er dachte an die Wärme des Hauses, das in Boston auf ihn wartete; er stellte sich aufs Überwintern ein.

In einer kalten Nacht kroch er ins Tipi, nachdem die anderen zu Bett gegangen waren. Selbst ein Pferd durfte ja wohl versuchen, sich vor dem Wind zu schützen. Die alte Frau knurrte, aber ohne Überzeugung. Sie jagte ihn nicht hinaus.

Sie duldeten ihn, hinten in seinem Schatten, solange er nicht im Weg war.

Er begann zu begreifen, was die Familie, der er gehörte, von den anderen unterschied. Das Schicksal war grausam zu ihr gewesen. In einem kurzen, heftigen Streit zwischen den alten Frauen schmähte eine von ihnen Hände-voll-Talg, indem sie höhnisch sagte: «Du hast keine Verwandten!», und Hände-voll-Talg erging sich minutenlang in den Heldentaten ihres Vaters und ihrer Onkel und Brüder. Und vier Söhne habe sie gehabt, erinnerte sie ihre Gegnerin – die voller Verachtung antwortete: «Wo sind sie denn?»

Later the white man found her moaning and whimpering to herself, rocking back and forth on her haunches, staring at her mutilated hands. By that time he understood. A mourner often chopped off a finger joint.

Old Greasy Hand had mourned often. For the first time he felt a twinge of pity, but he put it aside as another emotion, like anger, that he could not afford. He thought: What tales I will tell when I get home!

He wrinkled his nose in disdain. The camp stank of animals and meat and rancid grease. He looked down at his naked, shivering legs and was startled, remembering that he was still only a horse.

He could not trust the old woman. She fed him only because a starved slave would die and not be worth boasting about. Just how fitful her temper was he saw on the day when she got tired of stumbling over one of the hundred dogs that infested the camp. This was one of her own dogs, a large, strong one that pulled a baggage travois when the tribe moved camp.

Countless times he had seen her kick at the beast as it lay sleeping in front of the tepee, in her way. The dog always moved, with a yelp, but it always got in the way again. One day she gave the dog its usual kick and then stood scolding at it while the animal rolled its eyes sleepily. The old woman suddenly picked up her axe and cut the dog's head off with one blow. Looking well satisfied with herself, she beckoned her slave to remove the body.

It could have been me, he thought, if I were a dog. But I'm a horse.

His hope of life lay with the girl, Pretty Calf. He set about courting her, realizing how desperately poor he was both in property and honor. He owned no horse, no weapon but the old bow and the battered arrows. He had nothing to give away,

Später beobachtete der weiße Mann, wie sie sich wimmernd und stöhnend in der Hocke vor- und zurückwiegte, den Blick starr auf ihre verstümmelten Hände gerichtet. Inzwischen wußte er, was das hieß. Trauernde hackten sich oft ein Fingerglied ab. Die alte Hände-voll-Talg war oft in Trauer gewesen. Zum erstenmal spürte er einen Stich des Mitleids, aber er drängte es zurück wie vorher die Wut, als eine weitere Empfindung, die er sich nicht leisten konnte. Er dachte: Was für Geschichten werde ich zu erzählen haben, wenn ich heimkomme!

Er rümpfte angeekelt die Nase. Das Dorf stank nach Tieren und Fleisch und ranzigem Fett. Er sah auf seine nackten, frierenden Beine hinunter und wurde sich mit Schrecken bewußt, daß er nach wie vor nur ein Pferd war.

Der alten Frau war nicht zu trauen. Sie fütterte ihn nur, weil ein unterernährter Sklave sterben würde und sie sich dann nicht mehr mit ihm wichtig tun konnte. Wozu sie in ihrem Jähzorn fähig war, sah er an dem Tag, an dem sie es leid war, ständig über einen der hundert Hunde zu stolpern, die überall im Dorf herumstrichen. Es war einer ihrer eigenen Hunde, ein großer, kräftiger, der eine der Tragrutschen zog, wenn das Zeltdorf verlegt wurde.

Unzählige Male hatte er sie das Tier treten sehen, wenn es ihr vor dem Tipi schlafend im Weg lag. Der Hund machte jedesmal jaulend Platz, aber er kam ihr immer wieder in die Quere. Eines Tages versetzte sie ihm seinen üblichen Tritt und schimpfte auf ihn ein, während er schläfrig die Augen verdrehte. Unvermittelt nahm die alte Frau ihre Axt und hackte dem Hund mit einem Hieb den Kopf ab. Dann winkte sie, sichtlich zufrieden mit sich, ihrem Sklaven, damit er den Kadaver entfernte.

Das hätte ich sein können, dachte er, wenn ich ein Hund wäre. Aber ich bin ein Pferd.

Seine einzige Hoffnung war das Mädchen Hübsches Kalb. Er schickte sich an, ihr den Hof zu machen, und merkte dabei, wie verzweifelt arm er war, sowohl an Besitz als auch an Ansehen. Er besaß kein Pferd, keine Waffe außer dem alten Bogen und den abgesplitterten Pfeilen. Er hatte nichts,

and he needed gifts, because he did not dare seduce the girl.

One of the customs of courtship involved sending a gift of horses to a girl's older brother and bestowing much buffalo meat upon her mother. The white man could not wait for some far-off time when he might have either horses or meat to give away. And his courtship had to be secret.

It was not for him to stroll past the groups of watchful girls, blowing a flute made of an eagle's wing bone, as the flirtatious young bucks did.

He could not ride past Pretty Calf's tepee, painted and bedizened; he had no horse, no finery.

Back home, he remembered, I could marry just about any girl I'd want to. But he wasted little time thinking about that. A future was something to be earned.

The most he dared do was wink at Pretty Calf now and then, or state his admiration while she giggled and hid her face. The least he dared do to win his bride was to elope with her, but he had to give her a horse to put the seal of tribal approval on that. And he had no horse until he killed a man to get one...

His opportunity came in early spring. He was casually accepted by that time. He did not belong, but he was amusing to the Crows, like a strange pet, or they would not have fed him through the winter.

His chance came when he was hunting small game with three young boys who were his guards as well as his scornful companions. Rabbits and birds were of no account in a camp well fed on buffalo meat, but they made good targets.

His party walked far that day. All of them at once saw the two horses in a sheltered coulee. The boys and the man crawled forward on their bellies, and

was er herschenken konnte, und er brauchte Geschenke, denn er wagte es nicht, das Mädchen zu verführen.

Einer der Bräuche wollte es, daß ein Freier dem älteren Bruder des Mädchens Pferde zum Geschenk machte und ihrer Mutter eine große Menge Büffelfleisch zukommen ließ. Der weiße Mann konnte nicht auf einen fernen Tag warten, an dem er vielleicht Pferde oder Fleisch zu verschenken haben würde. Und seine Werbung mußte sich im geheimen abspielen. Ihm war es nicht möglich, an den Gruppen wachsamer Mädchen vorbeizuschlendern und dabei auf einer Flöte aus dem Flügelknochen eines Adlers zu blasen, wie die zum Anbändeln aufgelegten Jungmänner es taten.

Er konnte nicht an Hübschen Kalbs Tipi vorbeisprengen, bemalt und aufgeputzt; er hatte kein Pferd, kein Festkleid.

Daheim, erinnerte er sich, hätte ich fast jedes Mädchen heiraten können, das ich wollte. Aber lange hielt er sich mit solchen Gedanken nicht auf. Eine Zukunft war etwas, was verdient sein wollte.

So wagte er Hübschem Kalb höchstens mal zuzublinzeln oder seine Bewunderung zu zeigen, worauf sie kicherte und ihr Gesicht verbarg. Das mindeste, was er tun müßte, um sie zur Braut zu bekommen, wäre eine Entführung, aber damit die Verbindung nachträglich besiegelt wurde, hätte er ihr ein Pferd geben müssen. Und er hatte kein Pferd, ehe er nicht einen Mann tötete, um sich eins zu verschaffen...

Seine Gelegenheit kam im Vorfrühling. Er war nun einigermaßen wohlgelitten. Einer der Ihren war er nicht, aber die Crow hatten Spaß an ihm, so wie an einem seltenen Haustier, sonst hätten sie ihn nicht durch den Winter gefüttert.

Seine Chance kam, als er Jagd auf Kleinwild machte, zusammen mit drei Jungen, die nicht nur seine spöttischen Gefährten waren, sondern auch seine Wächter. Kaninchen und Vögel zählten nichts in einem Dorf, in dem alle reichlich Büffelfleisch hatten, aber sie gaben gute Ziele ab.

An diesem Tag war der Trupp weit gegangen. Alle vier erblickten gleichzeitig die beiden Pferde in dem geschützten Felsental. Die Jungen und der Mann krochen auf dem Bauch

then they saw an Indian who lay on the ground, moaning, a lone traveler. From the way the boys inched forward, Horse knew the man was fair prey – a member of some enemy tribe.

This is the way the captive white man acquired wealth and honor to win a bride and save his life: He shot an arrow into the sick man, a split second ahead of one of his small companions, and dashed forward to strike the still-groaning man with his bow, to count first coup. Then he seized the hobbled horses.

By the time he had the horses secure, and with them his hope for freedom, the boys had followed, counting coup with gestures and shrieks they had practiced since boyhood, and one of them had the scalp. The white man was grimly amused to see the boy double up with sudden nausea when he had the thing in his hand...

There was a hubbub in the camp when they rode in that evening, two of them on each horse. The captive was noticed. Indians who had ignored him as a slave stared at the brave man who had struck first coup and had stolen horses.

The hubbub lasted all night, as fathers boasted loudly of their young sons' exploits. The white man was called upon to settle an argument between two fierce boys as to which of them had struck second coup and which must be satisfied with third. After much talk that went over his head, he solemnly pointed at the nearest boy. He didn't know which boy it was and didn't care, but the boy did.

The white man had watched warriors in their triumph. He knew what to do. Modesty about achievements had no place among the Crow people. When a man did something big, he told about it.

The white man smeared his face with grease and charcoal. He walked inside the tepee circle, chanting and singing. He used his own language.

näher und sahen einen Indianer, der stöhnend auf dem Boden lag; offenbar war er allein unterwegs. An der Art, wie die Jungen vorwärtsrobbten, erkannte Pferd, daß der Mann Freiwild war – ein Angehöriger eines feindlichen Stammes.

Daß der weiße Gefangene genug Reichtum und Ehre errang, um eine Braut zu gewinnen und sein Leben zu retten, ging so zu: Er schoß einen Pfeil auf den Kranken ab, den Bruchteil einer Sekunde vor einem seiner kleinen Gefährten, und stürzte hin, um den noch Ächzenden mit seinem Bogen zu berühren und sich so den ersten *Coup* zu sichern. Dann packte er die an den Vorderläufen gefesselten Pferde.

Als er sich der Pferde bemächtigt hatte und damit seiner Anwartschaft auf Freiheit, waren auch die Jungen da; unter Gebärden und Schreien, die sie von Kindheit an eingeübt hatten, verkündeten sie den Sieg, und einer von ihnen zog den Skalp ab. Mit grimmiger Erheiterung sah der weiße Mann zu, wie der Junge sich in jäher Übelkeit vornüberkrümmte, als er das Ding in der Hand hielt...

Es gab einen Tumult im Dorf, als sie am Abend zurück kamen, zwei auf jedem Pferd. Der Gefangene wurde zur Kenntnis genommen. Indianer, die ihn als Sklaven keines Blickes gewürdigt hatten, starrten auf den kühnen Mann, der einen ersten *Coup* geführt und Pferde geraubt hatte.

Der Tumult dauerte die ganze Nacht; laut prahlten die Väter mit den Taten ihrer jungen Söhne. Der weiße Mann wurde zum Schiedsrichter über zwei Jungen bestimmt, die darum stritten, welcher den zweiten *Coup* beanspruchen konnte und wer sich mit dem dritten zufriedengeben mußte. Nach langem Hin und Her, das er nicht verstand, zeigte er feierlich auf den Nächststehenden. Er wußte nicht, welcher es war; ihm war es gleichgültig, dem Jungen nicht.

Der weiße Mann hatte Krieger ihre Triumphe feiern sehen. Er wußte, was er zu tun hatte. Bescheidenheit bei Erfolgen kannten die Crow nicht. Wenn jemand Großes vollbracht hatte, ließ er es alle wissen.

Der weiße Mann schmierte sein Gesicht mit Fett und Ruß ein. Er stellte sich in den Kreis der Tipis, rufend und singend. Er benutzte seine eigene Sprache.

"You heathens, you savages," he shouted. "I'm going to get out of here someday! I am going to get away!" The Crow people listened respectfully. In the Crow tongue he shouted, "Horse! I am Horse!" and they nodded.

He had a right to boast, and he had two horses. Before dawn, the white man and his bride were sheltered beyond a far hill, and he was telling her, "I love you, little lady. I love you."

She looked at him with her great dark eyes, and he thought she understood his English word – or as much as she needed to understand.

"You are my treasure," he said, "more precious than jewels, better than fine gold. I am going to call you Freedom."

When they returned to camp two days later, he was bold but worried. His ace, he suspected, might not be high enough in the game he was playing without being sure of the rules. But it served.

Old Greasy Hand raged – but not at him. She complained loudly that her daughter had let herself go too cheap. But the marriage was as good as any Crow marriage. He had paid a horse.

He learned the language faster after that, from Pretty Calf, whom he sometimes called Freedom. He learned that his attentive, adoring bride was fourteen years old.

One thing he had not guessed was the difference that being Pretty Calf's husband would make in his relationship to her mother and brother. He had hoped only to make his position a little safer, but he had not expected to be treated with dignity. Greasy Hand no longer spoke to him at all. When the white man spoke to her, his bride murmured an dismay, explaining at great length that he must never do that. There could be no conversation between a man and his mother-in-law. He could not even mention a word that was part of her name.

«Ihr Heiden, ihr Wilden», schrie er. «Eines Tages werde ich hier herauskommen! Eines Tages werde ich von hier weggehen!» Die Crow-Leute lauschten voller Respekt. In der Crow-Sprache schrie er: «Pferd! Ich bin Pferd!», und sie nickten.

Er hatte ein Recht, zu prahlen, und er hatte zwei Pferde. Noch vor Sonnenaufgang lagen der weiße Mann und seine Braut zusammen im Schutz eines fernen Hügels, und er raunte ihr zu: «Ich liebe dich, kleine Lady. Ich liebe dich.»

Sie sah ihn mit ihren großen dunklen Augen an, und ihm schien, daß sie seine englischen Worte verstand – oder wenigstens so viel, wie sie verstehen mußte.

«Du bist mein Schatz», sagte er, «kostbarer als Juwelen, besser als pures Gold. Ich werde dich von nun an Freiheit nennen.»

Als sie zwei Tage später ins Dorf zurückkehrten, war er dreist, aber besorgt. Sein As, fürchtete er, war möglicherweise nicht hoch genug in diesem Spiel, das er spielte, ohne die Regeln wirklich zu kennen. Aber es stach.

Hände-voll-Talg schäumte vor Wut – aber nicht gegen ihn. Sie beschwerte sich laut, daß ihre Tochter sich zu billig verkauft hatte. Doch die Ehe war so gültig wie jede andere Ehe bei den Crow. Er hatte ein Pferd bezahlt.

Von da an lernte er die Sprache schneller, von Hübsches Kalb, die er manchmal Freiheit nannte. Er erfuhr, daß seine aufmerksame, hingebungsvolle Braut vierzehn Jahre alt war.

Was er sich nicht hätte träumen lassen, war der Unterschied, den seine Heirat mit Hübsches Kalb in seiner Beziehung zu ihrer Mutter und ihrem Bruder ausmachte. Er hatte sich ein wenig mehr Sicherheit erhofft, aber er hatte nicht damit gerechnet, mit Hochachtung behandelt zu werden. Hände-voll-Talg redete überhaupt nicht mehr mit ihm. Als der weiße Mann sie ansprach, protestierte seine Braut erschrocken und erklärte ihm dann wortreich, daß er das nie tun dürfe. Gespräche zwischen einem Mann und seiner Schwiegermutter seien nicht erlaubt. Er dürfe nicht einmal ein Wort aussprechen, das zu ihrem Namen gehörte.

Having improved his status so magnificently, he felt no need for hurry in getting away. Now that he had a woman, he had as good a chance to be rich as any man. Pretty Calf waited on him; she seldom ran off to play games with other young girls, but took pride in learning from her mother the many women's skills of tanning hides and making clothing and preparing food.

He was no more a horse but a kind of man, a half-Indian, still poor and unskilled but laden with honors, clinging to the buckskin fringes of Crow society.

Escape could wait until he could manage it in comfort, with fit clothing and a good horse, with hunting weapons. Escape could wait until the camp moved near some trading post. He did not plan how he would get home. He dreamed of being there all at once, and of telling stories nobody would believe. There was no hurry.

Pretty Calf delighted in educating him. He began to understand tribal arrangements, customs and why things were as they were. They were that way because they had always been so. His young wife giggled when she told him, in his ignorance, things she had always known. But she did not laugh when her brother's wife was taken by another warrior. She explained that solemnly with words and signs.

Yellow Robe belonged to a society called the Big Dogs. The wife stealer, Cut Neck, belonged to the Foxes. They were fellow tribesmen; they hunted together and fought side by side, but men of one society could take away wives from the other society if they wished, subject to certain limitations.

When Cut Neck rode up to the tepee, laughing and singing, and called to Yellow Robe's wife, "Come out! Come out!" she did as ordered, looking smug as usual, meek and entirely willing. Thereafter she rode beside him in ceremonial pro-

Seit er seine Stellung so großartig verbessert hatte, eilte es ihm mit dem Wegkommen nicht mehr so sehr. Nun da er eine Frau besaß, hatte er ebenso gute Aussichten auf Reichtum wie jeder andere Mann. Hübsches Kalb bediente ihn; sie lief kaum je fort zum Spiel mit den anderen jungen Mädchen, sondern erlernte voller Stolz von ihrer Mutter die vielen fraulichen Fertigkeiten des Fellgerbens und Kleidernähens und Essenkochens.

Er war kein Pferd mehr, sondern eine Art Mensch, ein Halb-Indianer, noch arm und ungeschickt, aber reich an Ehren, ein Anhängsel an den Hirschlederfransen der Crow-Gesellschaft.

Die Flucht mochte warten, bis er sie bequem bewerkstelligen konnte, mit geeigneter Kleidung und einem guten Pferd und Jagdwaffen. Die Flucht mochte warten, bis sie mit den Zelten in die Nähe eines Handelspostens kämen. Er schmiedete keine Pläne, wie er nach Hause gelangen würde. Er stellte sich vor, plötzlich da zu sein und Geschichten zu erzählen, die keiner glauben würde. Es eilte nicht.

Hübsches Kalb brachte ihm voll Eifer alles bei. Er begann die Sitten und Gebräuche des Stammes zu durchschauen und erfuhr, warum alles so war, wie es war. Es war so, weil es von jeher so gewesen war. Seine junge Frau kicherte, wenn sie ihm, dem Ahnungslosen, Dinge erklärte, die sie schon immer gewußt hatte. Aber sie lachte nicht, als ein anderer Krieger ihrem Bruder die Frau wegholte. Das setzte sie ihm ernst mit Wort und Geste auseinander.

Gelbrock gehörte dem Bund der Großen Hunde an. Der Frauenräuber, Langer Finger, gehörte zum Bund der Füchse. Sie waren Stammesbrüder; sie gingen zusammen auf die Jagd und kämpften Seite an Seite, aber mit gewissen Einschränkungen konnten Männer eines Bundes, wenn sie wollten, Männern des anderen die Frauen wegnehmen.

Als Langer Finger lachend und singend vor das Tipi ritt und Gelbrocks Frau zurief: «Komm heraus! Komm heraus!», da folgte sie dem Befehl, so selbstzufrieden wie stets, brav und durch und durch willig. Von da an ritt sie bei feierlichen Umzügen an seiner Seite und trug seinen *Coup-*

cessions and carried his coup stick, while his other wife pretended not to care.

"But why?" the white man demanded of his wife, his Freedom. "Why did our brother let his woman go? He sits and smokes and does not speak."

Pretty Calf was shocked at the suggestion. Her brother could not possibly reclaim his woman, she explained. He could not even let her come back if she wanted to – and she probably would want to when Cut Neck tired of her. Yellow Robe could not even admit that his heart was sick. That was the way things were. Deviation meant dishonor.

The woman could have hidden from Cut Neck, she said. She could even have refused to go with him if she had been *ba-wurokee* – a really virtuous woman. But she had been his woman before, for a little while on a berrying expedition, and he had a right to claim her.

There was no sense in it, the white man insisted. He glared at his young wife. "If you go, I will bring you back!" he promised.

She laughed and buried her head against his shoulder. "I will not have to go," she said. "Horse is my first man. There is no hole in my moccasin."

He stroked her hair and said, "*Ba-wurokee*."

With great daring, she murmured, "*Hayha*," and when he did not answer, because he did not know what she meant, she drew away, hurt.

"A woman calls her man that if she thinks he will not leave her. Am I wrong?"

The white man held her closer and lied, "Pretty Calf is not wrong. Horse will not leave her. Horse will not take another woman, either." No, he certainly would not. Parting from this one was going to be harder than getting her had been. "*Hayha*," he murmured. "Freedom."

His conscience irked him, but not very much. Pretty Calf could get another man easily enough

Stab, während seine andere Frau so tat, als mache es ihr nichts aus.

«Aber warum?» fragte der weiße Mann seine Braut, seine Freiheit. «Warum hat unser Bruder seine Frau gehen lassen? Er sitzt da und raucht und sagt kein Wort.»

Hübsches Kalb war entsetzt über die Vorstellung. Ihr Bruder konnte seine Frau unmöglich zurückfordern, erklärte sie. Er konnte sie auch nicht zurückkehren lassen, wenn sie das wollte – und das würde sie wohl, wenn Langer Finger ihrer überdrüssig wurde. Gelbrock durfte nicht einmal zugeben, daß sein Herz krank war. So schrieb es der Brauch eben vor. Von der Regel abweichen hieß Schande über sich bringen.

Die Frau hättte sich vor Langer Finger verstecken können, sagte sie. Sie hätte sich auch weigern können, ihm zu folgen, wenn sie *ba-wurokee* gewesen wäre – eine wirklich tugendhafte Frau. Aber sie hatte ihm schon einmal angehört, für eine kurze Zeit bei der Beerensuche, und er hatte ein Recht auf sie.

Es ergab alles keinen Sinn, beharrte der weiße Mann. Er blickte seine junge Frau durchdringend an. «Wenn du weggehst, hole ich dich zurück!» versprach er.

Sie lachte und vergrub ihr Gesicht an seiner Schulter. «Ich brauche nicht zu gehen», sagte sie. «Pferd ist mein erster Mann. Ich habe kein Loch in meinem Mokassin.»

Er strich ihr übers Haar und sagte: «*Ba-wurokee*».

Waghalsig murmelte sie: «*Hayha*», und als er nicht antwortete, weil er nicht wußte, was sie damit meinte, rückte sie verletzt von ihm ab.

«So nennt eine Frau ihren Mann, wenn sie denkt, er wird sie nicht verlassen. Habe ich nicht recht?»

Der weiße Mann zog sie enger an sich und log: «Hübsches Kalb hat völlig recht. Pferd wird sie nicht verlassen. Und Pferd wird auch keine andere Frau nehmen.» Nein, das würde er ganz gewiß nicht. Die Trennung von dieser hier würde schwerer sein, als ihre Eroberung es gewesen war. «*Hayha*», murmelte er. «Freiheit.»

Sein Gewissen plagte ihn, aber nicht allzusehr. Hübsches Kalb konnte leicht einen neuen Mann finden, wenn er fort

when he was gone, and a better provider. His hunting skill was improving, but he was still awkward.

There was no hurry about leaving. He was used to most of the Crow ways and could stand the rest. He was becoming prosperous. He owned five horses. His place in the life of the tribe was secure, such as it was. Three or four young women, including the one who had belonged to Yellow Robe, made advances to him. Pretty Calf took pride in the fact that her man was so attractive.

By the time he had what he needed for a secret journey, the grass grew yellow on the plains and the long cold was close. He was enslaved by the girl he called Freedom and, before the winter ended, by the knowledge that she was carrying his child...

The Big Dog society held a long ceremony in the spring. The white man strolled with his woman along the creek bank, thinking: When I get home I will tell them about the chants and the drumming. Sometime. Sometime.

Pretty Calf would not go to bed when they went back to the tepee.

"Wait and find out about my brother," she urged. "Something may happen."

So far as Horse could figure out, the Big Dogs were having some kind of election. He pampered his wife by staying up with her by the fire. Even the old woman, who was a great one for getting sleep when she was not working, prowled around restlessly.

The white man was yawning by the time the noise of the ceremony died down. When Yellow Robe strode in, garish and heathen in his paint and feathers and furs, the women cried out. There was conversation, too fast for Horse to follow, and the old woman wailed once, but her son silenced her with a gruff command.

war, und einen tüchtigeren Ernährer obendrein. Er selber wurde zwar allmählich besser im Jagen, war aber immer noch ungeschickt.

Mit dem Weggehen eilte es nicht. An die meisten Sitten der Crow hatte er sich gewöhnt, und mit dem Rest konnte er sich abfinden. Er wurde langsam wohlhabend. Er besaß fünf Pferde. Sein Platz im Leben des Stammes war so ziemlich gesichert. Drei oder vier junge Frauen, einschließlich Gelbrocks ehemaliger Frau, machten ihm schöne Augen. Hübsches Kalb war stolz darauf, daß ihr Mann so begehrt war.

Als er schließlich alles hatte, was er für eine heimliche Reise brauchte, wurde das Gras auf der Prärie gelb, und die lange Kälte stand bevor. Er war gebunden durch das Mädchen, das er Freiheit nannte, und noch vor Winterende auch durch das Wissen, daß sie sein Kind trug...

Im Frühling hielt der Bund der Großen Hunde eine lange Zeremonie ab. Der weiße Mann schlenderte mit seiner Frau das Flußufer entlang und dachte dabei: Wenn ich heimkomme, erzähle ich ihnen von den Gesängen und dem Trommeln. Irgendwann. Irgendwann.

Hübsches Kalb wollte nicht zu Bett gehen, als sie wieder im Tipi waren.

«Warte, bis wir wissen, was mit meinem Bruder ist», drängte sie. «Es braut sich etwas zusammen.»

Soviel Pferd sich zusammenreimen konnte, fand bei den Großen Hunden eine Art Wahl statt. Aus zärtlicher Nachgiebigkeit gegenüber seiner Frau blieb er mit ihr am Feuer sitzen. Sogar die alte Frau, die berühmt dafür war, daß sie jede arbeitsfreie Minute tief und fest schlief, ging unruhig auf und ab.

Der weiße Mann gähnte schon, als der Lärm der Zeremonie endlich abebbte. Als Gelbrock hereinstolzierte, prunkvoll und heidnisch in seiner Bemalung, mit Federn und Fellen, schrien die Frauen auf. Es folgte ein Wortwechsel, zu rasch, als daß Pferd ihm hätte folgen können, und die alte Frau jammerte einmal, aber ihr Sohn brachte sie mit einem barschen Befehl zum Schweigen.

When the white man went to sleep, he thought his wife was weeping beside him.

The next morning she explained.

"He wears the bearskin belt. Now he can never retreat in battle. He will always be in danger. He will die."

Maybe he wouldn't, the white man tried to convince her. Pretty Calf recalled that some few men had been honored by the bearskin belt, vowed to the highest daring, and had not died. If they lived through the summer, then they were free of it.

"My brother wants to die," she mourned. "His heart is bitter."

Yellow Robe lived through half a dozen clashes with small parties of raiders from hostile tribes. His honors were many. He captured horses in an enemy camp, led two successful raids, counted first coup and snatched a gun from the hand of an enemy tribesman.

He wore wolf tails on his moccasins and ermine skins on his shirt and he fringed his leggings with scalps in token of his glory.

When his mother ventured to suggest, as she did many times, "My son should take a new wife, I need another woman to help me," he ignored her. He spent much time in prayer, alone in the hills or in conference with a medicine man. He fasted and made vows and kept them. And before he could be free of the heavy honor of the bearskin belt, he went on his last raid.

The warriors were returning from the north just as the white man and two other hunters approached from the south, with buffalo and elk meat dripping from the bloody hides tied on their restive ponies. One of the hunters grunted, and they stopped to watch a rider on the hill north of the tepee circle.

The rider dismounted, held up a blanket and dropped it. He repeated the gesture.

Als der weiße Mann einschlief, glaubte er seine Frau neben sich weinen zu hören.

Am nächsten Morgen erklärte sie es ihm.

«Er trägt den Bärenfellgürtel. Jetzt darf er im Kampf nie mehr zurückweichen. Er wird immer in Gefahr sein. Er wird sterben.»

Vielleicht ja doch nicht, redete der weiße Mann ihr zu. Hübsches Kalb rief sich einige wenige Männer in Erinnerung, die den Bärenfellgürtel erhalten und sich höchster Verwegenheit geweiht hatten und die dennoch nicht gestorben waren. Wenn sie den Sommer überlebten, waren sie frei.

«Mein Bruder will sterben», klagte sie. «Sein Herz ist bitter.»

Gelbrock überlebte ein Dutzend Zusammenstöße mit kleinen Gruppen von Kriegern feindlicher Stämme. Er heimste viele Ehren ein. Er fing einem gegnerischen Lager die Pferde weg, führte seine Männer zweimal siegreich auf den Kriegspfad, sicherte sich bei den Getöteten den ersten *Coup* und entriß dem Angehörigen eines feindlichen Stammes das Gewehr. Er trug Wolfsschwänze an seinen Mokassins und Hermelinfelle an seinem Hemd und säumte seine Leggings mit Skalpen zum Zeugnis seines Ruhms.

Wenn seine Mutter, wie so oft, den Vorschlag wagte: «Mein Sohn sollte sich eine neue Frau nehmen, ich brauche noch jemanden, der mir hilft», achtete er nicht auf sie. Er verbrachte viel Zeit im Gebet, allein in den Bergen oder im Gespräch mit einem Medizinmann. Er fastete, er legte Gelübde ab und hielt sie. Und bevor er der ehrenvollen Bürde des Bärenfellgürtels ledig war, ging er auf seinen letzten Kriegszug.

Als die Krieger aus nördlicher Richtung zurückkehrten, näherten sich der weiße Mann und zwei andere Jäger den Zelten gerade von Süden her, ihre störrischen Ponies bepackt mit blutigen Fellen voll triefendem Büffel- und Elchfleisch. Einer der Jäger grunzte, und sie blieben stehen und beobachteten einen Reiter auf dem Hügel nördlich des Zeltkreises.

Der Reiter stieg ab, hielt eine Decke hoch und ließ sie fallen. Er wiederholte die Gebärde.

The hunters murmured dismay. "Two! Two men dead!" They rode fast into the camp, where there was already wailing.

A messenger came down from the war party on the hill. The rest of the party delayed to paint their faces for mourning and for victory. One of the two dead men was Yellow Robe. They had put his body in a cave and walled it in with rocks. The other man died later, and his body was in a tree.

There was blood on the ground before the tepee to which Yellow Robe would return no more. His mother, with her hair chopped short, sat in the doorway, rocking back and forth on her haunches, wailing her heartbreak. She cradled one mutilated hand in the other. She had cut off another finger joint.

Pretty Calf had cut off chunks of her long hair and was crying as she gashed her arms with a knife. The white man tried to take the knife away, but she protested so piteously that he let her do as she wished. He was sickened with the lot of them.

Savages! he thought. Now I will go back! I'll go hunting alone, and I'll keep on going.

But he did not go just yet, because he was the only hunter in the lodge of the two grieving women, one of them old and the other pregnant with his child.

In their mourning, they made him a pauper again. Everything that meant comfort, wealth and safety they sacrificed to the spirits because of the death of Yellow Robe. The tepee, made of seventeen fine buffalo hides, the furs that should have kept them warm, the white deerskin dress, trimmed with elk teeth, that Pretty Calf loved so well, even their tools and Yellow Robe's weapons – everything but his sacred medicine objects – they left there on the prairie, and the whole camp moved away. Two of his best horses were killed as a sacrifice, and the women gave away the rest.

Die Jäger murmelten ihre Bestürzung. «Zwei! Zwei Männer tot!» Sie ritten eilig ins Dorf, aus dem ihnen schon Wehklagen entgegenscholl.

Ein Bote kam von den Kriegern auf dem Hügel herab. Die übrigen blieben zurück, um sich die Gesichter zu bemalen zum Zeichen der Trauer und des Sieges. Einer der Toten war Gelbrock. Sie hatten seinen Leichnam in eine Höhle gelegt und mit Steinen eingemauert. Der andere Mann war nach ihm gestorben, und sein Leichnam hing in einem Baum.

Blut befleckte den Boden vor dem Tipi, in das Gelbrock nie mehr zurückkehren würde. Seine Mutter kauerte im Eingang, das Haar vollends kurz geschoren; sie schaukelte auf ihrem Gesäß vor und zurück und schrie ihr Herzeleid heraus. Ihre eine Hand umfaßte die andere, verstümmelte. Sie hatte sich ein weiteres Fingerglied abgehackt.

Hübsches Kalb hatte dicke Strähnen ihres langen Haares abgeschnitten und stieß schluchzend mit einem Messer auf ihre Arme ein. Der weiße Mann versuchte ihr das Messer wegzunehmen, aber sie wehrte sich so verzweifelt, daß er sie gewähren ließ. Sie ekelten ihn an, alle miteinander.

Barbaren! dachte er. Jetzt gehe ich! Ich gehe auf die Jagd und komme nicht mehr zurück.

Aber er ging doch noch nicht gleich, denn er war der einzige Jäger im Zelt der beiden trauernden Frauen, von denen die eine alt und die andere mit seinem Kind schwanger war.

In ihrer Trauer machten sie ihn wieder bettelarm. Alles, was Annehmlichkeit, Reichtum und Sicherheit bedeutete, opferten sie nach Gelbrocks Tod den Geistern. Das Tipi aus siebzehn prächtigen Büffelhäuten, die Felle, die sie hätten warmhalten sollen, das mit Wapitizähnen besetzte Kleid aus weißem Hirschleder, das Hübsches Kalb so liebte, sogar ihre Werkzeuge und die Waffen, die Gelbrock gehört hatten – alles außer seinen heiligen Medizingegenständen ließen sie auf der Prärie zurück, und das ganze Dorf zog weiter. Zwei seiner besten Pferde wurden als Opfergabe getötet; die übrigen gaben die Frauen weg.

They had no shelter. They would have no tepee of their own for two months at least of mourning, and then the women would have to tan hides to make it. Meanwhile they could live in temporary huts made of willows, covered with skins given them in pity by their friends. They could have lived with relatives, but Yellow Robe's women had no relatives.

The white man had not realized until then how terrible a thing it was for a Crow to have no kinfolk. No wonder old Greasy Hand had only stumps for fingers. She had mourned, from one year to the next, for everyone she had ever loved. She had no one left but her daughter, Pretty Calf.

Horse was furious at their foolishness. It had been bad enough for him, a captive, to be naked as a horse and poor as a slave, but that was because his captors had stripped him. These women had voluntarily given up everything they needed.

He was too angry at them to sleep in the willow hut. He lay under a sheltering tree. And on the third night of the mourning he made his plans. He had a knife and a bow. He would go after meat, taking two horses. And he would not come back. There were, he realized, many things he was not going to tell when he got back home.

In the willow hut, Pretty Calf cried out. He heard rustling there, and the old woman's querulous voice.

Some twenty hours later his son was born, two months early, in the tepee of a skilled medicine woman. The child was born without breath, and the mother died before the sun went down.

The white man was too shocked to think whether he should mourn, or how he should mourn. The old woman screamed until she was voiceless. Piteously she approached him, bent and trembling, blind with grief. She held out her knife and he took it.

Sie hatten kein Dach mehr über dem Kopf. Mindestens zwei Trauermonate lang würden sie kein eigenes Tipi haben, und dann würden die Frauen Felle gerben müssen, um ein neues zu machen. In der Zwischenzeit konnten sie in Behelfshütten aus Weidenzweigen hausen, zugedeckt mit Häuten, die mitleidige Freunde ihnen gegeben hatten. Bei Verwandten hätten sie auch wohnen dürfen, aber die Frauen von Gelbrock hatten keine Verwandten.

Der weiße Mann hatte sich bis dahin nicht klar gemacht, wie furchtbar es war, als Crow keine Angehörigen zu haben. Kein Wunder, daß die alte Hände-voll-Talg nur mehr Stümpfe statt Fingern hatte. Sie hatte getrauert, Jahr für Jahr, um alle, die sie geliebt hatte. Niemand war ihr geblieben außer ihrer Tochter Hübsches Kalb.

Pferd war außer sich über derartige Torheit. Es war schlimm genug für ihn, den Gefangenen, gewesen, nackt wie ein Pferd und arm wie ein Sklave zu sein, aber er war schließlich mit Gewalt beraubt worden. Diese Frauen hatten aus freien Stücken alles Lebensnotwendige weggegeben.

Er war zu zornig auf sie, um in der Weidenhütte zu schlafen. Er legte sich im Schutz eines Baumes nieder. Und in der dritten Nacht der Trauer schmiedete er seinen Plan. Er hatte Messer und Bogen. Er würde mit zwei Pferden auf die Jagd gehen. Und er würde nicht zurückkommen. Es gab viele Dinge, merkte er, die er nicht erzählen würde, wenn er heimkam.

In der Weidenhütte stieß Hübsches Kalb einen Schrei aus. Er hörte Rascheln dort drinnen und die jammernde Stimme der Alten.

Gut zwanzig Stunden später wurde sein Sohn geboren, zwei Monate vor der Zeit, im Tipi einer erfahrenen Medizinfrau. Das Kind kam ohne Atem zur Welt, und die Mutter starb, bevor die Sonne sank.

Der weiße Mann war zu bestürzt, um sich Gedanken darüber zu machen, ob oder wie er trauern sollte. Die alte Frau schrie, bis ihr die Stimme versagte. Kläglich kam sie zu ihm, gebeugt und zitternd, blind vor Kummer. Sie hielt ihm ihr Messer hin, und er nahm es.

She spread out her hands and shook her head. If she cut off any more finger joints, she could no more work. She could not afford any more lasting signs of grief.

The white man said, "All right! All right!" between his teeth. He hacked his arms with the knife and stood watching the blood run down. It was little enough to do for Pretty Calf, for little Freedom.

Now there is nothing to keep me, he realized. When I get home, I must not let them see the scars.

He looked at Greasy Hand, hideous in her grief-burdened age, and thought: I really am free now! When a wife dies, her husband has no more duty toward her family. Pretty Calf had told him so, long ago, when he wondered why a certain man moved out of one tepee and into another.

The old woman, of course, would be a scavenger. There was one other with the tribe, an ancient crone who had no relatives, toward whom no one felt any responsibility. She lived on food thrown away by the more fortunate. She slept in shelters that she built with her own knotted hands. She plodded wearily at the end of the procession when the camp moved. When she stumbled, nobody cared. When she died, nobody would miss her.

Tomorrow morning, the white man decided, I will go.

His mother-in-law's sunken mouth quivered. She said one word, questioningly. She said, *"Eerooshay?"* She said, "Son?"

Blinking, he remembered. When a wife died, her husband was free. But her mother, who had ignored him with dignity, might if she wished ask him to stay. She invited him by calling him Son, and he accepted by answering Mother.

Greasy Hand stood before him, bowed with years, withered with unceasing labor, loveless and

Sie spreizte die Hände und schüttelte den Kopf. Wenn sie noch mehr Fingerglieder abhackte, würde sie nicht mehr arbeiten können. Sie konnte sich keine bleibenden Zeichen der Trauer mehr leisten.

«Na gut. In Ordnung», sagte der weiße Mann mit zusammengebissenen Zähnen. Er stach sich das Messer in die Arme und schaute zu, wie das Blut herauslief. Es war wenig genug für Hübsches Kalb, seine kleine Freiheit.

Jetzt hält mich hier nichts mehr, wurde ihm klar. Wenn ich heimkomme, darf ich ihnen nicht die Narben zeigen.

Er blickte auf Hände-voll-Talg, die widerlich anzusehen war in ihrem vom Gram entstellten Alter, und dachte: Jetzt bin ich wirklich frei. Wenn einem Mann die Frau stirbt, ist er von seinen Verpflichtungen gegenüber ihrer Familie entbunden. Das hatte ihm Hübsches Kalb erklärt, vor langer Zeit, als er sich einmal gewundert hatte, warum einer der Männer aus einem Tipi in ein anderes umgezogen war.

Die alte Frau würde natürlich zur Bettlerin werden. Eine gab es bei den Zelten schon, ein uraltes Weib ohne Angehörige, für das sich niemand verantwortlich fühlte. Sie lebte von Essensresten, die die Glücklicheren fortwarfen. Sie schlief in Unterständen, die sie sich mit ihren eigenen knotigen Händen baute. Sie humpelte mühselig am Ende des Zuges, wenn das Zeltdorf unterwegs war. Wenn sie stolperte, kümmerte es niemanden. Wenn sie starb, würde keiner sie vermissen.

Morgen früh, beschloß der weiße Mann, morgen früh gehe ich.

Der eingefallene Mund seiner Schwiegermutter zuckte. Sie sagte ein Wort, fragend. Sie sagte: «*Eero-oshay?*» Sie sagte: «Sohn?»

Blinzelnd erinnerte er sich. Wenn einem Mann die Frau starb, war er frei. Aber ihre Mutter, die ihn mit Würde ignoriert hatte, konnte ihn bitten zu bleiben, wenn sie es wollte. Sie forderte ihn auf, indem sie ihn «Sohn» nannte, und er nahm an, indem er «Mutter» antwortete.

Hände-voll-Talg stand vor ihm, vom Alter gebeugt, ausgelaugt von endloser Plackerei, gezeichnet vom Kummer, ohne

childless, scarred with grief. But with all her burdens, she still loved life enough to beg it from him, the only person she had any right to ask. She was stripping herself of all she had left, her pride.

He looked eastward across the prairie. Two thousand miles away was home. The old woman would not live forever. He could afford to wait, for he was young. He could afford to be magnanimous, for he knew he was a man. He gave her the answer. "*Eegya*," he said. "Mother."

He went home three years later. He explained no more than to say, "I lived with Crows for a while. It was some time before I could leave. They called me Horse."

He did not find it necessary either to apologize or to boast, because he was the equal of any man on earth.

Liebe und ohne Kinder. Aber allen Lasten zum Trotz hing sie doch noch so sehr am Leben, daß sie es von ihm erbettelte, dem einzigen Menschen, an den sie irgendeinen Anspruch hatte. Sie opferte das letzte, was sie noch besaß, ihren Stolz.

Er blickte ostwärts über die Prärie. Zweitausend Meilen von hier lag sein Zuhause. Die alte Frau würde nicht ewig leben. Er konnte es sich leisten, zu warten, denn er war jung. Er konnte es sich leisten, großmütig zu sein, denn er wußte, daß er ein Mann war. Er gab ihr die Antwort. «*Eegya*», sagte er. «Mutter.»

Drei Jahre später kehrte er nach Hause zurück. Er erklärte nichts weiter als: «Ich habe eine Zeitlang bei den Crow gelebt. Es dauerte eine Weile, bis ich weggehen konnte. Sie nannten mich Pferd.»

Er sah keinen Grund, sich zu entschuldigen oder zu prahlen, denn er war gerade so gut wie irgendein Mensch auf der Welt.

Benjamin Capps
The Slaughter

During the first week in January Sam Chance set out west with a caravan, made of his own men and equipment, with the purpose of getting buffalo hides in large quantities. They took the old freight wagon, pulled by nine yokes of oxen, and three small wagons, pulled each by a span of mules. Fourteen men, including Chance, made up the party. They took only three saddle horses, these intended for scouting and for keeping the skinning crews in touch with each other.

The weather was clear and cool, with a light freeze each night. They could expect worse at any time, but it would not be much more difficult than what they were all used to. Picks, shovels, and axes were a part of the camping equipment in each of the smaller wagons; they would dig in and be ready for whatever bad weather came.

He had made a shorter hunt in December with only one wagon and three men, mainly for the purpose of finding where the concentrations of buffalo were and working out a reasonable plan. He had circled around to Fort Griffin and found a market there, though hide prices were low.

Now, it was his intention to hunt buffalo on a larger scale than had ever been done in this part of the country. He was paying the men of the outfit ten cents a hide on top of their regular wages. And the animals were there, by the hundreds of thousands, in the rough country below the Caprock.

The afternoon of the second day from home they met a small bunch of hunters who were headed east with about a hundred hides and the rest of their wagon loaded with meat. Chance, mounted on the dun horse Bullet, rode ahead to talk to them. Three

Benjamin Capps
Das große Schlachten

In der ersten Januarwoche brach Sam Chance in Richtung Westen auf, mit einem Treck, der aus seinen eigenen Männern sowie der entsprechenden Ausrüstung bestand; er hatte eine großangelegte Büffeljagd im Sinn. Sie hatten den alten Transportwagen dabei, der von neun Paar Ochsen gezogen wurde, und drei kleine Wagen mit Maultiergespann. Chance mitgerechnet waren sie zu vierzehn. Sie nahmen nur drei Reitpferde mit, zum Kundschaften und um die Trupps, die die Büffel abhäuten würden, miteinander in Verbindung zu halten.

Das Wetter war klar und kühl, und in den Nächten gab es leichten Frost. Man mußte jederzeit damit rechnen, daß es schlechter wurde, aber sehr viel schlimmer, als sie alle es ohnehin gewöhnt waren, würde es kaum werden. Pickel, Schaufeln und Äxte gehörten bei jedem der kleineren Wagen zur Ausstattung; sie würden sich eingraben und gegen jegliches Unwetter gewappnet sein.

Im Dezember war Chance auf eine kürzere Jagd gegangen, mit einem einzigen Wagen und drei Männern, hauptsächlich um herauszubekommen, wo die großen Bisonherden waren, und um einen vernünftigen Plan auszuarbeiten. Er hatte einen Bogen nach Fort Griffin hinübergeschlagen und dort einen Markt gefunden, wenn auch die Preise für die Felle niedrig waren.

Jetzt hatte er sich vorgenommen, eine Jagd in größerem Stil zu veranstalten, als es sie in diesem Teil des Landes je gegeben hatte. Er zahlte seinen Leuten zehn Cent pro Fell zusätzlich zu ihrem regulären Lohn. Und die Tiere waren da, zu Hunderttausenden, in der rauhen Gegend am Fuß des Caprock.

Am Nachmittag des zweiten Tages nach ihrem Aufbruch begegnete ihnen eine kleine Gruppe von Jägern auf dem Weg nach Osten. Sie hatten an die hundert Felle dabei; der Rest ihres Wagens war mit Fleisch beladen. Chance ritt ihnen auf seinem braunen Hengst Bullet entgegen, um mit ihnen zu

of them, who seemed to be Tonkawa Indians, were walking. An old white man was on the wagon.

Chance greeted him. "I see you've get a load."

"Yeah, iffen I can just set out with my hair, I'd trade this load to be in Fort Griffin right now."

"You think there's danger from hostile Indians?"

"Danger! They's been a dozen hunters killed out here this winter. Them Comanches are roused up. Ain't you Sam Chance that owns the Long-C Ranch?"

"That's right."

"Well, Mr Chance, iffen you want some advice from an old hunter, you better turn around and go east. Them Comanches go to riding in the winter, they ain't out for a few horses. They want scalps."

"Have you seen any, or just heard rumors?"

"We seen a sight yestiddy morning that would turn your stomach; three hunters cut to pieces. By the signs they must of been twenty Injuns. Chico there says it was Comanches and Kiowas both. It don't matter to me; I seen what they done. We ain't stopped traveling since we seen it."

"Camp with us tonight if you want to," Chance said.

"You turning around?"

"Nope."

"Well, Mr Chance, I just hope you know what you're doing. I ain't even got time to set here and talk to you." He swung his whip at the rumps of the two pinto steers he was driving and started them lumbering forward.

Chance led his men on as before. He had no doubt that the area was dangerous for a small party of white men, but it had always been so. It was a different matter for fourteen well-armed men who knew how to keep from being surprised.

Buffaloes were scattered all over the country, not in the great herds that they made up for migration,

sprechen. Drei von ihnen, anscheinend Tonkawa-Indianer, gingen zu Fuß. Auf dem Wagen saß ein alter Weißer.

Chance grüßte ihn. «Da haben Sie ja eine hübsche Ladung.»

«Mann, wenn ich hier bloß rauskomm mit meinem Skalp auf dem Schädel! Ich würd das alles sofort drangeben, wenn ich nur schon in Fort Griffin wär.»

«Glauben Sie, es gibt Gefahr durch feindliche Indianer?»

«Gefahr ist gut! 'n Dutzend Jäger hat's hier diesen Winter schon erwischt. Die Komantschen sind unterwegs. Sagen Sie, Sie sind doch Sam Chance, dem die Long-C-Ranch gehört?»

«Ganz recht.»

«Tja, Mr Chance, wenn Sie einen Rat von 'nem alten Jäger wollen, dann gehen Sie besser wieder nach Osten zurück. Wenn die Komantschen im Winter losreiten, sind sie nicht bloß auf ein paar Pferde aus. Sie wollen Skalpe.»

«Haben Sie welche gesehen oder nur davon gehört?»

«Wir haben gestern früh was gesehen, bei dem Anblick dreht's einem den Magen um. Drei Jäger in Stücke geschnitten. Den Spuren nach müssen es zwanzig Indianer gewesen sein. Chico hier sagt, es waren Komantschen und Kiowa zusammen. Mir ist's gleich; ich hab gesehen, was sie angerichtet haben. Wir haben nicht mehr angehalten seitdem.»

«Schlagen Sie Ihr Lager heute nacht bei uns auf, wenn Sie möchten», sagte Chance.

«Sie kehren um?»

«Nein.»

«Ich hoff ja nur, Sie wissen, was Sie tun, Mr Chance. Ich hab nicht die Zeit, hier zu sitzen und mit Ihnen zu plaudern.» Er schwang die Peitsche über den Hinterteilen der beiden gescheckten Ochsen vor seinem Wagen, und sie setzten sich schwerfällig in Bewegung.

Chance führte seine Männer unbeirrt weiter. Er zweifelte nicht daran, daß die Gegend für eine Handvoll Weißer gefährlich war, aber das war sie immer gewesen. Bei vierzehn wohlbewaffneten Männern, die sich vor Überraschungen zu hüten wußten, lag die Sache anders.

Die Bisons waren überall, nicht in großen Herden, wie sie sie für ihre Wanderungen bildeten, sondern in Scharen von

but in bunches of a dozen to a hundred that grazed together. Some few of these bunches were still on his own range, indeed even as far east as Briggs's Store, but Chance knew he had to find a concentration of the animals to make feasible the kind of hunting he planned. The fourth day, scouting out ahead of the wagons, he found what he wanted in a broad, broken valley. He could see bunches that must total five thousand animals within the ten miles of his view.

He guided the outfit in and found a campsite on the north rise of the valley, near water and good grass.

Just at sunrise he struck out on foot with his Sharps Big Fifty, his pockets swinging with forty heavy rounds of ammunition. There was a rim of ice around the water hole when he passed it. The dry grass was heavy with frost that sparkled like a fuzzy metal blanket in the morning light.

Lefors he had sent up to scout horseback along the ridge. The rest of the men were digging temporary quarters in the clay slopes of the camp area. He would divide them tomorrow into three groups with a shooter in charge of each. Now his purpose was to get off to a good start, demonstrate what could be done, so that no one would be satisfied with a dozen hides a day, or even a few dozen.

No more than thirty minutes from camp he had in sight two bunches. One was drifting, the other was stopped and nosing at the frosty grass, about thirty grown animals and a dozen calves. He chose the latter group. A light wind blew out of the east. He circled westward and came into a shallow gully in which he could hide himself as he approached them. He raised up cautiously several times as he moved forward, finally crawled to a point two hundred yards from them.

einem Dutzend bis zu hundert Tieren, die zusammen weideten. Einige wenige dieser Scharen befanden sich noch auf seinem eigenen Land, sogar noch östlich von Briggs' Handelsposten, aber Chance wußte, daß er, um die Jagd, die ihm vorschwebte, ins Werk zu setzen, viel mehr Büffel auf einem Haufen finden mußte. Am vierten Tag, als er Ausschau haltend vor dem Wagen herritt, entdeckte er in einem breiten, zerklüfteten Tal, was er suchte. Auf den zehn Meilen, die er überblickte, grasten Herden von insgesamt bestimmt fünftausend Tieren.

Er lenkte den Zug ins Tal und fand einen Lagerplatz an der nördlichen Talschwelle, mit Wasser und gutem Gras in der Nähe.

Gleich bei Sonnenaufgang machte er sich mit seiner Sharps Big Fifty auf den Weg, zu Fuß, die Taschen schaukelnd unter dem Gewicht von vierzig Schuß Patronen. Das Wasserloch hatte Eis an den Rändern, als er daran vorbeikam. Die trockenen Grashalme beugten sich unter dem Reif, der im Morgenlicht funkelte wie eine Decke aus Eisenspänen.

Lefors hatte er auf einen Spähritt entlang des Hügelkammes geschickt. Die übrigen Männer hoben in den Lehmhängen um das Lager herum ein vorläufiges Quartier aus. Morgen würde er sie in drei Gruppen einteilen, jede unter der Führung eines Schützen. Jetzt wollte er zunächst einmal für einen guten Anfang sorgen, ihnen die Dimension klarmachen, damit sich niemand mit einem oder auch mehreren Dutzend Fellen pro Tag zufriedengab.

Keine dreißig Minuten vom Lager entfernt sichtete er zwei Herden. Die eine war in Bewegung, die andere stand, die Mäuler im bereiften Gras, etwa dreißig erwachsene Tiere und ein Dutzend Kälber. Auf diese Gruppe fiel seine Wahl. Ein leichter Wind blies von Osten. Chance schlug einen Bogen nach Westen hinüber, bis er an ein flaches Bachbett kam, in dem er sich ungesehen heranpirschen konnte. Er kroch näher, richtete sich mehrmals vorsichtig auf dabei und erreichte schließlich einen Punkt zweihundert Meter weg von ihnen.

He studied the shaggy, hulking beasts. Steamy breath rose from them. They were more than half bulls, but the cows were more alert. The brown calves, six to eight months old, bounded about, tasted the grass, butted at each other. The adult animals were in heavy hair, shiny black. One big cow lifted her head regularly as if to scan the countryside.

He eased the Big Fifty into a comfortable rest on the bank, sighted in behind the point of the shoulder, just above the heart, and squeezed the trigger. The rifle butt slammed his shoulder back.

The boom seemed loud enough to split apart the cold quiet valley. The buffaloes all threw their heads up and stood frozen. They began to shift and turn, waiting alert. The cow suddenly collapsed to her knees. He could see red blood shin ing on her nose.

He quickly reloaded the single-shot Sharps and peered over the sights, studying their actions. One big bull seemed to be looking toward him, perhaps at the little file of white smoke that was drifting away behind him. He sighted on the bull and fired again. The bull jumped forward violently, then slowed and drooped his head.

The bunch began milling. Some of them came up to the two that were down, sniffed, backed away. Another big cow began to walk away, a stream of animals following her. He carefully aimed and fired again, putting a slug into her lungs. She jumped and stopped, and her followers clustered about her. They began to bawl with uncertainty, blowing steam into the cold air.

By the sixth shot he had killed the leader and any that were inclined to be leaders. He began to pick them off deliberately, unhurriedly. The barrel of the Big Fifty became hot. It felt good on his cold hands, but the heat would make his shots go wild and might cause leading of the barrel. He threw

Er faßte die ungeschlachten, zottigen Leiber ins Auge. Dampfender Atem stieg von ihnen auf. Mehr als die Hälfte waren Bullen, aber die Kühe waren wachsamer. Die braunen Kälber, sechs bis acht Monate alt, machten Sprünge, kosteten von dem Gras, stießen die Köpfe gegeneinander. Die ausgewachsenen Tiere waren in ihrem schweren Winterfell von glänzendem Schwarz. Eine große Kuh hob regelmäßig den Kopf und warf prüfende Blicke in die Landschaft.

Er rückte die Big Fifty so zurecht, daß sie bequem auf der Böschung auflag, visierte die Stelle hinter der Schulter an, genau über dem Herzen, und drückte ab. Der Gewehrkolben schlug ihm die Schulter nach hinten.

Der Knall schien laut genug, um das kalte, stille Tal zu zerreißen. Die Bisons warfen alle die Köpfe hoch und standen wie erstarrt. Sie begannen hin und her zu rücken und sich zu drehen, angespannt, abwartend. Die Kuh brach plötzlich in die Knie. Auf ihrer Schnauze glänzte rotes Blut.

Rasch lud er die einschüssige Sharps nach und spähte über die Kimme, behielt die Bewegungen der Tiere im Auge. Ein großer Bulle schien in seine Richtung zu blicken, vielleicht auf das kleine weiße Rauchzeichen, das hinter ihm wegtrieb. Er nahm den Bullen aufs Korn und feuerte noch einmal. Der Bulle machte ein paar heftige Sätze, stockte dann, und sein Kopf knickte vornüber.

Die Herde geriet ins Kreisen. Einige Büffel näherten sich den beiden niedergeschossenen, witterten, wichen zurück. Eine andere große Kuh begann wegzugehen, ein ganzes Rudel von Tieren folgte. Er zielte sorgfältig, drückte erneut ab und versenkte eine Kugel in ihrer Lunge. Die Kuh sprang und fiel, und die nach ihr Kommenden drängten sich um sie zusammen. Verstört fingen sie zu brüllen an, und Dampf stieg in die kalte Luft.

Nach sechs Schuß hatte er die Leitkuh und alle Tiere, die ihren Platz hätten einnehmen können, getötet. Nun begann er die übrigen einzeln abzuschießen, gezielt, ohne Hast. Der Lauf der Big Fifty wurde heiß. Die Hitze tat seinen kalten Händen wohl, aber sie machte seine Schüsse ungenau und konnte unter Umständen den Gewehrlauf verbleien. Er riß

open the breech and, without showing any more of himself than necessary above the rim of the gully, rolled the big gun in the frosty grass. In a minute, he went back to the skillful, cruel business at hand. It took an hour, with a half dozen waits for the gun to cool. His right shoulder became sore. When he quit, the last adult of the bunch had sunk to the ground.

He carefully collected his scattered brass, then went along the gully the way he had come and walked to meet the wagon. It was Norton, one of the men who would act as shooters, and three others, one of them the boy Andy Prescott. They had started when they heard his shots, had seen his stand and waited. He climbed in the wagon, and they drove toward the downed buffaloes. The calves stampeded away.

The two mules snorted and shied as they were driven into the acre of shaggy heaps where spots of blood were clotting on the ground and in the coarse black hair.

"Stay in the wagon!" Chance cautioned the boy. "Wait till we see if anything's going to get up."

One of them said, "Looks like you've already got us a day's work here, Mr Chance."

"For five men and a team? I count thirty-two. We ought to be through with these in an hour, if we don't mess around and let them get cold."

"Only thirty-two?" Norton said. "I thought I counted thirty-three shots, Chance. Ain't nobody else hunting around here, are they?"

Chance laughed. "When you get past thirty shots, you're allowed a miss or two. Well, let's get started."

They began the skinning. Each animal was slit down the inside of the legs and the center of the belly, also around the tail and around the neck behind the ears. The legs were skinned by hand and

das Verschlußstück weg, und ohne mehr als nötig von sich über dem Rand des Bachbetts sehen zu lassen, wälzte er die große Büchse im bereiften Gras. Nach einer Minute fuhr er fort mit seiner grausamen Präzisionsarbeit. Es dauerte eine Stunde, mit einem halben Dutzend Pausen, in denen er wartete, daß die Büchse sich abkühlte. Die rechte Schulter wurde ihm lahm. Als er aufhörte, war auch das letzte ausgewachsene Tier der Herde am Boden.

Er sammelte sorgfältig die verstreuten Patronenhülsen ein, kehrte durch das Bachbett zurück, wie er gekommen war, und ging dem Wagen entgegen. Es waren Norton, einer der Männer, die er als Schützen vorgesehen hatte, und drei andere, darunter der junge Andy Prescott. Sie waren losgefahren, als sie seine Schüsse hörten, hatten seinen Standort gesichtet und gewartet. Er stieg mit ein, und sie rollten auf die erlegten Bisons zu. Die Kälber flüchteten in Panik.

Die beiden Maultiere schnaubten und scheuten, als sie zwischen die vielen zottigen Haufen getrieben wurden, mitten in die Blutlachen, die auf dem Boden und in dem groben schwarzen Fell geronnen.

«Bleib im Wagen», warnte Chance den Jungen. «Warte, bis wir sehen, ob sich noch was rührt.»

«Sieht so aus, als wären wir für heute mit Arbeit eingedeckt, Mr Chance», sagte einer der Männer.

«Fünf Mann und ein Gespann? Ich zähle zweiunddreißig. Mit denen müßten wir in einer Stunde fertig sein, wenn wir nicht schludern und sie kalt werden lassen.»

«Nur zweiunddreißig?» fragte Norton. «Ich dachte, ich hätte dreiunddreißig Schüsse gezählt, Chance. Hier jagt doch nicht noch wer, oder?»

Chance lachte. «Bei über dreißig Schuß darf man schon mal einen oder zwei daneben schießen. Los, worauf warten wir noch.»

Sie begannen mit dem Abhäuten. Bei jedem Tier wurde die Haut an der Innenseite der Beine und längs über dem Bauch aufgeschlitzt, mit Einschnitten rund um den Schwanz und den Hals gleich hinter den Ohren. Die Beine häuteten sie

enough of the neck to make a wad around which a rope could be tied. The mules were unhooked from the wagon, singletrees, doubletrees and all, and used to peel the hides from under the buffaloes. The team did not like the work, particularly the appearance of the naked carcasses.

Chance, working alongside the others, but constantly thinking about ways to make their methods more efficient, decided that one man could handle the team if the knife men would stake down each buffalo's head so it could not move while its hide was being stripped. His plan to use crews of one shooter, two skinners, and one mule driver was about right.

They already had meat in camp. They hacked out the tongues and piled them on the flesh side of a hide in the wagon; it was the only part of the meat for which the market was good enough to pay for the hauling. In little more than an hour all the limp skins were piled in the wagon, the team was hitched, and they were headed back to camp. Behind them the great bare red and white carcasses were already drawing flies.

The following day a norther blew in. Sleet came with it and a drizzle that froze on the ground. They continued their work in the fierce wind, completing the dugouts, gathering buffalo chips for fuel, building a windbreak for the stock, cutting an entire wagon load of stakes and stretching pins from the willows that grew by the waterhole.

Next day the wind had calmed but it was colder. The grass crackled with ice under their feet. They went about their business of slaughter and skinning. Chance spent part of the time scouting horseback out along high ground, the rest of the time shooting. It was cold on horseback, but not so bad as working with the Big Fifty. Lying prone he

mit der Hand; am Hals wurde so viel abgelöst, daß sich um den Fellappen ein Seil befestigen ließ. Die Maultiere wurden vom Wagen losgeschirrt, samt Ortscheit und allem, und dazu benutzt, die Häute unter den Büffeln herauszuziehen. Dem Gespann war die Arbeit unbehaglich, vor allem der Anblick der nackten Kadaver.

Chance, der zusammen mit den anderen zupackte, dabei aber ständig nachdachte, wie er noch effektiver vorgehen konnte, kam zu dem Schluß, daß ein einzelner Mann die Maultiere führen konnte, wenn die Leute, die das Aufschlitzen besorgten, die Schädel der Büffel festpflockten, so daß sie beim Abziehen des Fells nicht verrutschen konnten. Sein Plan, Mannschaften mit einem Schützen, zwei Mann zum Abhäuten und einem Maultiertreiber einzusetzen, schien sich zu bewähren.

Fleisch hatten sie genug im Lager. Sie schnitten die Zungen heraus und sammelten sie auf der Innenseite eines der Felle im Wagen; das war der einzige Teil des Fleisches, der so viel einbrachte, daß der Transport sich lohnte. Binnen einer guten Stunde stapelten sich die schlaffen Häute alle im Wagen, die Maultiere waren wieder angeschirrt, und sie fuhren zum Lager. Um die großen, nackten rot- und weißen Kadaver hinter ihnen schwärmten schon die ersten Fliegen.

Der nächste Tag brachte Nordsturm. Mit ihm kamen Graupelschauer und ein Nieseln, das am Boden gefror. Sie setzten ihre Arbeit in dem scharfen Wind fort, vollendeten die Gräben, sammelten Büffelmist als Brennstoff, bauten einen Windschutz für die Tiere, schnitten eine ganze Wagenladung Pfähle und Spannpflöcke aus den Weiden, die um das Wasserloch wuchsen.

Am Tag darauf flaute der Wind ab, aber es war kälter. Das Gras unter ihren Füßen knirschte von Eis. Sie widmeten sich ihrem Tagwerk des Abschießens und Häutens. Chance verbrachte einen Teil des Tages im Sattel, auf Kundschaft an den Hängen, den Rest der Zeit mit Schießen. Es war kalt zu Pferd, aber nicht so schlimm wie die Arbeit mit der Big Fifty. Bei dem langen Flachliegen verkrampfte er sich und fing

would become cramped and would shake. His numb hands were clumsy on the gun. The skinners did better keeping warm with their hard labor. They wore gloves, but these became damp with blood. When they got a big kill at one place, they would build a fire.

As days passed, the stretched, drying hides began to cover acres of ground in the flat below camp. They required daily care, first had to be sprinkled with arsenic water to prevent any kind of bug damage, then had to be turned from one side to the other to prevent spoilage. When they became hard enough to hold their shape without being pegged down, the hides were piled in loose stacks, through which air could circulate.

It was a dirty, smelly camp. The men became infested with vermin from the buffaloes. They worked hard and suffered constantly from the cold, endured long hours of guard duty at night. They made the life bearable with rowdy banter and coarse jokes. Chance kept them busy, took part in their kidding, but put a quick stop to any horseplay with knives or guns.

When they had five hundred hides flint dry, he had them bound into tight bales and loaded on the big wagon. He picked out Winters, who was a good man with oxen, to take the load to Fort Griffin. It was about a five-day haul, one way.

Chance went over the route with the old man. "You know where Monday Creek is over yonder? Cross it and follow down. You've got to cross it, because the crossing on the Brazos is just above where the creek runs in. Right?"

"I won't have no trouble," Winters said.

"All right. If you don't find a crossing on the Clear Fork, just go on downstream on this side. How many men do you think you ought to have with you?"

zu zittern an. Seine tauben Hände konnten das Gewehr nicht zuverlässig bedienen. Die Männer, die sich mit dem Häuten abplagten, hatten es leichter, sich warmzuhalten. Sie trugen Handschuhe, die allerdings vom Blut feucht wurden. Wenn sie an einer Stelle besonders viele Tiere getötet hatten, machten sie ein Feuer.

Im Lauf der Tage begannen die ausgespannten trocknenden Häute ganze Morgen von Boden auf der Ebene unterhalb des Lagers zu bedecken. Sie erforderten tägliche Pflege, mußten erst mit Arsenwasser besprenkelt werden, um jeglichem Ungezieferschaden vorzubeugen; später galt es sie regelmäßig zu wenden, damit sie nicht verdarben. Wenn sie steif genug waren, um auch ohne die Pflöcke ihre Form zu halten, wurden sie zu lockeren Stapeln aufgeschichtet, so daß noch Luft dazwischenkam.

Es war ein schmutziges, übelriechendes Lager. Die Männer holten sich Ungeziefer von den Büffeln. Sie arbeiteten hart und litten unaufhörlich unter der Kälte, hatten nachts lange Stunden des Wachdienstes auf sich zu nehmen. Sie machten sich ihr Leben durch grobe Scherze und unflätige Witze erträglich. Chance sorgte dafür, daß sie beschäftigt waren, nahm an ihren Neckereien teil, unterband jedoch gleich im Ansatz jeglichen Unfug mit Messern oder Gewehren.

Als die ersten fünfhundert Häute knochentrocken waren, ließ er sie zu festen Ballen zusammenschnüren und auf den großen Wagen laden. Er bestimmte Winters, der gut mit Ochsen umgehen konnte, die Fuhre nach Fort Griffin zu bringen. Es war ein Weg von etwa fünf Tagen, einfache Strecke.

Chance besprach die Route mit dem Alten. «Sie wissen, wo der Monday Creek ist? Überqueren Sie ihn und folgen Sie ihm flußabwärts. Sie müssen ihn überqueren, weil die Furt über den Brazos direkt vor dem Zusammenfluß ist. Alles klar?»

«Kein Problem», sagte Winters.

«Gut. Wenn Sie am Clear Fork keine Furt finden, fahren Sie einfach auf dieser Seite stromabwärts. Wieviele Männer, glauben Sie, brauchen Sie dazu?»

"Hell, I don't need no help, Chance. We're getting a bonus on these hides, remember? I'd rather have the boys skinning buffalo than setting on their hind ends on the wagon, just getting in my way."

The boy Andy wanted badly to go see Fort Griffin. Chance decided to send him as one helper for the old man. The boy was almost grown, drawing full wages. They would bring back a receipt for the hides; food, including sorghum, dried fruit, and salt; twenty bushels of oats; and two more freight wagons with drivers, if such could be hired. They departed at dawn on a cold clear day, the boy walking, the old man on top of the load keeping warm by cursing and popping his long whip.

On the afternoon of the second day after Winters left, the buffalo camp was suddenly awakened to danger by three revolver shots from Lefors up on the ridge to the north.

Chance was in camp, just unsaddling the dun horse Bullet, meaning to go back out with the one skinning crew that had come in to unload. He called Norton to him as he swung the saddle back on the horse. "Tear the roofs off of those dugouts, Norton, and carry in everything we might need. I want the mules unharnessed and staked down there below the water hole. Hobble them and sideline them both. We can't afford to lose any stock."

He rode north uphill to meet Lefors. "What do you see?"

"The damnedest war party you ever saw! Must be a hundred. They don't know we're here yet, but the way they're heading they can't miss us."

"No, not with all those hides spread out. Could you see our other two wagons?"

"One's coming in. The one out on the creek didn't hear the shots, I guess."

"Go out and get them. Tell them to drop every-

«Herrgott, Chance, ich brauch doch niemand zum Helfen. Wir kriegen schließlich eine Prämie für jedes Fell. Mir ist es lieber, die Jungs häuten hier Büffel ab, als daß sie ihren Hintern auf dem Wagen ausruhen und mir nur im Weg sind.»

Der junge Andy konnte es nicht erwarten, nach Fort Griffin zu kommen. Chance beschloß, ihn dem Alten als Helfer mitzugeben. Der Junge war fast erwachsen und bekam schon den vollen Lohn. Sie würden eine Quittung für die Felle mitbringen, Essen, unter anderem Hirsesirup, Dörrobst und Salz, zwanzig Scheffel Hafer und zwei weitere Wagen samt Fuhrleuten, wenn welche aufzutreiben waren. Sie brachen an einem kalten, klaren Tag auf, in aller Frühe, der Junge zu Fuß, der Alte oben auf der Ladung, wo er sich warmhielt, indem er fluchte und mit seiner langen Peitsche schnalzte.

Am Nachmittag des zweiten Tages nach Winters' Abfahrt meldeten plötzlich drei Revolverschüsse von Lefors oben auf dem nördlichen Hügelkamm dem Büffelcamp Gefahr.

Chance war im Lager und sattelte gerade seinen Braunen Bullet ab, um mit der Mannschaft, die eben ihre Häute abgeladen hatte, wieder hinauszufahren. Er schwang den Sattel auf das Pferd zurück und rief Norton zu sich. «Decken Sie die Gräben auf, Norton, und bringen Sie alles hinein, was wir eventuell brauchen. Die Maultiere sollen abgeschirrt und unten am Wasserloch festgepflockt werden. Fesseln Sie ihnen die Vorderbeine, und Vorder- und Hinterfuß auch. Wir können uns nicht leisten, auch nur ein Tier zu verlieren.»

Er ritt bergauf nach Norden, Lefors entgegen. «Was sehen Sie?»

«Verdammt viele Indianer auf dem Kriegspfad! An die hundert, so wie's aussieht. Bis jetzt haben sie uns noch nicht entdeckt, aber bei der Richtung, in die sie reiten, können sie uns nicht verfehlen.»

«Nein, nicht bei all den Häuten, die hier ausgespannt sind. Konnten Sie unsere beiden anderen Wagen sehen?»

«Einer kommt gerade zurück. Der am Fluß vorn hat die Schüsse wohl nicht gehört.»

«Holen Sie sie. Sagen Sie ihnen, sie sollen alles stehen

thing and really whip it up and come on in. We'll be in a position to cover you if you need it."

He had chosen the campsite as much for a defensive position as for any other reason. The dugouts were high enough to command the surrounding area, and no cover existed for several hundred yards around them. Below the dugouts the hill sloped away sharply to the place where the wagons were usually parked a hundred feet away, and more gently to the water hole. The stock would be in a low place, easily covered from the entrenchments in the red-clay hillside.

It was nearly half an hour from the time of the first warning shots until the mounted Indians began to appear on the ridge a mile to the north. The third wagon and its crew came bouncing into camp about the same time. The Indians were stopping, studying the valley.

The men talked back and forth in the dugouts. "God! Look at those Injuns! Look at those feathers and those horns!"

"And those dobbed-up horses! Those boogers are looking for a fight!"

"Hell, I've done counted forty and they keep coming!"

Awe showed in their voices. Chance called out, "Boys, I'll guarantee you I'd rather be right here than be one of those redskins. Norton, Lee, let's get these buffalo guns in the best positions. Bonham, let Lefors have your Sharps. We're going to introduce them to the Big Fifty, and I believe it will shake their confidence.

"See that yellow bank up there? About a thousand yards. I want you to fire at a spot in it a time or two, till you get your windage and elevation. Then when those fancy warriors come down right even with it, open up on them."

They zeroed in with the long-range rifles,

und liegen lassen und so schnell wie möglich herkommen. Wir geben euch Deckung, wenn nötig.»

Er hatte den Lagerplatz unter anderem aus verteidigungstechnischen Gründen gewählt. Die Gräben lagen hoch genug, um einen Blick über die gesamte Umgegend zu gewähren, und in einem Umkreis von mehreren hundert Metern gab es keinerlei Deckung. Unterhalb der Gräben fiel der Hügel steil ab zu der Stelle dreißig Meter weiter, wo gewöhnlich die Wagen standen; zum Wasserloch hin war das Gefälle sachter. Die Tiere würden so weit unten sein, daß sie von den Schützengräben im roten Lehmhang aus leicht zu sichern waren.

Die ersten Warnschüsse lagen fast eine halbe Stunde zurück, als die Indianer auf ihren Pferden hinter dem Hügelkamm eine Meile weiter nördlich auftauchten. Etwa gleichzeitig kamen der dritte Wagen und seine Mannschaft ins Lager gerattert. Die Indianer hielten an und blickten über das Tal.

Die Männer in ihren Gräben tauschten Kommentare aus. «Donnerwetter! Schaut euch diese Indsmen an! Diese Federn, und die Hörner!»

«Und die vollgekleisterten Pferde! Die Dreckskerle sind auf einen Kampf aus!»

«Verdammt, jetzt sind es schon vierzig, und es kommen immer noch welche nach!»

Respekt klang aus ihren Stimmen. Chance rief laut: «Jungs, ich möchte mit keiner von diesen Rothäuten tauschen, darauf könnt ihr euch verlassen: Norton, Lee, bringt die Büffelgewehre in Stellung. Bonham, geben Sie Lefors Ihre Sharps. Wir werden sie mit der Big Fifty bekannt machen; ich nehme an, das wird ihr Selbstbewußtsein erschüttern.

Seht ihr die gelbe Böschung da drüben? An die tausend Meter von hier? Ihr schießt jetzt ein, zweimal auf irgendeinen Punkt dort, bis ihr Seitenwind und Entfernung heraushabt. Und wenn dann unsere reichgeschmückten Freunde auf derselben Höhe sind, eröffnet ihr das Feuer.»

Sie stellten die Visiere der Weitschußbüchsen ein, Chance

Chance and three others. The Indians, numbering either seventy-eight or seventy-nine by the best count, poured down straight toward them in a leisurely trot, clearly confident that they were far out of range.

Chance waited them out, sighting carefully, and sqeezed off a shot. The other three big guns pounded almost at the same time. An Indian pitched from his mount as if lassoed and jerked off, and two leading horses went down. The warriors milled a moment, drew back, and assembled as if in consultation.

Chance called, "Let's let them have another round. I think we can still reach them."

They fired the Big Fifties again, and another painted horse went down. The Indians scattered. They seemed to wave back and forth to one another a minute, then suddenly they charged forward in a broken line, hugging tight against their ponies. Their war cries drifted faintly down on the winter air, like the weak sounds of puppies before their eyes are open.

The buffalo guns began to take their toll again, and the Indians spread out more, guiding their mounts in zigzag patterns. They grew larger in the white men's vision and their cries louder.

"All right," Chance yelled. "Open up."

They began to fire the repeating Winchester carbines. Eight of these, with the four larger rifles, spouted a withering fire from the dugouts. Few marks showed except a naked leg on a horse's back, or a body that raised up only an instant, or a line of striped feathers or the horn of a headdress that peeped from behind a horse's mane. Here and there a horse tumbled and a savage form rolled on the ground trying to gain the protection of his dead mount while bullets spit dust around him.

The charge faltered. They whirled and dodged

und drei andere. Die Indianer, nach möglichst genauer Zählung entweder achtundsiebzig oder neunundsiebzig Mann, kamen in gemächlichem Trab geradewegs auf sie zugeritten; ganz offensichtlich waren sie überzeugt, daß sie sich außer Schußweite befanden.

Chance ließ sie herankommen, zielte sorgfältig und drückte dann ab. Die drei anderen Gewehre donnerten fast im gleichen Moment los. Ein Indianer stürzte vom Pferd, als hätte ihn jemand mit dem Lasso heruntergeholt, und zwei der vordersten Pferde gingen zu Boden. Die Krieger drängten sich eine Sekunde durcheinander, wichen zurück und sammelten sich wie zur Beratung.

«Spendiert ihnen noch eine Runde», rief Chance. «Wir müßten sie noch erreichen können.»

Wieder feuerten sie die Big Fifties ab, und ein weiteres bemaltes Pferd brach zusammen. Die Indianer zerstreuten sich. Eine kurze Weile schienen sie einander Zeichen zu geben, dann plötzlich sprengten sie in einer durchbrochenen Linie vorwärts, die Leiber dicht an ihre Mustangs gepreßt. Ihre Kriegsschreie drangen durch die Winterluft undeutlich herüber, wie die schwachen Quietscher von Welpen, bevor ihre Augen sich öffnen.

Die Büffelgewehre forderten erneut ihren Tribut, und die Indianer fächerten sich noch weiter auf, lenkten ihre Pferde in Zickzackmustern. Sie wurden größer im Blickfeld der Weißen, ihre Schreie lauter.

«Los jetzt», brüllte Chance. «Schießen!»

Nun feuerten sie auch mit den Winchester-Karabinern. Acht Repetiergewehre, unterstützt durch die vier größeren Büchsen, spuckten vernichtende Salven aus den Gräben. Es boten sich nur wenige Ziele, ein nacktes Bein auf einem Pferderücken, ein sekundenlang aufgerichteter Körper, eine Reihe gestreifter Federn oder ein Horn von einem Kopfschmuck, das hinter einer Mähne hervorsah. Hier und da strauchelte ein Pferd, und einer der Wilden rollte sich zu Boden und versuchte hinter dem toten Tier in Deckung zu gelangen, während ringsum von den Kugeln Staub aufspritzte.

Die Attacke geriet ins Stocken. Sie warfen sich herum,

back in the direction from which they came, riding superbly, hugging the necks of their racing, plunging horses.

Bullets and a few high-trajectory arrows hit the dirt around the dugouts from a dozen Indians down behind dead horses. One wild and lucky shot struck a keg of powder in the end of one of the wagons. The result was a shattering explosion that blew the wagon box from its running gear and threw splinters of wood into the air. The Indians then concentrated their fire on the other two wagons, but the rest of the powder was safely in the dugouts.

Smoke from their own guns settled around the twelve white men. They swung at it with their hats and rubbed their eyes and squinted to pick out targets up the slope.

The howling melee of riders, some fifty of them still mounted, poured down the slope again. They were met with the same withering fire and this time would not face it long, but turned to the business of picking up their dead and wounded and horseless brothers, this without dismounting.

"I'll say one thing for them," someone said. "Them devils can ride."

"The attackers seemed to have had their fill of it. They withdrew well out of range, then part of them began to straggle back the way they had come, some of these walking, some riding double, some being carried limply across ponies' backs. The remaining Indians, some quarter of the original number, split into two groups, which headed in opposite directions, east and west, as if to go around the buffalo camp.

Chance had identified Comanches and Kiowas among the attackers and thought that there was at least one other tribe represented that he was not familiar with. The bunch of ten which was circling around to the east looked to be all Kiowas. Probably

sprengten hakenschlagend zurück, von wo sie gekommen waren, bravourös reitend, die Arme um die Hälse ihrer mit gesenkten Köpfen dahinrasenden Mustangs geschlungen.

Kugeln und ein paar hochfliegende Pfeile von einem Dutzend hinter toten Pferden verschanzten Indianern schlugen in die Erde um die Schützengräben. Ein unvermutet glücklicher Fehlschuß traf ein Pulverfaß hinten auf einem der Wagen. Das Ergebnis war eine donnernde Explosion, die den Wagenkasten vom Fahrwerk fegte und einen Regen von Holzsplittern in die Luft stieben ließ. Die Indianer konzentrierten nun ihr Feuer auf die beiden anderen Wagen, aber das restliche Pulver war sicher in den Gräben verwahrt.

Der Rauch ihrer eigenen Büchsen senkte sich auf die zwölf Weißen herab. Sie versuchten ihn mit ihren Hüten wegzuwedeln und rieben sich die Augen, blinzelnd, um oben am Hang Ziele ausmachen zu können.

Der heulende Knäuel von Reitern, gut fünfzig von ihnen noch im Sattel, wälzte sich erneut den Hügel herunter. Wieder wurden sie mit derselben verheerenden Gewehrsalve begrüßt, und diesmal hielten sie ihr nicht lange stand, sondern fingen statt dessen an, ihre toten, verwundeten oder pferdelosen Brüder aufzuheben, letzteres ohne dabei abzusitzen.

«Eins muß man ihnen lassen», sagte jemand. «Reiten können sie, diese Teufel.»

Die Angreifer schienen genug zu haben. Sie zogen sich zurück, bis sie sicher außer Schußweite waren, und dann wandte ein Teil von ihnen sich in einzelnen Grüppchen zum Gehen, auf demselben Weg, den sie gekommen waren, manche zu Fuß, manche zu zweit auf einem Mustang, andere schlaff über Pferderücken gelegt. Die übrigen Indianer, etwa ein Viertel der ursprünglichen Zahl, teilten sich in zwei Gruppen, die in entgegengesetzten Richtungen aufbrachen, Ost und West, wie um das Büffelcamp zu umreiten.

Chance hatte unter den Angreifern Komantschen und Kiowa ausgemacht und dazu, so meinte er, noch mindestens einen Stamm, den er nicht kannte. Die Zehnergruppe, die nach Osten abzog, schien ganz aus Kiowa zu bestehen. Die

the original command and organization had broken down.

"What do you think, Mr Chance?" someone asked. "Is it a trick, or what?"

"No, I don't think so. I think they've made a smart estimate of the military situation, you might say."

"How many Indians would it take to capture this place?"

"I guess that many could take it if they'd all come on at once. There might be a half dozen of them left alive to enjoy it. They've decided to look for some cheaper scalps."

Someone said, "There'll be some small bunches of hide hunters that won't ever get home."

"Let's get some supper cooking," Chance said.

Their only casualty was Ike, who had got dirt kicked into his eyes by a skipping bullet. Chance stood on the high ground above camp and kept in sight the two bunches of Indians, while the rest of the men built up the fire, mixed sourdough bread, put some thick slabs of liver on to fry, started a pile of marrow bones roasting.

It was just sunset and the ten Kiowas could be seen clearly three miles away to the southeast, going toward Monday Creek, where Chance called Lefors up to him. "What would you say those Indians are doing?"

"Going the other way, and it's fine with me."

"Just riding along?"

"They might be following a trail. My God, Chance! Are you thinking what I am?"

"I guess I am. They've cut Winters' wagon tracks."

"Well, they're two days old. We've got wagon tracks all over."

"Not with wide tires and loaded that heavy. Not pulled by oxen. Hell, they can read those

anfängliche Führung und Aufteilung hatte sich offenbar zerschlagen.

«Was meinen Sie, Mr Chance», fragte einer der Männer. «Ist es eine Finte?»

«Nein, ich glaube nicht. Ich glaube, man kann sagen, sie haben die militärische Lage klar erkannt.»

«Wie viele Indianer wären nötig, um die Stellung hier zu nehmen?»

«Mit genügend Leuten könnten sie es wahrscheinlich schaffen, wenn sie alle auf einmal kämen. Dann bliebe vielleicht ein halbes Dutzend am Leben, um es auszukosten. Sie haben beschlossen, sich nach billigeren Skalpen umzutun.»

«Da wird es wohl ein paar kleinere Trupps von Büffeljägern geben, die nie mehr nach Hause kommen», sagte einer.

«Kümmern wir uns um das Abendessen», sagte Chance.

Ihr einziger Kriegsbeschädigter war Ike, dem ein Querschläger Erde ins Auge gespritzt hatte. Chance stand auf der Anhöhe über dem Lager und behielt die beiden Indianertrupps im Auge, während die übrigen Männer Feuer machten, Sauerteig für das Brot mischten, ein paar dicke Scheiben Leber brieten, einen Haufen Markknochen in die Glut legten.

Die Sonne war gerade am Untergehen, und die zehn Kiowa zogen deutlich sichtbar drei Meilen weiter südöstlich dahin, in Richtung Monday Creek, als Chance Lefors zu sich heraufrief. «Was tun diese Indianer da Ihrer Meinung nach?»

«Wegreiten, und meinen Segen haben sie.»

«Einfach nur weg?»

«Sie könnten einer Spur folgen. Mein Gott, Chance! Denken Sie das gleiche wie ich?»

«Vermutlich. Sie sind auf Winters' Wagenspuren gestoßen.»

«Nun ja, die sind zwei Tage alt. Wagenspuren gibt es hier überall.»

«Aber keine mit so breiten Reifen und so schwerer Ladung. Keine mit Ochsen davor. Verdammt, sie können diese

tracks like a book. Probably guess right where he's going."

"Where would Winters be? He's away past the Brazos by now."

"But still got a long ways to go. Those devils will go clear in sight of the fort if they have a reason. There's a moon tonight. They could probably follow the tracks by moonlight and catch him tomorrow... if they don't stop. Why in the hell did I let Prescott's boy go with him?"

He went down and loosed the horse Bullet, saddled him, and led him up to the fire where the men were starting to eat. The early darkness of winter was closing in. "Lefors, have you got any liquor with you?"

"No, I ain't, Chance."

"I want the damned truth, Lefors. Have you got any liquor?"

"Hell, no! That's the truth!"

"All right, I'm putting you in charge of the defense of this place. You know what to do. I expect everybody to follow your orders about guard duty and such.

"Norton, you're in charge of the work. Get us some buffalo hides. If anybody has any spare time, put them to fixing that wagon. I'm going to catch Winters. Ought to be back in a week or less."

Ike broke in. "Let me go with you, Mr Chance."

"No, you'll have just enough to hold this place. Don't any of you try to be a hero. Just do what Lefors tells you and try to get some work done."

He tied a carbine on the saddle, stuffed his coat pockets with bullets and a slab of hot bread, and set off toward Monday Creek in a lope.

The long-legged dun was a magnificent horse. Chance would urge him into a lope, let him pick his own footing, and feel him tiring at the end of

Spuren lesen wie ein Buch. Wahrscheinlich wissen sie sofort, wohin er unterwegs ist.»

«Wie weit Winters wohl ist? Den Brazos müßte er mittlerweile schon hinter sich haben.»

«Trotzdem, es ist noch ein ganzes Stück. Diese Teufel werden sich bis in Sichtweite des Forts wagen, wenn es sich für sie lohnt. Wir haben heute Mond. Sie können bestimmt im Mondlicht den Spuren folgen, und morgen haben sie ihn dann... wenn sie keine Rast einlegen. Verdammt, warum habe ich Prescotts Jungen mitgeschickt?»

Er ging hinunter und machte den Hengst Bullet los, sattelte ihn und führte ihn zum Feuer hinauf, wo die Männer eben zu essen begannen. Die frühe Winterdunkelheit senkte sich schon herab. «Lefors, haben Sie irgendwelchen Alkohol bei sich?»

«Nein, hab ich nicht, Chance.»

«Ich will verdammt noch mal die Wahrheit wissen, Lefors. Haben Sie irgendwelchen Alkohol bei sich?»

«Verflixt, nein! Das ist die Wahrheit.»

«Gut, dann sind Sie für die Verteidigung des Camp verantwortlich. Sie wissen, was Sie zu tun haben. Ich erwarte von allen, daß sie Ihre Anweisungen in Sachen Wachdienst und dergleichen befolgen.

Norton, Sie beaufsichtigen die Arbeit. Holen Sie uns noch ein paar Büffelhäute. Wenn einer Zeit übrig hat, lassen Sie den Wagen richten. Ich schaue, daß ich Winters einhole. In einer Woche bin ich zurück, vielleicht auch eher.»

Ike sagte: «Nehmen Sie mich mit, Mr Chance.»

«Nein, ihr seid gerade genug, hier die Stellung zu halten. Daß mir keiner versucht, den Helden zu spielen. Tut nur, was Lefors sagt, und seht zu, daß ihr was geschafft kriegt.»

Er machte einen Karabiner am Sattel fest, stopfte sich Munition und ein Stück frisches Brot in die Manteltaschen und ritt in leichtem Galopp in Richtung Monday Creek.

Der langbeinige Braune war ein hervorragendes Pferd. Chance trieb ihn zum Galopp an, ließ ihn sich selber den Pfad suchen, und wenn er ihn nach zwei Meilen müde wer-

two miles, then let him walk. When, after five minutes of walking, Chance would cluck and shake the reins along the dun's neck, the horse would jump back into his easy gallop as if he knew they had a long fast trip to make.

He followed the general course of the creek but on the other side from the course Winters had taken. Over there somewhere, three or four miles away, the Kiowas would be following the tracks. It was light enough. Or would they be so tired they would stop for the night? He wondered how closely they had guessed the age of the tracks. Probably pretty close. One thing, they had taken a beating today, would be frustrated, would be eager to overtake a lone wagon. The question came back to nag him: "Why did I let the Prescott kid go?"

Now and again in a fleeting moment he felt the loneliness of the clear winter night and his own puny size. The land was as big as the vast sky. The shadowed things and distant things on the earth were as mysterious as the empty spaces between heavenly bodies. Sky and land were one limitless enigma that he traveled in. But such occasional impression was always pushed back by the prodding of his purpose. He sensed the traveling of others in the loneliness, the Kiowas and their thoughts, their intentions, the cranky old man, the green boy. And constantly he felt the rapport with the horse that surged under him.

Bullet would slow as if asking "Which way here?" and a touch of the rein on the side of the neck would send him down a slope or along a ridge, guided, but finding his own way.

Sometime after midnight they came to the Brazos. They picked their way down to the water's edge, and Chance let him walk along the light-colored sand. The water gave no clew to a crossing; it was a dark movement with sparkles of moonlight,

den fühlte, ließ er ihn im Schritt gehen. Wenn er dann nach fünf Minuten im Schritt mit der Zunge schnalzte und mit den Zügeln den Hals des Braunen berührte, fiel der wieder in seinen lockeren Galopp, als wüßte er, daß sie einen langen und eiligen Weg vor sich hatten.

Chance folgte im wesentlichen dem Flußlauf, aber am anderen Ufer, nicht an dem, das Winters entlanggefahren war. Irgendwo da drüben folgten wohl die Kiowa den Spuren. Hell genug war es. Oder waren sie so müde, daß sie die Nacht über rasteten? Chance fragte sich, wie genau sie das Alter der Spuren ermittelt hatten. Wohl ziemlich genau. Zudem hatten sie heute eine Niederlage einstecken müssen; sie waren bestimmt verbittert, erpicht darauf, einen einzelnen Wagen einzuholen. Quälend kam ihm wieder die Frage: «Wie konnte ich den Prescott-Jungen mitfahren lassen?»

Ab und zu wurde er sich einen flüchtigen Augenblick lang der Einsamkeit der klaren Winternacht und seiner eigenen Winzigkeit bewußt. Das Land war so endlos wie der Himmel. Was hier unten durch Schatten und Ferne verhüllt war, schien nicht weniger rätselhaft als der leere Raum zwischen den Himmelskörpern. Himmel und Land waren eine einzige geheimnisvolle Weite, durch die er sich vorwärts bewegte. Aber solche Eindrücke wurden immer gleich wieder durch die Erinnerung an seine Aufgabe verdrängt. Er spürte die Gegenwart all der anderen, die unterwegs waren in der Einsamkeit – die Kiowa mit ihren Gedanken und Absichten, der bärbeißige alte Mann, der grüne Junge. Und die ganze Zeit über fühlte er die Übereinstimmung mit dem Pferd, dessen Rücken sich unter ihm hob und senkte.

Manchmal wurde Bullet langsamer, wie um zu fragen: «Wohin jetzt?», und ein leichter Zügelschlag gegen den Hals lenkte ihn einen Abhang hinab, einen Hügelkamm entlang; die Richtung bekam er vorgegeben, den Weg fand er selbst.

Irgendwann nach Mitternacht erreichten sie den Brazos. Sie suchten sich einen Weg zum Wasser hinunter, und Chance ließ den Hengst auf dem hellen Sand gehen. Nichts deutete auf eine Furt hin; das Wasser war ein dunkles Strömen, mit Tupfern von Mondlicht darauf und von ungewisser

uncertain in depth. He could see only shadows across at the other shore. He nudged the horse toward it, then took the pressure off; repeated it. He spoke aloud to the horse. "We've got to get across, Bullet. What do you say?"

After fifteen minutes the horse suddenly turned back downstream a few yards and stepped into the water. The film of ice in the shallows crunched under his hoofs. He splashed forward.

Chance had concentrated his attention on finding a place where the horse would willingly take the river. Now he questioned himself for his trust in the horse. Had he been too hasty? The river was down, but he had no idea about this crossing. Maybe he should turn back and build a fire — wait till morning. But the Kiowas following Winters would have a shallow crossing. Probably he should have taken off his clothes, but that, too, would be a gamble. It was go ahead or turn back, and no good way to tell. Bullet seemed to have decided it could be done.

The water was no more than a few inches deep for two hundred feet, then the bottom sloped down. Bullet picked his way as if on rocks. The water rose. Chance felt it splashing up as high as his knees, and as it penetrated the layers of his clothing it was searing cold. Droplets that struck his face stung like blowing sleet.

For long minutes the horse pushed through the black liquid, slowing now and again to explore for footing. With relief, Chance felt them finally pulling up out of the channel. There was no swimming water. When Bullet struck sand footing, he burst into a run through the shallows.

Chance dismounted on the dry sand. His legs ached with the cold, but he was relieved to feel with his feet on the ground that his boots were not sloshing with water. He led the horse up the bank

Tiefe. Drüben am anderen Ufer konnte Chance nur Schatten ausmachen. Er gab dem Pferd einen leichten Stups in Richtung Fluß, nahm den Druck wieder weg, wiederholte die Bewegung. Er sprach laut mit dem Pferd. «Wir müssen auf die andere Seite kommen, Bullet. Was meinst du?»

Nach fünfzehn Minuten wandte sich der Hengst plötzlich wieder ein paar Schritte stromabwärts und ging in den Fluß. Die dünne Eisschicht auf dem Flachwasser zerbarst unter seinen Hufen. Spritzend arbeitete er sich vorwärts.

Chance hatte alle Aufmerksamkeit darauf gerichtet, eine Stelle zu finden, an der das Pferd willig ins Wasser ginge. Jetzt schien ihm sein Vertrauen in das Tier mit einemmal unbedacht. Hatte er voreilig gehandelt? Der Fluß führte wenig Wasser, aber Chance hatte seine Zweifel, ob man hier durchkam. Vielleicht sollte er umkehren und ein Feuer machen – warten, bis es hell wurde. Aber die Kiowa auf Winters' Spuren würden eine seichte Furt vorfinden. Wahrscheinlich hätte er seine Kleider ausziehen sollen, aber auch das war ein Wagnis. Es hieß jetzt entweder vorwärtsgehen oder zurückreiten – wie entschied er richtig? Bullet schien beschlossen zu haben, daß es zu machen war.

Die ersten fünfzig, sechzig Meter war das Wasser nur knöcheltief, dann fiel der Grund ab. Bullet setzte die Hufe so behutsam, als liefe er auf Steinen. Das Wasser stieg. Chance fühlte es bis zu seinen Knien heraufspritzen; es war schneidend kalt, als es durch die Schichten seiner Kleidung drang. Einzelne Tröpfchen trafen ihn ins Gesicht; sie brannten wie schräg peitschende Hagelkörner.

Lange Minuten schob sich das Pferd durch die flüssige Schwärze, dann und wann verhaltend, um festen Stand zu finden. Erleichtert merkte Chance schließlich, daß sie die Stromrinne hinter sich ließen. Schwimmen mußten sie an keiner Stelle. Als Bullet Sand unter den Hufen hatte, galoppierte er durch das seichte Wasser.

Auf dem trocknen Sand stieg Chance ab. Seine Beine schmerzten vor Kälte, aber jetzt, wo er wieder stand, stellte er aufatmend fest, daß in seinen Stiefeln kein Wasser schwappte. Er führte das Pferd auf einem halb überwucher-

along a broken path. Evidently they had struck an old buffalo crossing. Bullet was stumbling, suddenly clumsy. Chance took off bis coat and briskly rubbed the horse's legs. Chance shook so that he could hardly control himself enough to get the coat back on and buttoned.

He led the horse for an hour out through the river timber and into the open country. As he mounted, he said, "Bullet, old fellow, if those redskin devils are ahead of us, they've got the best horses on earth."

It was noon when he caught the freight wagon. Winters and Andy had enjoyed a peaceful journey. The boy became excited on hearing about the fight and disappointed that he had missed it.

"If you stick with this hide hunting, you'll see more Indians than you want to see," Chance told him.

He unsaddled the horse and, during the brief stop for lunch, fed him a half gallon of the oats Winters was carrying. He tied him behind the heavy wagon, then climbed inside to find a bed for himself. His position was cramped and the ride was rough, but he became warm for the first time since he had got wet and, feeling somewhat guilty that Bullet must keep walking, fell asleep.

That evening they watered the stock in a creek and filled their water keg, then pushed on out to open ground for night camp. They split the night into three guards, Chance taking the last. Since the moon would go down, leaving an hour of blackness before dawn, during which time a guard would be unable to see any distance, he planned to break camp early and be on the move in that dangerous time.

It was between three and four o'clock in the morning that he prodded the oxen from their bed

ten Pfad die Uferböschung hinauf. Offenbar waren sie auf eine ehemalige Büffelfurt gestoßen. Bullet stolperte dahin, plötzlich unsicher. Chance zog den Mantel aus und rieb dem Pferd kräftig die Beine ab. Er selbst zitterte so, daß er kaum in der Lage war, den Mantel wieder anzuziehen und zuzuknöpfen.

Er brauchte eine Stunde, um das Pferd durch das Ufergehölz ins freie Land hinauszuführen. Als er zuletzt aufsaß, sagte er: «Bullet, alter Knabe, wenn diese verflixten Rothäute schneller waren als wir, dann haben sie die besten Pferde der Welt.»

Es war Mittag, als er den Transportwagen erreichte. Winters und Andy hatten eine ruhige Fahrt hinter sich. Der Junge wurde ganz aufgeregt, als er von dem Kampf erfuhr, und bedauerte sehr, ihn verpaßt zu haben.

«Wenn du bei der Büffeljagd bleibst, wirst du mehr Indianer zu sehen bekommen, als dir lieb ist», tröstete ihn Chance.

Er sattelte das Pferd ab und gab ihm bei der kurzen Mittagsrast eine halbe Gallone von dem Hafer, den Winters dabei hatte. Dann band er ihn hinten an den schweren Wagen und kletterte selbst hinein, um sich ein Lager zu suchen. Er lag beengt, und die Fahrt war holprig, aber zum erstenmal, seit er im Wasser gewesen war, wurde er warm, und unter leisen Gewissensbissen, daß Bullet immer noch weiterlaufen mußte, schlief er ein.

Am Abend ließen sie die Tiere an einem Flüßchen trinken und füllten ihr Wasserfaß, bevor sie auf offenes Gelände hinausfuhren, um dort ihr Nachtlager aufzuschlagen. Sie teilten die Nacht in drei Wachen auf, Chance übernahm die letzte. Da der Mond so untergehen würde, daß es vor Morgengrauen eine Stunde lang stockfinster war, so daß ein Wachposten nur die unmittelbare Umgebung sehen konnte, wollte er früh aufbrechen und zu dieser gefährlichen Zeit schon unterwegs sein.

Es war zwischen drei und vier Uhr morgens, als er die Ochsen von ihrem Lagerplatz hochtrieb und vor den Wagen

ground and put them to the wagon. He unhobbled Bullet and tied him behind. By the light of the sinking moon, he and the other two ate a cold breakfast and prepared to move. When they pulled out, all landmarks had faded and they set their course by the stars.

Chance and the youngster walked, Winters perched atop the front bale of hides. The rattle of the yoke chains, the thump of wheels over bunch grass, and the creak of the wooden joints in the wagon hid any distant sounds. Chance, beside the team, became aware that Bullet was jerking at his lead rope. The horse neighed.

Chance yelled, "Hold up, Winters!" and ran to the lead oxen to stop them, so that he could hear.

Then close around them the air was rent with screams and rushing movements and the blast of guns. Out of nowhere they were attacked by a force that was attempting to appear overwhelming. Chance sprinted toward the rear of the wagon, toward the source of the biggest commotion, cocking his hand gun.

He threw himself on his belly, hunting a target against the night sky. He fired at a moving form, rolled from the tell-tale flash, and fired again.

The attackers had stopped firing. Evidently they had exhausted the loads in their single-shot rifles. Now, between their yells and the pound of their horses' hoofs, could be heard the swish of feathered arrows, some of which slammed into the wagon boards like thrown rocks.

Against the sky he saw a tall mounted form charging straight in. He fired up at point-blank range and saw the Indian topple.

Winters was shooting and cursing. Andy's hand gun was sounding from the other side of the wagon. Chance yelled, "Let 'em have it, boy!" His own gun snapped on an empty cylinder.

spannte. Er nahm Bullet die Fußfesseln ab und band ihn hinten fest. Im Licht des sinkenden Mondes aßen er und die beiden anderen ein kaltes Frühstück und bereiteten den Aufbruch vor. Als sie anfuhren, war die Landschaft ringsum verschwunden, und sie ließen sich von den Sternen leiten.

Chance und der Junge gingen zu Fuß, Winters saß oben auf dem vordersten Ballen Felle. Das Rasseln der Jochketten, das Poltern der Räder über Büscheln von Bartgras und das Ächzen der hölzernen Wagengelenke übertönten alle weiter entfernten Geräusche. Chance, der neben den Ochsen herging, merkte plötzlich, daß Bullet an seinem Strick zerrte. Das Pferd wieherte.

«Stehenbleiben, Winters!» schrie er, rannte zu den Leitochsen vor und hielt sie an, um besser hören zu können.

Da zerrissen mit einemmal Schreie die Luft dicht um sie herum, hastende Bewegung, Büchsenknallen. Aus dem Nirgendwo wurden sie angegriffen, von einer Macht, die sich überwältigend zu geben versuchte. Chance hastete in Richtung Wagenende, wo das Getümmel am größten schien, und spannte im Laufen den Hahn seines Revolvers.

Er warf sich auf den Bauch, versuchte gegen den Nachthimmel ein Ziel auszumachen. Er feuerte auf eine sich bewegende Gestalt, rollte sich weg von dem verräterischen Blitz und feuerte wieder.

Die Angreifer hatten ihr Feuer eingestellt. Offenbar waren ihre einschüssigen Flinten jetzt leer. Zwischen ihren Schreien und dem Hufestampfen ihrer Pferde erklang nun das Zischen ihrer gefiederten Pfeile, von denen einige in die Wagenbretter fuhren mit einem Knallen wie von geschleuderten Steinen.

Gegen den Himmel sah er eine hohe Gestalt zu Pferd direkt heransprengen. Er feuerte aus nächster Nähe, und der Indianer fiel.

Winters schoß und fluchte dabei. Von der anderen Seite des Wagens war Andys Revolver zu hören. «Gib's ihnen, Junge!» brüllte Chance. Seine eigene Waffe klickte über einer leeren Trommel.

He rose and found the rear of the wagon with his hands, began to clamber up the tailgate to find the loaded Winchester he had stashed there. A blow like a swinging fist struck him in the center of the back. He caught himself and climbed on to get the rifle. An arrow had penetrated the layers of clothing on his back. It ground into his flesh as he moved.

As he went back to the ground his hand brushed the rope that led from the rocking wagon to his saddle horse, and he realized that Bullet was down.

On his belly again, he searched for targets, fired at a dim movement, levered in another cartridge, fired again. The Indians were drawing back. Dawn was lighting the eastern sky faintly.

Winters called, "Chance, the bastards got my near wheeler! Are you all right?"

"Yeah. You all right, Andy?"

"Yes, sir, I think so."

A savage wailing song rose out in the darkness a hundred yards away, a kind of chant of guttural sounds, monotonous and sad. One of the Indians had crawled as far away as he could go and was making his peace with death. To this accompaniment the winter daylight crept over the landscape.

The first object that came clear to Chance was the horse Bullet sprawled motionless on his side, his neck twisted out over one front leg, four arrows embedded in him, any one of which might have been fatal. Chance stood over the horse. "The dirty devils! The filthy, dirty devils!" Unconscious of any human ears within hearing, he talked to himself and per haps to the horse. "Best horse I ever had! Every great horse I get, they steal him or kill him! I ought to go on a few murdering raids myself!" He pitied the singing, dying Indian out there and understood him and hated him all at once.

Er stand auf und tastete sich zum hinteren Ende des Wagens hin, begann die Ladeklappe emporzuklettern, um die geladene Winchester zu finden, die er dort liegen hatte. Ein Stoß wie von einer mit Wucht zuschlagenden Faust traf ihn in die Mitte des Rückens. Er fing sich wieder und kroch weiter, um die Büchse zu holen. Ein Pfeil war ihm durch die Kleiderschichten in den Rücken gedrungen. Er bohrte sich bei jeder Bewegung tiefer ins Fleisch.

Beim Hinuntersteigen streifte seine Hand das Seil, das von dem schaukelnden Wagen zu seinem Pferd führte, und er merkte, daß Bullet nicht mehr stand.

Dann warf er sich erneut nieder, suchte nach Zielen, schoß auf eine vermeinte Bewegung, schob die nächste Patrone in den Lauf, schoß erneut. Die Indianer zogen sich zurück. Die Dämmerung erhellte schwach den östlichen Himmel.

Winters rief: «Chance, die Dreckskerle haben meine beiden Deichselochsen erwischt. Bei Ihnen alles in Ordnung?»

«Ja. Und bei dir, Andy?»

«Doch, Sir, ich glaube schon.»

Ein wildes klagendes Singen stieg hundert Meter entfernt aus dem Dunkel auf, eine Art Litanei von kehligen Lauten, traurig und monoton. Einer der Indianer war so weit weggekrochen, wie ihm möglich war, und schloß seinen Frieden mit dem Tod. Zu dieser Begleitmusik kroch die winterliche Morgenhelle über die Landschaft.

Das erste, was Chance ausmachen konnte, war das Pferd Bullet, ein reglos auf die Seite gestreckter Haufen; der Hals lag verdreht über dem einen Vorderbein, in seinem Körper steckten vier Pfeile, von denen jeder tödlich gewesen sein mochte. Chance stand über dem Pferd. «Die dreckigen Teufel! Diese gemeinen, dreckigen Teufel!» Er sprach zu sich selbst, vielleicht auch zu dem Pferd, sich keiner menschlichen Ohren in Hörweite bewußt. «Das beste Pferd, das ich je hatte! Jedesmal, wenn ich ein gutes Pferd habe, wird es gestohlen oder totgeschossen! Bald geh ich selber auf ein paar Mordzüge!» Er hatte Mitleid mit dem singenden, sterbenden Indianer dort drüben, verstand ihn und haßte ihn, alles zugleich.

He went forward to the ox team. Two were down.

"You want to give me a hand, Winters? I think we better move as soon as we can make up a team here."

"I can't move my God-damned leg, Chance."

"What? I thought you were all right."

"I ain't dead, but them bastards sure got me good."

"Bleeding much?"

"Not too much."

He could see the Indians now, seven mounted out there in the distance, holding a powwow, two motionless nearby, the other kneeling a hundred yards away, still moaning. Two Indian horses were dead and one free.

He got the boy to help him with the oxen. The youngster suddenly drew back, visibly shaken. "Mr Chance, you got an arrow sticking out of your back!"

"I know it. It nicked me a little inside my clothes too. I wish you'd pull the thing out."

Andy took hold of it.

"Hey! Careful! Take hold easy and jerk straight out."

The thing was done and the boy held the shaft with a bare, bloody end. Chance said, "Feels like you left a tin can or something in there. Let's get these steers straightened out."

Winters' wound proved to be more serious. A jagged iron arrow head had sliced into the joint of his knee like a meat cleaver. His leg was bent at the joint and he could not stand for it to be straightened out or bent further. Chance split the leg of his trousers and underwear. The arrow head was buried, its shaft splintered off short. Chance used one of the old man's suspenders to make a tourniquet and shut off most of the bleeding.

He believed that he could reach the seven re-

nadelgewehr, das Winters im Wagen hatte, wohl auch erreicht, aber er entschied sich dagegen. Das Wichtigste war jetzt, zum Fort zu kommen. Er setzte sich so weit oben auf die Ladung wie nur möglich, um bessere Fernsicht zu haben, und trieb die acht Paar Ochsen an. Nach zwei Meilen sah er die Indianer, die an den Ort des Kampfes zurückgekehrt waren. Sie zerhieben einen der beiden toten Ochsen.

Der Tag brachte eine lange, mühselige Fahrt über die endlose Prärie. Winters stöhnte und fluchte bei jedem Holpern des Wagens. Chance brüllte die geduldig sich vorwärtsschleppenden Ochsen an. Die Schmerzen in seinem Rücken wurden so stark, daß er nicht mehr die Peitsche schwingen konnte. Er ließ sich von dem Jungen eine Fettholzgerte schneiden, mit der er auf die langsamen Tiere eindrosch.

Am späten Nachmittag schlängelte sich vor ihnen der Clear Fork, und in ein paar Meilen Entfernung waren auf einem gebieterisch aufragenden Hügel die weißen Steingebäude von Fort Griffin zu sehen, eine Reitstunde auf einem schnellen Pferd, ein langwieriges Dahingeruckel mit einem Transportwagen. Die Ladung abzuwerfen hätte ihre Fahrt nicht nennenswert beschleunigt.

Chance wandte sich nach Osten, stromabwärts. Er wollte über die Brücke an der Straße von Belknap nach Fort Griffin fahren. Winters stand kurz vor dem Delirium; er stöhnte und fluchte unablässig. Sie konnten nichts tun, um ihm Linderung zu verschaffen. Chance schob sich weiter voran durch die mondbeschienene Nacht.

Irgendwann am frühen Morgen überquerten sie die Brücke und erreichten die wuchernde, schmutzige, primitive Stadt unterhalb des Government Hill. Selbst zu so später Stunde war in den Vergnügungslokalen des Ortes noch voller Betrieb. Fünf Minuten nach ihrer Ankunft wurden Chance und Winters im Fuhrwerk eines Ranchers die lange, mit Bohlen befestigte Straße zum Krankenhaus des Forts hinaufgebracht.

Die Rückenverletzung machte Chance nur wenig zu schaffen, nachdem der Feldarzt ihm das Stück rostigen Stahls her-

and he never found it necessary to interrupt his own activity. When he went back to the buffalo camp, while it was still sore, Lefors and a few others who felt at liberty to joke with him would say, "Chance, you don't seem to put your back into your work like you used to," or, "Chance, why do you stand around at attention all the time? How come you don't bend over and help us?" Within three weeks he was bending over and working as hard as ever.

In March, he went back to the ranch to take Winters. The old man, on crutches, not yet able to get around on his new peg leg, fumed at his own clumsiness. Chance told him, "Be glad it was your right leg. You can still mount a horse."

"But how in the hell can I stay on the critter once I get him mounted?"

"You'll learn to. You've got a job working for me as long as you want it. You know that."

"Hell, it ain't that, Chance. I just hate for some of these young whippersnapper kids to get the idea they can do things I can't do."

Chance left him at the ranch to take up his old cooking duties.

He went back to the buffalo camp. The hide collecting was going well. The hauling was the problem. He made it a point to send two well-armed men in addition to the driver every time the freight wagon moved. To escape part of the hauling, he sold many hides out on the range to a dealer who did his own freighting and paid the poor price of a dollar a hide. The Fort Griffin price was a dollar and a half; even that was poor, a reflection of the general depression across the country.

The day before they were ready to go back to the ranch to start the spring roundup, he passed on horseback down through the valley where they had done most of their winter's hunting. The carcasses

ausgeschnitten hatte, und er sah keinen Grund, seine eigene Tätigkeit zu unterbrechen. Als er mit der noch nicht ganz verheilten Wunde ins Büffelcamp zurückkam, machten Lefors und ein paar andere, die sich bei ihm etwas herausnehmen konnten, Scherze wie: «Chance, kann es sein, daß Sie sich nicht mehr so reinknien wie früher?» oder: «Chance, warum stehen Sie eigentlich die ganze Zeit in Hab-acht-Stellung? Bücken Sie sich doch mal ein bißchen und packen Sie mit an!» Binnen drei Wochen bückte er sich wieder und arbeitete so hart wie eh und je.

Im März ging er auf die Ranch, um Winters zu holen. Der alte Mann, auf Krücken, noch nicht so recht beweglich mit seinem neuen Holzbein, tobte über seine eigene Unbeholfenheit. Chance redete ihm gut zu: «Seien Sie froh, daß es das rechte Bein ist. So kommen Sie noch aufs Pferd.»

«Aber wie zum Teufel soll ich mich auf dem Vieh halten, wenn ich mal oben bin?»

«Das lernen Sie schon. Sie können bei mir Arbeit haben, wann immer Sie wollen, das wissen Sie.»

«Verdammt, das ist es nicht, Chance. Ich will bloß nicht, daß irgend so ein naseweiser junger Hupfer sich einbildet, er kann Sachen, die ich nicht kann.»

Chance ließ ihn auf der Ranch, damit er dort seinen alten Dienst als Koch wieder aufnahm.

Er kehrte ins Büffelcamp zurück. Das Jagen und Abhäuten kam gut voran. Das Problem war der Transport. Er gab dem Fuhrmann jetzt auf jede Fahrt grundsätzlich zwei gutbewaffnete Männer mit.

Um sich einen Teil der Transporte zu sparen, verkaufte er viele Häute gleich vor Ort an einen Händler, der seine Ware selber verfrachtete und einen Spottpreis von einem Dollar pro Fell zahlte. In Fort Griffin betrug der Preis eineinhalb Dollar; auch das war dürftig, eine Folge der landesweiten Depression.

Einen Tag bevor sie den Rückweg zur Ranch antraten, um dort mit dem Frühjahrszusammentrieb zu beginnen, ritt Chance durch das Tal, in dem sie den größten Teil des Winters gejagt hatten. Die Kadaver lagen in Gruppen überall

were scattered in groups everywhere, black against the gray grass and the new light-green grass. They lay in various stages of putrefaction, with darkened flesh drawn tight over skeletons, deflated by buzzards and coyotes and other carrion hunters. The massive heads with the thick black hair seemed grotesquely large on the hairless, shrunken, emaciated bodies. The air was heavy with the smell of rotten meat, the stench increasing now with warm weather coming on.

It struck him as a grim business, but these few months' work, his first extensive hunt, paid him just over nine thousand dollars – not a great amount considering the men he had on the payroll, but enough to keep the ranch going.

He had occasion later that year, in the late fall, to pass again through the same valley. The grim aspect of it was still there, the smell fainter, like a breath out of an ancient grave. The carrion was no longer black; it was patches of bleaching bones with only strings of hair or dried flesh sticking on them. Where each buffalo had rotted, the grass grew taller, more lush, marking the spots, almost hiding the bones, thrusting up through the rib cages.

verstreut, schwarz gegen das graue Gras und das junge, hellgrüne Gras. Sie befanden sich in verschiedenen Stadien der Verwesung, mit dunkel angelaufenem Fleisch, das sich über den Gerippen spannte, zerfressen von Bussarden, Koyoten und anderen Aasfressern. Die mächtigen Schädel mit dem dicken schwarzen Pelz wirkten lächerlich groß über den haarlosen, eingefallenen, abgenagten Leibern. Die Luft war schwer vom Geruch verfaulenden Fleisches; der Gestank nahm jetzt, wo das Wetter wärmer wurde, noch zu.

Es erschien Chance doch ein grausames Handwerk, aber die Arbeit dieser wenigen Monate, seine erste ausgedehnte Jagd, brachte ihm etwas über neuntausend Dollar ein – keine großartige Summe in Anbetracht der Leute, die er davon entlohnen mußte, aber genug, um die Ranch in Betrieb zu halten.

Später im selben Jahr, im Spätherbst, führte sein Weg ihn zufällig noch einmal durch das Tal. Ein grausamer Anblick war es immer noch, aber der Geruch war nun schwächer, wie ein Hauch aus einem alten Grab. Das Aas war nicht mehr schwarz; nur Haufen bleichender Knochen lagen noch da, mit vereinzelten Haarsträhnen oder Fetzen getrockneten Fleisches daran. An den Stellen, an denen ein Büffel verrottet war, wuchs das Gras höher, üppiger, ein Merkzeichen; es verbarg fast die Knochen, so dicht drängte es zwischen den Rippen empor.

Walter Van Tilburg Clark
The Wind and the Snow of Winter

It was near sunset when Mike Braneen came onto the last pitch of the old wagon road which had let into Gold Rock from the east since the Comstock days. The road was just two ruts in the hard earth, with sagebrush growing between them, and was full of steep pitches and sharp turns. From the summit it descended even more steeply into Gold Rock in a series of short switchbacks down the stope of the canyon. There was a paved highway on the other side of the pass now, but Mike never used that. Cars coming from behind made him uneasy, so that he couldn't follow his own thoughts long, but had to keep turning around every few minutes, to see that his burro, Annie, was staying out on the shoulder of the road, where she would be safe. Mike didn't like cars anyway, and on the old road he could forget about them, and feel more like himself. He could forget about Annie too, except when the light, quick tapping of her hoofs behind him stopped. Even then he didn't really break his thoughts. It was more as if the tapping were another sound from his own inner machinery, and when it stopped, he stopped too, and turned around to see what she was doing. When he began to walk ahead again at the same slow, unvarying pace, his arms scarcely swinging at all, his body bent a little forward from the waist, he would not be aware that there had been any interruption of the memory or the story that was going on in his head. Mike did not like to have his stories interrupted except by an idea of his own, something to do with prospecting, or the arrival of his story at an actual memory which warmed him to closer recollection or led into a new and more attractive story.

An intense, golden light, almost liquid, fanned out from the peaks above him and reached eastward

Walter Van Tilburg Clark
Winterwind und Winterschnee

Es war kurz vor Sonnenuntergang, als Mike Braneen das letzte Steilstück der alten Wagenstraße erreichte, die seit den Comstocktagen von Osten nach Gold Rock hineinführte. Die Straße war nichts weiter als zwei Furchen im harten Boden, zwischen denen Beifuß wucherte, und sie war voll abschüssiger Stellen und scharfer Kurven. Von der Paßhöhe nach Gold Rock hinunter wurde sie sogar noch steiler und ging in vielen kurzen Kehren den Hang des Cañon hinab. Auf dieser Seite des Passes gab es inzwischen eine asphaltierte Straße, aber die benutzte Mike nie. Von hinten kommende Autos machten ihn nervös, so daß er nie lange seinen Gedanken nachhängen konnte, sondern sich alle paar Minuten umdrehen mußte, um sich zu vergewissern, daß seine Packeselin Annie auf dem sicheren Bankett blieb. Mike mochte überhaupt keine Autos, und auf der alten Straße konnte er sie vergessen, konnte mehr das Gefühl haben, er selber zu sein. Er konnte sogar Annie vergessen, außer wenn das leichte, schnelle Klappern ihrer Hufe hinter ihm aussetzte. Auch dann unterbrach er seine Gedanken nicht wirklich. Es war mehr so, als gehöre das Klappern zu den Geräuschen seiner eigenen inneren Maschinerie, und wenn es anhielt, hielt auch er an und schaute zurück, um zu sehen, was Annie machte. Wenn er dann im gleichen langsamen, unbeirrbaren Schritt weiterging, in der Taille ein wenig vorgebeugt, fast ohne jedes Armeschwingen, war er sich keiner Unterbrechung in der Erinnerung oder der Geschichte bewußt, die ihm gerade durch den Kopf ging. Mike mochte keine Unterbrechungen bei seinen Geschichten, außer es waren eigene Gedanken, etwas, das mit der Goldsucherei zu tun hatte, oder seine Geschichte mündete in eine tatsächliche Erinnerung, die ihn lockte, sich alles nochmals genauer vor die Augen zu führen, oder den Auftakt zu einer neuen, noch reizvolleren Geschichte bildete.

Ein starkes, goldenes, beinahe flüssiges Licht kam von den Gipfeln über ihm und spannte seinen Fächer unter dem

under the gray sky, and the snow which occasionally swarmed across this light was fine and dry. Such little squalls had been going on all day, and still there was nothing like real snow down, but only a fine powder which the wind swept along until it caught under the brush, leaving the ground bare. Yet Mike Braneen was not deceived. This was not just a flurrying day; it was the beginning of winter. If not tonight, then tomorrow, or the next day, the snow would begin which shut off the mountains, so that a man might as well be on a great plain for all he could see, perhaps even the snow which blinded a man at once and blanketed the desert in an hour. Fifty-two years in this country had made Mike Braneen sure about such things, although he didn't give much thought to them, but only to what he had to do because of them. Three nights before, he had been awakened by a change in the wind. It was no longer a wind born in the near mountains, cold with night and altitude, but a wind from far places, full of a damp chill which got through his blankets and into his bones. The stars had still been clear and close above the d ark humps of the mountains, and overhead the constellations had moved slowly in full panoply, unbroken by any invisible lower darkness; yet he had lain there half awake for a few minutes, hearing the new wind beat the brush around him, hearing Annie stirring restlessly and thumping in her hobble. He had thought drowsily, Smells like winter this time, and then, it's held off a long time this year, pretty near the end of December. Then he had gone back to sleep, mildly happy because the change meant he would be going back to Gold Rock. Gold Rock was the other half of Mike Braneen's life. When the smell of winter came, he always started back for Gold Rock. From March or April until the smell of winter, he wandered slowly about among the mountains, anywhere be-

grauen Himmel ostwärts; der Schnee, der dann und wann durch dieses Licht flirrte, war fein und trocken. Solch kleines Gestöber wehte schon den ganzen Tag, und immer noch war kein richtiger Schnee gefallen, nur feiner Puder, den der Wind vor sich her trieb, bis er sich unter dem Beifuß fing; der Boden blieb frei. Aber Mike Braneen ließ sich nicht täuschen. Das hier war nicht einfach ein durchwachsener Tag, es war der Anfang des Winters. Nicht unbedingt heute abend, aber morgen oder spätestens übermorgen würde ein Schneetreiben einsetzen, das die Sicht auf die Berge abschnitt, bis man sich fast in der Prärie wähnte – vielleicht sogar ein Schneesturm, der einen gleich blind machte und die Wüste binnen einer Stunde zudeckte. Zweiundfünfzig Jahre in dieser Gegend hatten Mike Braneen ein sicheres Gespür für solche Dinge entwickeln lassen, obwohl er kaum einen Gedanken an sie verschwendete, sondern nur an das dachte, was er selber als Folge zu tun hatte. Drei Nächte zuvor war er wach geworden, weil der Wind plötzlich anders wehte. Es war nicht mehr ein Wind aus den nahen Bergen, eisig von der Nacht und der Höhe, sondern ein Wind aus weiten Fernen mit einer feuchten Kälte darin, die ihm durch die Decken hindurch in die Knochen gedrungen war. Die Sterne hatten immer noch klar und nah über den dunklen Buckeln der Berge geschienen; über ihm waren in vollem Glanz die Sternbilder gewandert, von keinem unsichtbaren, tiefer lagernden Dunkel getrübt, und doch hatte er einige Minuten halbwach dagelegen, hatte den neuen Wind das Gestrüpp ringsum zausen hören, hatte Annie gehört, die sich unruhig bewegte und mit den gefesselten Vorderläufen stampfte. Riecht nach Winter, hatte er schläfrig gedacht, und dann: Hat sich Zeit gelassen dies Jahr, fast Ende Dezember ist es schon. Dann war er wieder eingeschlafen, mit einem kleinen Glücksgefühl, weil der Wetterwechsel bedeutete, daß er sich auf den Weg zurück nach Gold Rock machen würde. Gold Rock war die andere Hälfte von Mike Braneens Leben. Immer wenn es nach Winter zu riechen begann, kehrte er nach Gold Rock zurück. Von März oder April bis zum ersten Wintergeruch zog er langsam durchs Gebirge, überall

tween the White Pines and the Virginias, with only his burro for company. Then there would come the change, and they would head back for Gold Rock.

Mike had traveled with a good many burros during that time, eighteen or twenty, he thought, although he was not sure. He could not remember them all, but only those he had had first, when he was a young man and always thought most about seeing women when he got back to Gold Rock, or those with something queer about them, like Baldy, who'd had a great, pale patch, like a bald spot, on one side of his belly, or those who'd had something queer happen to them, like Maria. He could remember just how it had been that night. He could remember it as if it were last night. It had been in Hamilton. He had felt unhappy, because he could remember Hamilton when the whole hollow was full of people and buildings, and everything was new and active. He had gone to sleep in the hollow shell of the Wells Fargo Building, hearing an old iron shutter banging against the wall in the wind. In the morning, Maria had been gone. He had followed the scuffing track she made on account of her loose hobble, and it had led far up the old snow-gullied road to Treasure Hill, and then ended at one of the black shafts that opened like mouths right at the edge of the road. A man remembered a thing like that. There weren't many burros that foolish. But burros with nothing particular about them were hard to remember – especially those he'd had in the last twenty years or so, when he had gradually stopped feeling so personal about them, and had begun to call all the jennies Annie and all the burros Jack.

The clicking of the little hoofs behind him stopped, and Mike stopped too, and turned around. Annie was pulling at a line of yellow grass along the edge of the road.

"Come on, Maria," Mike said patiently. The bur-

zwischen den White Pines und Virginia, nur von seinem Packesel begleitet. Und dann schlug das Wetter eines Tages um, und sie machten sich auf nach Gold Rock.

Mike war mit einer Menge Eseln unterwegs gewesen in diesen Jahren, achtzehn oder zwanzig, glaubte er, obwohl er nicht ganz sicher war. Er erinnerte sich nicht mehr an alle seine Esel, nur an die ersten, damals, als er ein junger Mann war und immer nur Frauen im Kopf hatte bei der Rückkehr nach Gold Rock, und an die Tiere mit einem besonderen Merkmal, wie Baldy, der auf einer Seite einen großen hellen Flecken am Bauch gehabt hatte, fast wie eine kahle Stelle, oder an die, mit denen etwas Ungewöhnliches passiert war, wie Maria. Er wußte noch genau, wie das damals gewesen war. Er wußte es, wie wenn es gestern nacht gewesen wäre. Es war in Hamilton. Er war deprimiert gewesen, weil er Hamilton noch aus den Tagen kannte, als das ganze Tal voll von Menschen und Häusern war – alles neu und im Aufbruch begriffen.

Er hatte sich im leeren Gemäuer des Wells Fargo Building schlafen gelegt, das Klappern eines alten eisernen Fensterladens im Ohr, der im Sturm gegen die Wand schlug. Am Morgen war Maria verschwunden. Er folgte der Schlurfspur, die sie mit ihren lockeren Fußfesseln gemacht hatte; sie führte weit die alte, vom Schnee ausgewaschene Straße zum Treasure Hill hinauf und brach dann an einem der schwarzen Schächte ab, die wie offene Mäuler am Straßenrand klafften. So etwas merkte man sich. Dermaßen blöde Esel gab es nicht oft. Aber wenn nichts Auffälliges an ihnen war, ließen sie sich schwer auseinanderhalten – vor allem die aus den letzten zwanzig Jahren, seit er nicht mehr zu jedem einzelnen Tier eine so persönliche Beziehung hatte und dazu übergegangen war, alle Stuten Annie zu nennen und alle Hengste Jack.

Das Ticken der kleinen Hufe hinter Mike verstummte, und so blieb er ebenfalls stehen und drehte sich um. Annie rupfte an einem Streifen gelben Grases am Straßenrand herum.

«Komm weiter, Maria», sagte Mike geduldig. Die Eselin

ro at once stopped pulling at the dead grass and came on up towards him, her small black nose working, the ends of the grass standing out on each side of it like whiskers. Mike began to climb again, ahead of her.

It was a long time since he had been caught by a winter, too. He could not remember how long. All the beginnings ran together in his mind, as if they were all the beginning of one winter so far back that he had almost forgotten it. He could still remember clearly, though, the winter he had stayed out on purpose, clear into January. He had been a young man then, thirty-five or forty or forty-five, somewhere in there. He would have to stop and try to bring back a whole string of memories about what had happened just before, in order to remember just how old he had been, and it wasn't worth the trouble. Besides, sometimes even that system didn't work. It would lead him into an old camp where he had been a number of times, and the dates would get mixed up. It was impossible to remember any other way; because all his comings and goings had been so much alike. He had been young, anyhow, and not much afraid of anything except running out of water in the wrong place; not even afraid of the winter. He had stayed out because he'd thought he had a good thing, and he had wanted to prove it. He could remember how it felt to be out in the clear winter weather on the mountains; the piñon trees and the junipers weighted down with feathery snow, and making sharp, blue shadows on the white slopes. The hills had made blue shadows on one another too, and in the still air his pick had made the beginning of a sound like a bell's. He knew he had been young, because he could remember taking a day off now and then, just to go tramping around those hills, up and down the white and through the blue shadows, on a kind of holiday. He

hörte sofort auf, an dem dürren Gras zu zupfen, und kam zu ihm. Ihre kleine schwarze Schnauze hatte zu arbeiten, die Enden der Gräser standen an den Seiten heraus wie Schnurrhaare. Mike begann wieder bergauf zu gehen, vor ihr her.

Es war lange her, seit er zum letzten Mal vom Winter überrascht worden war. Er wußte gar nicht mehr, wie lange. Die vielen Winteranfänge verschmolzen in seiner Erinnerung miteinander, als wären sie alle der Anfang eines einzigen Winters in so ferner Vergangenheit, daß er ihn schon fast vergessen hatte. Ganz genau wußte er dagegen noch den Winter, als er mit Absicht draußen geblieben war bis weit in den Januar. Damals war er ein junger Mann gewesen, fünfunddreißig oder vierzig oder fünfundvierzig, etwas in dieser Gegend. Er hätte stehenbleiben und einen ganzen Strang von Erinnerungen an die Geschehnisse davor ausgraben müssen, um sein damaliges Alter genauer zu ermitteln, und das war der Mühe nicht wert. Außerdem versagte auch diese Methode manchmal; sie konnte ihn in irgendein altes Camp führen, wo er mehrere Male gewesen war, und dann gerieten die Daten völlig durcheinander. Und anders ließ sich die Erinnerung nicht zurückholen, weil all sein Hin und Her so ähnlich gewesen war. Auf jeden Fall war er jung gewesen und hatte vor nichts Angst gehabt außer davor, daß ihm am falschen Ort das Wasser ausgehen könnte; nicht einmal vor dem Winter hatte er Angst gehabt. Er war draußen geblieben, weil er glaubte, einer großen Sache auf der Spur zu sein; das hatte er beweisen wollen. Er wußte das Gefühl noch genau, dieses klare Winterwetter in den Bergen, die Pinienußbäume und Wacholdersträucher hatten sich unter dem Schnee gebogen und scharfe blaue Schatten auf die weißen Hänge gemalt. Auch die Hügel hatten einander blaue Schatten aufgemalt, und in der stillen Luft hatte der Schlag seines Pickels geklungen wie eine kleine Glocke. Er mußte jung gewesen sein, denn er erinnerte sich, daß er gelegentlich einen Tag freigenommen hatte, einfach um in den Bergen herumzustreifen, auf und ab im Weiß und durch die blauen Schatten, fast wie auf Urlaub. Seiner

had pretended to his common sense that he was seriously prospecting, and had carried his hammer, and even his drill along, but he had really just been gallivanting, playing colt. Maybe he had been even younger than thirty-five, though he could still be stirred a little, for that matter, by the memory of the kind of weather which had sent him gallivanting. High-blue weather, he called it. There were two kinds of high-blue weather, besides the winter kind, which didn't set him off very often, spring and fall. In the spring it would have a soft, puffy wind and soft, puffy white clouds which made separate shadows that traveled silently across hills that looked soft too. In the fall it would be still, and there would be no clouds at all in the blue, but there would be something in the golden air and the soft, steady sunlight on the mountains that made a man as uneasy as the spring blowing, though in a different way, more sad and not so excited. In the spring high-blue, a man had been likely to think about women he had slept with, or wanted to sleep with, or imaginary women made up with the help of newspaper pictures of actresses or young society matrons, or of the old off paintings in the Lucky Boy Saloon, which showed pale, almost naked women against dark, sumptuous backgrounds – women with long hair or braided hair, calm, virtuous faces, small hands and feet, and ponderous limbs, breasts, and buttocks. In the fall high-blue, though it had been much longer since he had seen a woman, or heard a woman's voice, he was more likely to think about old friends, men, or places he had heard about, or places he hadn't seen for a long time. He himself thought most often about Goldfield the way he had last seen it in the summer in 1912. That was as far south as Mike had ever been in Nevada. Since then he had never been south of Tonopah. When the high-blue weather was past, though, and the

Vernunft hatte er vorgemacht, daß er ernsthaft nach Gold suchte, er hatte seinen Hammer und sogar den Bohrer mitgeschleppt, aber in Wirklichkeit hatte er sich einfach nur herumgetrieben, übermütig wie ein Füllen. Vielleicht war er sogar jünger als fünfunddreißig gewesen, obwohl, bei der Erinnerung an das Wetter, das ihm damals so in die Glieder gefahren war, konnte sich auch heute noch etwas in ihm regen. Blitzblaues Wetter nannte er das. Es gab zwei Arten von blitzblauem Wetter, außer dem im Winter, das ihn nur selten unruhig werden ließ: das im Frühling und das im Herbst. Im Frühling kam es mit weichen, bauschigen Windstößen und weichen, bauschigen weißen Wolken, die säuberlich abgegrenzte Schatten warfen, Schatten, die lautlos über Hügel wanderten, die auch weich aussahen. Im Herbst war es dann still, ohne ein Wölkchen im Blau, aber es lag etwas in der goldenen Luft und dem weichen gleichmäßigen Sonnenlicht über den Bergen, das einen so rastlos machte wie das Frühlingswehen, wenn auch anders, trauriger und nicht so voller Erwartung.

Im Frühlings-Blitzblau dachte ein Mann an die Frauen, mit denen er geschlafen hatte oder schlafen wollte, oder an Phantasiefrauen nach Zeitungsphotos von Schauspielerinnen oder jungen Damen der Gesellschaft oder nach den alten Ölgemälden im Lucky Boy Saloon, auf denen bleiche, fast ganz nackte Frauen vor dunklen, überladenen Hintergründen zu sehen waren – Frauen mit offenem Haar oder Zöpfen, ruhigen, sittsamen Gesichtern, kleinen Händen und Füßen und mächtigen Gliedmaßen, Brüsten und Gesäßen. Das Herbst-Blitzblau – es war schließlich sehr lange her, daß er eine Frau gesehen oder eine Frauenstimme gehört hatte – ließ ihn eher an alte Freunde denken, an Männer, oder an Orte, von denen er gehört hatte, oder an Orte, wo er lange Zeit nicht mehr gewesen war. Am häufigsten dachte er an Goldfield, so wie er es das letzte Mal gesehen hatte, im Sommer 1912. Weiter im Süden war Mike in Nevada nie gewesen. Seither hatte er sich immer nördlich von Tonopah gehalten. Wenn aber das blitzblaue Wetter vorbei war und das Jahr auf den

season worked toward winter, he began to think about Gold Rock. There were only three or four winters out of the fifty-two when he hadn't gone home to Gold Rock, to his old room at Mrs Wright's, up on Fourth Street, and to his meals in the dining room at the International House, and to the Lucky Boy, where he could talk to Tom Connover and his other friends, and play cards, or have a drink to hold in his hand while he sat and remembered.

This journey had seemed a little different from most, though. It had started the same as usual, but as he had come across the two vast valleys, and through the pass in the low range between them, he hadn't felt quite the same. He'd felt younger and more awake, it seemed to him, and yet, in a way, older too, suddenly older. He had been sure that there was plenty of time, and yet he had been a little afraid of getting caught in the storm. He had kept looking ahead to see if the mountains on the horizon were still clearly outlined, or if they had been cut off by a lowering of the clouds. He had thought more than once, how bad it would be to get caught out there when the real snow began, and he had been disturbed by the first flakes. It had seemed hard to him to have to walk so far, too. He had kept thinking about distance. Also the snowy cold had searched out the regions of his body where old injuries had healed. He had taken off his left mitten a good many times, to blow on the fingers which had been frosted the year he was sixty-three, so that now it didn't take much cold to turn them white and stiffen them. The queer tingling, partly like an itch and partly like a pain, in the patch on his back that had been burned in that old powder blast, was sharper than he could remember its ever having been before. The rheumatism in his joints, which was so old a companion that it usually made him feel no more than tightknit and stiff, and the place

Winter zuging, begann er an Gold Rock zu denken. In diesen zweiundfünfzig Wintern hatte es nur drei oder vier gegeben, in denen er nicht heim nach Gold Rock gekommen war, zu seinem alten Zimmer bei Mrs Wright in der Vierten Straße, zu seinen Mahlzeiten im Speisesaal des International House und in den Lucky Boy Saloon, wo er mit Tom Connover und den anderen Freunden redete und Karten spielte oder einfach mit einem Drink in der Hand dasaß und an die alten Zeiten dachte.

Diesmal freilich war der Heimweg nicht ganz so gewesen wie früher. Begonnen hatte er wie immer, aber auf dem Weg durch die beiden weiten Täler und auf der Paßstraße über den niedrigen Gebirgszug zwischen ihnen hatte Mike sich anders gefühlt als sonst. Er hatte sich jünger und wacher gefühlt, schien ihm, und doch in gewisser Weise auch älter, mit einem Ruck älter. Er war sicher gewesen, daß die Zeit reichen würde, und trotzdem hatte er ein bißchen Angst gehabt, vom Sturm überrascht zu werden. Immer wieder hatte er nach vorn gespäht, ob die Berge am Horizont noch klar umrissen waren oder ob die Wolken sich gesenkt und ihm die Sicht genommen hatten. Mehr als einmal hatte er sich ausgemalt, wie schlimm es sein müßte, noch hier draußen zu sein, wenn es richtig zu schneien anfing, und die ersten Flocken hatten ihn beunruhigt. Auch die Vorstellung des weiten Fußmarsches hatte ihm zu schaffen gemacht. Er hatte immerzu an die Entfernung denken müssen. Außerdem hatte die Schneekälte die Stellen an seinem Körper aufgespürt, wo alte Verletzungen geheilt waren. Etliche Male hatte er den linken Fäustling ausgezogen, um die Finger anzuhauchen, die er sich mit dreiundsechzig erfroren hatte, so daß es jetzt keiner großen Kälte bedurfte, um sie weiß und steif werden zu lassen. Das seltsame Kribbeln, halb Jucken und halb Schmerz, an der Fläche am Rücken, die ihm diese Pulverexplosion damals verbrannt hatte, war stärker, als er es je erlebt zu haben glaubte. Der Rheumatismus in seinen Gelenken, ein so alter Gefährte, daß er sich davon normalerweise nur etwas eingerostet und steif fühlte, plagte ihn jetzt, und die Stelle am Bein, wo der Knochen gebrochen

where his leg had been broken and torn when that ladder broke in '97 ached, and had a pulse he could count. All this made him believe that he was walking more slowly than usual, although nothing, probably not even a deliberate attempt, could actually have changed his pace. Sometimes he even thought, with a moment of fear, that he was getting tired.

On the other hand, he felt unusually clear and strong in his mind. He remembered things with a clarity which was like living them again – nearly all of them events from many years back, from the time when he had been really active and fearless and every burro had had its own name. Some of these events, like the night he had spent in Eureka with the little, brown-haired whore, a night in the fall in 1888 or '89, somewhere in there, he had not once thought of for years. Now he could remember even her name. Armandy she had called herself: a funny name. They all picked names for their business, of course, romantic names like Cecily or Rosamunde or Belle or Claire, or hard names like Diamond Gert or Horseshoe Sal, or names that were pinned on them, like Indian Kate or Roman Mary, but Armandy was different.

He could remember Armandy as if he were with her now, not the way she had behaved in bed; he couldn't remember anything particular about that. In fact, he couldn't be sure that he remembered anything particular about that at all. There were others he could remember more clearly for the way they had behaved in bed, women he had been with more often. He had been with Armandy only that one night. He remembered little things about being with her, things that made it seem good to think of being with her again. Armandy had a room upstairs in a hotel. They could hear a piano playing in a club across the street. He could hear the tune, and it was one he knew, although he didn't know its name.

und die Sehne gerissen war, als '97 eine Leiter unter ihm nachgegeben hatte, schmerzte, und er konnte dort den Pulsschlag spüren. All das gab ihm das Gefühl, langsamer zu gehen als sonst, obwohl nichts, vielleicht nicht einmal eine bewußte Anstrengung, tatsächlich etwas an seinem Tempo hätte ändern können. Manchmal dachte er sogar in sekundenlanger Angst, er könnte am Ende müde werden.

Andererseits kam ihm sein Geist ungewöhnlich klar und scharf vor. Er erinnerte sich an manches mit einer Deutlichkeit, als geschähe es hier und jetzt – an fast alle Erlebnisse vor langen Jahren, aus den Tagen, als er noch unternehmungslustig und furchtlos gewesen war und jeder Esel seinen eigenen Namen gehabt hatte.

An einige dieser Erlebnisse, etwa an die Nacht in Eureka mit der kleinen braunhaarigen Dirne, eine Nacht im Herbst 1888 oder '89, irgendwann um die Zeit, hatte er jahrelang nicht mehr gedacht. Jetzt erinnerte er sich sogar an ihren Namen, Armandy hatte sie sich genannt: komischer Name. Sie legten sich natürlich alle irgendwelche Namen fürs Geschäft zu, romantische wie Cecily, Rosamunde, Belle oder Claire, deftige wie Diamond-Gert oder Horseshoe-Sal, oder sie bekamen Namen angehängt, wie Indianer-Kate oder Katholen-Mary, aber Armandy war anders.

Er erinnerte sich so klar an Armandy, als wäre er eben jetzt bei ihr. Nicht, wie sie im Bett gewesen war, davon war ihm nichts Auffälliges im Gedächtnis geblieben. Ja, er war sich nicht einmal sicher, ob ihm davon überhaupt etwas im Gedächtnis geblieben war. Es gab andere, da wußte er viel besser, wie sie sich im Bett verhalten hatten, Frauen, mit denen er öfter zusammen gewesen war. Mit Armandy hatte er nur diese eine Nacht verbracht. Er erinnerte sich an Kleinigkeiten aus dieser Nacht, Kleinigkeiten, die es verlockend erscheinen ließen, sich weitere Nächte mit ihr vorzustellen. Armandy hatte ein Zimmer im Obergeschoß eines Hotels. Aus einem Club auf der anderen Straßenseite hörten sie Klavierklimpern. Er konnte die Melodie ausmachen, und es war eine, die er kannte, aber er wußte den Namen

It was a gay tune that went on and on the same, but still it sounded sad when you heard it through the hotel window, with the lights from the bars and hotels shining on the street, and the people coming and going through the lights, and then, beyond the lights, the darkness where the mountains were. Armandy wore a white silk dress with a high waist and a locket on a gold chain. The dress made her look very brown and like a young girl. She used a white powder on her face, that smelled like violets, but this could not hide her brownness. The locket was heart-shaped, and it opened to show a cameo of a man's hand holding a woman's hand very gently, just their fingers laid out long together, and the thumbs holding the way they were sometimes on tombstones. There were two little gold initials on each hand, but Armandy would never tell what they stood for, or even if the locket was really her own. He stood in the window, looking down at the club from which the piano music was coming, and Armandy stood beside him, with her shoulders against his arm, and a glass of wine in her hand. He could see the toe of her white satin slipper showing from under the edge of her skirt. Her big hat, loaded with black and white plumes, lay on the dresser behind him. His own leather coat, with the sheepskin lining, lay across the foot of the bed. It was a big bed, with a knobby brass foot and head. There was one oil lamp burning in the chandelier in the middle of the room. Armandy was soft-spoken, gentle, and a little fearful, always looking at him to see what he was thinking. He stood with his arms folded. His arms felt big and strong upon his heavily muscled chest. He stood there, pretending to be in no hurry, but really thinking eagerly about what he would do with Armandy, who had something about her which tempted him to be cruel. He stood there, with his chin down into his heavy dark beard, and

nicht. Es war eine fröhliche Melodie, die endlos weiterging, immer gleich, aber wenn man sie so durch das Hotelfenster hörte, klang sie dennoch traurig – und dazu der Lichterglanz von Bars und Hotels unten auf der Straße, und all die Leute, die durch diese Lichter kamen und gingen, und jenseits der Lichter die Dunkelheit, da, wo die Berge waren. Armandy trug ein weißes Seidenkleid mit hochangesetzter Taille und ein Medaillon an einer Goldkette. In dem Kleid sah sie sehr braun aus und wie ein junges Mädchen. Sie hatte weißen Puder im Gesicht, der nach Veilchen roch, aber das konnte die Bräune nicht überdecken. Das Medaillon war herzförmig, und wenn man es öffnete, kam eine Kamee zum Vorschein, auf der eine Männerhand sehr sacht eine Frauenhand umfaßte, nur die Finger der Länge nach aneinandergelegt und die Daumen gebogen, so ähnlich wie manchmal auf Grabsteinen. Auf jeder Hand waren zwei kleine goldene Initialen, aber Armandy gab nicht preis, wofür sie standen, nicht einmal, ob das Medaillon wirklich ihr eigenes war. Er stand am Fenster und sah hinunter zu dem Club, aus dem die Klaviermusik kam, und Armandy stand neben ihm, ihre Schultern an seinen Arm gelehnt, ein Glas Wein in der Hand. Er sah den Zeh ihres weißen Satinpantoffels unter ihrem Rocksaum hervorspitzen. Ihr großer Hut mit einer Wolke schwarzer und weißer Federn darauf lag auf dem Frisiertisch hinter ihm. Sein eigener Ledermantel mit dem Schaffellfutter hing über dem Fußende des Bettes. Es war ein großes Bett mit einem Kopf- und Fußteil aus verschnörkeltem Messing.

  Eine einzige Öllampe brannte im Kronleuchter in der Mitte des Zimmers. Armandy hatte eine leise Stimme, sie war sanft und ein bißchen ängstlich und sah immer erst zu ihm hin, was er wohl dachte. Er stand mit gekreuzten Armen. Die Arme fühlten sich fest und stark an auf seiner muskelbepackten Brust. Er stand da, als hätte er keine Eile, aber in Wirklichkeit malte er sich ungeduldig aus, was er alles anstellen würde mit Armandy, die etwas an sich hatte, das Grausamkeit in ihm wachrief. Er stand da, das Kinn in seinen schweren dunklen Bart gedrückt, und

watched a man come riding down the middle of the street from the west. The horse was a fine black, which lifted its head and feet with pride. The man sat very straight, with a high rein, and something about his clothes and hat made him appear to be in uniform, although it wasn't a uniform he was wearing. The man also saluted friends upon the sidewalks like an officer, bending his head just slightly, and touching his hat instead of lifting it. Mike Braneen asked Armandy who the man was, and then felt angry because she could tell him, and because he was an important man who owned a mine that was in bonanza. He mocked the airs with which the man rode, and his princely greetings. He mocked the man cleverly, and Armandy laughed and repeated what he said, and made him drink a little of her wine as a reward. Mike had been drinking whisky, and he did not like wine anyway, but this was not the moment in which to refuse such an invitation.

Old Mike remembered all this, which had been completely forgotten for years. He could not remember what he and Armandy had said, but he remembered everything else, and he felt very lonesome for Armandy, and for the room with the red, figured carpet and the brass chandelier with oil lamps in it, and the open window with the long tune coming up through it, and the young summer night outside on the mountains. This loneliness was so much more intense than his familiar loneliness that it made him feel very young. Memories like this had come up again and again during these three days. It was like beginning life over again. It had tricked him into thinking, more than once, next summer I'll make the strike, and this time I'll put it into something safe for the rest of my life, and stop this fool wandering around while I've still got some time left – a way of thinking which he had really stopped a long time before.

beobachtete einen Mann, der von Westen kommend in der Straßenmitte daherritt. Das Pferd war ein prachtvoller Rappe, der stolz den Kopf und die Hufe hob. Der Mann saß sehr aufrecht, er hielt die Zügel hoch, und etwas an seinen Kleidern und seinem Hut ließ ihn wirken wie in Uniform, obwohl er gar keine Uniform trug. Dazu grüßte er Freunde auf den Gehsteigen nach Offiziersart, mit nur ganz geringem Kopfnicken, und tippte sich an den Hut, statt ihn zu lüften. Braneen fragte Armandy, wer der Mann war, und ärgerte sich dann, weil sie es ihm sagen konnte und weil es ein wichtiger Mann war, der Besitzer einer Mine, die Gold in rauhen Mengen abwarf. Mike äffte den Mann nach, sein Gehabe zu Pferd und seine hoheitsvolle Art zu grüßen. Er äffte ihn geschickt nach, und Armandy lachte und wiederholte, was er gesagt hatte, und gab ihm zur Belohnung einen Schluck von ihrem Wein zu trinken. Mike hatte Whisky getrunken, und Wein schmeckte ihm überhaupt nicht, aber dies war nicht der Moment, eine solche Einladung auszuschlagen.

Der alte Mike erinnerte sich an all dies, lauter Dinge, die Jahre hindurch völlig vergessen gewesen waren. Was er und Armandy geredet hatten, wußte er nicht mehr, aber alles andere wußte er noch, und er hatte große Sehnsucht nach Armandy und nach dem Zimmer mit dem roten, gemusterten Teppich und dem Messingleuchter samt den Öllampen darin und nach dem offenen Fenster, durch das die endlose Melodie hereindrang, und nach der jungen Sommernacht draußen über den Bergen. Die Sehnsucht war so viel stärker als seine sonst gewohnte Sehnsucht, die ihm das Gefühl gab, sehr jung zu sein. Lauter solche Erinnerungen waren in den letzten drei Tagen in ihm aufgestiegen, wieder und wieder. Es war, als begänne er sein Leben von neuem. Mehr als einmal hatte es ihn zu dem Gedanken verführt: Nächstes Jahr mache ich den ganz großen Fund, und diesmal lege ich es für den Rest meines Lebens sicher an und höre mit dem dummen Herumzigeunern auf, solange mir noch Zeit bleibt eine Denkweise, von der er eigentlich längst abgekomm war.

It was getting darker rapidly in the pass. When a gust of wind brought the snow against Mike's face so hard that he noticed the flakes felt larger, he looked up. The light was still there, although the fire was dying out of it, and the snow swarmed across it more thickly. Mike remembered God. He did not think anything exact. He did not think about his own relationship to God. He merely felt the idea as a comforting presence. He'd always had a feeling about God whenever he looked at a sunset, especially a sunset which came through under a stormy sky. It had been the strongest feeling left in him until these memories like the one about Armandy had begun. Even in this last pass, his strange fear of the storm had come on him again a couple of times, but now that he had looked at the light and thought of God, it was gone. In a few minutes he would come to the summit and look down into his lighted city. He felt happily hurried by this anticipation.

He would take the burro down and stable her in John Hammersmith's shed, where he always kept her. He would spread fresh straw for her, and see that the shed was tight against the wind and snow, and get a measure of grain for her from John. Then he would go up to Mrs Wright's house at the top of Fourth Street, and leave his things in the same room he always had, the one in front, which looked down over the roofs and chimneys of his city, and across at the east wall of the canyon, from which the sun rose late. He would trim his beard with Mrs Wright's shears, and shave the upper part of his cheeks. He would bathe out of the blue bowl and pitcher, and wipe himself with the towel with yellow flowers on it, and dress in the good dark ⁿit and the good black shoes with the gleaming toes, and the good black hat which he had left ⁻hest in his room. In this way he would per-

Es wurde rasch dunkler in der Paßschneise. Ein Windstoß blies Mike den Schnee so heftig ins Gesicht, daß er bemerkte, daß die Flocken sich größer anfühlten, und er sah auf. Das Licht war noch da, auch wenn seine Kraft langsam schwand, und der Schnee trieb dichter darüber hin. Mike mußte an Gott denken. Er dachte nichts Genaues dabei. Er dachte nicht an seine eigene Beziehung zu Gott. Er empfand den Gedanken an ihn nur als eine tröstliche Gegenwart. So ein Gefühl hatte er immer gehabt beim Anblick der untergehenden Sonne, besonders einer Sonne, die unter einem stürmischen Himmel durchbrach.

Es war die stärkste Empfindung gewesen, derer er noch fähig war, bevor Erinnerungen wie die an Armandy eingesetzt hatten. Gerade noch vorhin, auf dieser letzten Paßstraße, war ein paarmal die seltsame Angst vor dem Sturm in ihm aufgekommen, aber nun, da er ins Licht geblickt und an Gott gedacht hatte, war sie weg. In wenigen Minuten würde er den höchsten Punkt erreicht haben und auf seine erleuchtete Stadt hinunterschauen. Die Vorfreude spornte ihn an.

Er würde seine Eselin unten in John Hammersmiths Schuppen einstellen, wie immer. Er würde frisches Stroh für sie ausbreiten und dafür sorgen, daß der Schuppen gegen Wind und Schnee abgedichtet war, und sich von John ein bißchen Korn für sie geben lassen. Dann würde er zu Mrs Wrights Haus ganz am Ende der Vierten Straße gehen und seine Sachen in das Zimmer bringen, das er immer hatte, nach vorne hinaus mit Blick auf die Dächer und Schornsteine seiner Stadt und hinüber zur Ostwand des Cañons, über der die Sonne erst spät am Morgen aufging. Er würde sich mit Mrs Wrights Schere den Bart stutzen und den oberen Teil seiner Wangen rasieren. Er würde sich an der blauen Waschschüssel mit dem blauen Krug waschen und mit dem Handtuch mit den gelben Blumen abtrocknen und den guten dunklen Anzug und den guten schwarzen Hut und die guten schwarzen Schuhe mit den blanken Beschlägen an den Spitzen anziehen, die er in der Truhe in seinem Zimmer gelassen hatte. So würde sich wieder die Zeremonie

form the ceremony which ended the life of the desert and began the life of Gold Rock. Then he would go down to the International House, and greet Arthur Morris in the gleaming bar, and go into the dining room and eat the best supper they had, with fresh meat and vegetables, and new-made pie, and two cups of hot clear coffee. He would be served by the plump blond waitress who always joked with him, and gave him many little extra things with his first supper, including the drink which Arthur Morris always sent in from the bar.

At this point Mike Braneen stumbled in his mind, and his anticipation wavered. He could not be sure that the plump blond waitress would serve him. For a moment he saw her in a long skirt, and the dining room of the International House, behind her, had potted palms standing in the corners, and was full of the laughter and loud, manly talk of many customers who wore high vests and mustaches and beards. These men leaned back from tables covered with empty dishes. They patted their tight vests and lighted expensive cigars. He knew all their faces. If he were to walk down the aisle between the tables on his side, they would all speak to him. But he also seemed to remember the dining room with only a few tables, with oilcloth on them instead of linen, and with moody young men sitting at them in their work clothes – strangers who worked for the highway department, or were just passing through, or talked mining in terms which he did not understand or which made him angry.

No, it would not be the plump blond waitress. He did not know who it would be. It didn't matter. After supper he would go up Canyon Street under the arcade to the Lucky Boy Saloon, and there it would be the same as ever. There would be the laurel wreaths on the frosted glass panels of the doors, and the old sign upon the window, the sign

abspielen, mit der er das Leben in der Wüste beendete und das Leben in Gold Rock begann. Danach würde er zum International House hinuntergehen und Arthur Morris in der funkelnden Bar begrüßen und sich in den Speisesaal setzen und das beste Essen essen, das sie hatten, mit frischem Fleisch und Gemüse und frischgebackenem Kuchen und zwei Tassen heißem, klarem Kaffee. Er würde von der molligen blonden Kellnerin bedient werden, die immer mit ihm scherzte und ihm beim ersten Essen viele kleine Extras auftischte, darunter den Drink, den Arthur Morris immer von der Bar herüberschickte.

An diesem Punkt stolperte Mike Braneen innerlich, und seine Vorfreude geriet aus dem Tritt. Er war nicht ganz sicher, daß ihn wirklich die mollige blonde Kellnerin bedienen würde. Einen Moment sah er sie in ihrem langen Rock dastehen, und der Speisesaal des International House hinter ihr hatte Topfpalmen in den Ecken und dröhnte vom Gelächter und den lauten tiefen Stimmen vieler Gäste mit hochgeknöpften Westen und Schnurrbärten und Vollbärten. Die Tische waren bedeckt mit leergegessenen Tellern und Schüsseln, und die Männer lehnten sich zurück und klopften sich auf ihre engen Westen und steckten teure Zigarren an. Er kannte alle ihre Gesichter. Wenn er zwischen den Tischen auf seiner Seite hindurchging, würden sie ihn alle ansprechen. Aber er glaubte den Speisesaal auch anders zu kennen, mit nur wenigen Tischen mit Wachstuch darauf statt mit Leinen, an denen mißmutige junge Männer in Arbeitskleidung saßen – Fremde, die fürs Straßenbauamt arbeiteten oder nur auf der Durchreise waren oder die sich in einer Sprache über die Goldsucherei verbreiteten, die er nicht verstand oder die ihn ärgerte.

Nein, es würde nicht die mollige blonde Kellnerin sein. Er wußte nicht, wer es sein würde. Es war auch gleichgültig. Nach dem Essen würde er unter den Arkaden der Cañon Street zum Lucky Boy hinaufgehen,

und dort würde alles beim alten sein: die Lorbeerkränze an den Milchglasscheiben der Tür und das alte Schild im Fenster, das Schild, das älter

that was older than Tom Connover, almost as old as Mike Braneen himself. He would open the door and see the bottles and the white women in the paintings, and the card table in the back corner and the big stove and the chairs along the wall. Tom would look around from his place behind the bar.

"Well, now," he would roar, "look who's here, boys."

"Now will you believe it's winter?" he would roar at them.

Some of them would be the younger men, of course, and there might even be a few strangers, but this would only add to the dignity of his reception, and there would also be his friends. There would be Henry Bray with the gray walrus mustache, and Mark Wilton and Pat Gallagher. They would all welcome him loudly.

"Mike, how are you anyway?" Tom would roar, leaning across the bar to shake hands with his big, heavy, soft hand with the diamond ring on it.

"And what'll it be, Mike? The same?" he'd ask, as if Mike had been in there no longer ago than the night before.

Mike would play that game too. "The same," he would say.

Then he would really be back in Gold Rock: never mind the plump blond waitress.

Mike came to the summit of the old road and stopped and looked down. For a moment he felt lost again, as he had when he'd thought about the plump blond waitress. He had expected Canyon Street to look much brighter. He had expected a lot of orange windows close together on the other side of the canyon. Instead there were only a few scattered lights across the darkness, and they were white. They made no communal glow upon the steep slope, but gave out only single, white needles of light, which pierced the darkness secretly and lonesome-

war als Tom Connover, fast so alt wie Mike Braneen selbst. Er würde die Tür aufstoßen und die Flaschen sehen und die weißen Frauen auf den Gemälden und die Kartentische hinten im Eck und den großen Ofen und die Stühle entlang der Wand. Tom würde von seinem Platz hinter der Bar aufschauen.

«Ja sowas!» würde er mit Donnerstimme rufen, «seht nur, wer da ist, Jungs.»

«Glaubt ihr's jetzt endlich, daß Winter ist?», würde er sie andonnern.

Es würden natürlich einige von den Jüngeren darunter sein, vielleicht sogar ein paar Fremde, aber das würde seinen Empfang nur noch ehrenvoller machen, und dann gab es ja auch noch seine Freunde. Henry Bray mit dem grauen Walroßschnauzer würde da sein, und Mark Wilton und Pat Gallagher. Sie alle würden ihn lautstark willkommen heißen.

«Na, Mike, wie geht's, wie steht's?» würde Tom donnern und sich über den Tresen lehnen, um ihm die Hand zu schütteln mit seiner großen, schweren, weichen Pranke mit dem Diamantring daran.

«Und was darf's sein, Mike? Das übliche?» würde er fragen, als wäre Mike gerade gestern abend das letzte Mal dagewesen.

Mike würde das Spiel mitspielen. «Das übliche», würde er sagen.

Damit würde er wirklich wieder in Gold Rock sein, die mollige blonde Kellnerin hin oder her.

Mike erreichte den Scheitelpunkt der alten Straße, hielt an und sah hinab. Einen Augenblick fühlte er sich wieder aus der Bahn geworfen, wie vorhin bei dem Gedanken an die mollige blonde Kellnerin. In seiner Vorstellung war die Cañon Street viel heller gewesen. In seiner Vorstellung hatten auf der anderen Seite des Cañon viele orangerote Fenster dicht beieinander geleuchtet. Statt dessen blinkten nur ein paar verstreute Lichter in der Dunkelheit, und sie waren weiß. Sie vereinten sich nicht zu einem großen Glänzen an dem steilen Hang, sondern strahlten nur einzelne, weiße Nadeln von Licht aus, die schüchtern und einsam aus dem

ly, as if nothing could ever pass from one house to another over there. Canyon Street was very dark, too. There it went, the street he loved, steeply down into the bottom of the canyon, and down its length there were only the few street lights, more than a block apart, swinging in the wind and darting about that cold, small light. The snow whirled and swooped under the nearest streetlight below.

"You are getting to be an old fool," Mike Braneen said out loud to himself, and felt better. This was the way Gold Rock was now, of course, and he loved it all the better. It was a place that grew old with a man, that was going to die some time, too. There could be an understanding with it.

He worked his way slowly down into Canyon Street, with Annie slipping and checking behind him. Slowly, with the blown snow behind them, they came to the first built-in block, and passed the first dim light showing through a smudged window under the arcade. They passed the dark places after it and the second light. Then Mike Braneen stopped in the middle of the street, and Annie stopped beside him, pulling her rump in and turning her head away from the snow. A highway truck, coming down from the head of the canyon, had to get way over into the wrong side of the street to pass them. The driver leaned out as he went by, and yelled, "Pull over, Pop. You're in town now."

Mike Braneen didn't hear him. He was staring at the Lucky Boy. The Lucky Boy was dark, and there were boards nailed across the big window that had shown the sign. At last Mike went over onto the board walk to look more closely. Annie followed him, but stopped at the edge of the walk and scratched her neck against a post of the arcade. There was the other sign, hanging crossways under the arcade, and even in that gloom Mike could see that it said Lucky Boy and had a Jack of Diamonds

Dunkel stachen, als könnte dort drüben niemals etwas von einem Haus zum anderen gelangen. Auch die Cañon Street selbst war sehr dunkel. Da lag sie vor ihm, die Straße, die er so liebte, steil abfallend zum Grund des Cañon, und auf ihrer ganzen Länge brannten nur ein paar Laternen, mehr als einen Häuserblock auseinander, die im Winde schwankten und ihr kleines kaltes Licht aussprühten. Der Schnee wirbelte und stob unter der nächsten Laterne dort unten.

«Du wirst langsam ein richtiger alter Trottel», sagte Mike Braneen laut zu sich selbst, und nun war ihm wohler. Natürlich, so war Gold Rock jetzt, und er liebte es nur um so mehr. Es war ein Ort, der mit einem alt wurde, der irgendwann auch sterben würde. Man konnte sich im Einklang mit ihm fühlen.

Er arbeitete sich langsam in die Cañon Street hinunter, die rutschende und sich wieder fangende Annie hinter sich. Langsam, vor dem treibenden Schnee her, kamen sie zu dem ersten in den Hang gebauten Häuserblock, vorbei an dem ersten trüben Licht, das durch ein schmutziges Fenster unter der Arkade schien. Sie gingen an den dunklen Häusern dahinter vorbei, an dem zweiten Licht. Dann blieb Mike Braneen mitten auf der Straße stehen, und Annie hielt neben ihm an, das Hinterteil eingezogen, den Kopf vor dem Schnee weggeduckt. Ein Lastwagen, der den Cañon herunterkam, mußte ihretwegen auf die andere Straßenseite ausscheren. Der Fahrer lehnte sich heraus, als er an ihnen vorbeizog, und schrie: «Platz da, Opa. Wir sind hier in der Stadt.»

Mike Braneen hörte ihn nicht. Er starrte auf den Lucky Boy Saloon. Der Lucky Boy war dunkel; über das große Fenster, in dem das Schild gehangen hatte, waren Bretter genagelt. Schließlich trat Mike auf den hölzernen Gehsteig, um es sich von nahem zu besehen. Annie folgte ihm, blieb aber am Rand des Steigs stehen und scheuerte den Hals gegen einen Pfosten der Arkade.

Da war das zweite Schild, seitlich unter den Arkaden, und selbst im Dunkel konnte Mike die Worte «Lucky Boy» erkennen und den Karo-Buben, der

painted on it. There was no mistake. The Lucky Boy sign, and others like it under the arcade, creaked and rattled in the wind.

There were footsteps coming along the boards. The boards sounded hollow, and sometimes one of them rattled. Mike Braneen looked down slowly from the sign and peered at the approaching figure. It was a man wearing a sheepskin coat with the collar turned up round his head. He was walking quickly, like a man who knew where he was going, and why, and where he had been. Mike almost let him pass. Then he spoke.

"Say, fella –"

He even reached out a hand as if to catch hold of the man's sleeve, though he didn't touch it. The man stopped, and asked impatiently, "Yeah?" and Mike let the hand down again slowly.

"Well, what is it?" the man asked.

"I don't want anything," Mike said. "I got plenty."

"O.K., O.K.," the man said. "What's the matter?"

Mike moved his hand towards the Lucky Boy. "It's closed," he said.

"I see it is, Dad," the man said. He laughed a little. He didn't seem to be in quite so much of a hurry now.

"How long has it been closed?" Mike asked.

"Since about June, I guess," the man said. "Old Tom Connover, the guy that ran it, died last June."

Mike waited for a moment. "Tom died?" he asked.

"Yup. I guess he'd just kept it open out of love of the place anyway. There hasn't been any real business for years. Nobody cared to keep it open after him."

The man started to move on, but then he waited, peering, trying to see Mike better.

"This June?" Mike asked finally.

darauf gemalt war. Es war kein Irrtum. Das Lucky-Boy-Schild und andere Schilder unter den Arkaden knarzten und klapperten im Wind.

Schritte näherten sich auf dem Gehsteig. Die Bretter klangen hohl, manchmal klapperte eins. Mike Braneen wandte langsam den Blick von dem Schild und schaute der herankommenden Gestalt entgegen.

Es war ein Mann in einem Schafspelz, den Kragen um den Kopf hochgeschlagen. Er ging schnell, wie jemand, der genau wußte, wo er herkam und wo er hinwollte. Mike wartete, bis er fast vorüber war. Dann rief er ihn an:

«Sag, Kumpel...»

Er streckte sogar die Hand aus, wie um den Mann am Ärmel festzuhalten, aber er berührte ihn nicht. Der Mann blieb stehen und fragte ungeduldig: «Was denn?», und Mike zog die Hand langsam zurück.

«Was möchten Sie denn?» fragte der Mann.

«Nein, ich brauche gar nichts», sagte Mike. «Ich hab genug.»

«Schon gut, schon gut», sagte der Mann. «Worum geht's denn?»

Mike zeigte in Richtung des Lucky Boy. «Es ist zu.»

«Das seh ich auch, Alter», sagte der Mann. Er lachte ein wenig. Er hatte es jetzt nicht mehr so eilig.

«Seit wann ist es schon zu?» fragte Mike.

«Seit Juni ungefähr, schätze ich», sagte der Mann. «Der alte Tom Connover, der Bursche, der es geführt hat, ist im Juni gestorben.»

Mike wartete einen Moment. «Tom ist gestorben?» fragte er.

«Ja. Ich glaube, er hat sowieso bloß deshalb nicht zugemacht, weil er irgendwie an dem Lokal hing. Seit Jahren war da schon kein richtiger Betrieb mehr. Nach ihm hatte keiner Lust, den Laden weiterzuführen.»

Der Mann wandte sich zum Gehen, wartete dann aber und strengte die Augen an, um Mike besser sehen zu können.

«Diesen Juni?» fragte Mike schließlich.

"Yup. This last June."

"Oh," Mike said. Then he just stood there. He wasn't thinking anything. There didn't seem to be anything to think.

"You knew him?" the man asked.

"Thirty years," Mike said. "No, more'n that," he said, and started to figure out how long he had known Tom Connover but lost it, and said, as if it would do just as well, "He was a lot younger than I am, though."

"Hey," said the man, coming closer, and peering again. "You're Mike Braneen, aren't you?"

"Yes," Mike said.

"Gee, I didn't recognize you at first. I'm sorry."

"That's all right," Mike said. He didn't know who the man was, or what he was sorry about.

He turned his head slowly, and looked out into the street. The snow was coming down heavily now. The street was all white. He saw Annie with her head and shoulders in under the arcade, but the snow settling on her rump.

"Well, I guess I'd better get Molly under cover," he said. He moved toward the burro a step, but then halted.

"Say, fella –"

The man had started on, but he turned back. He had to wait for Mike to speak.

"I guess this about Tom's mixed me up."

"Sure," the man said. "It's tough, an old friend like that."

"Where do I turn to get to Mrs Wright's place?"

"Mrs Wright?"

"Mrs William Wright," Mike said. "Her husband used to be a foreman in the Aztec. Got killed in the fire."

"Oh," the man said. He didn't say anything more, but just stood there, looking at the shadowy bulk of old Mike.

«Diesen Juni.»

«Ach», sagte Mike. Dann stand er einfach nur da. Er dachte gar nichts. Es gab einfach nichts, was er hätte denken können.

«Haben Sie ihn gekannt?» fragte der Mann.

«Dreißig Jahre», sagte Mike. «Nein, länger», sagte er und begann nachzurechnen, wie lange er Tom Connover gekannt hatte, aber er kam durcheinander und sagte, als sei das Antwort genug: «Er war jedenfalls ein ganzes Stück jünger als ich.»

«He», sagte der Mann, indem er näher trat und noch einmal scharf hinsah. «Sie sind doch Mike Braneen, oder?»

«Ja», sagte Mike.

«Oh, ich hab Sie nicht gleich erkannt. Tut mir leid.»

«Macht nichts», sagte Mike. Er wußte nicht, wer der Mann war oder was ihm leid tat.

Er drehte langsam den Kopf und sah auf die Straße hinaus. Es schneite jetzt stark. Die Straße war schon ganz weiß. Er sah Annie stehen, Kopf und Schultern unter den Arkaden, aber auf ihrem Hinterteil blieb der Schnee liegen.

«Ich schaue wohl besser, daß ich Molly ins Trockne bringe», sagte er. Er ging einen Schritt auf den Esel zu, aber dann hielt er inne.

«Sag, Kumpel...»

Der Mann war schon im Gehen, wandte sich jedoch wieder um. Er mußte ein Weilchen warten, bis Mike sprach.

«Das mit Tom hat mich wohl aus der Fassung gebracht.»

«Sicher», sagte der Mann. «Das ist schon hart, so ein alter Freund.»

«Wie komme ich von hier am besten zum Haus von Mrs Wright?»

«Mrs Wright?»

«Mrs William Wright», sagte Mike. «Ihr Mann war lange Zeit Vorarbeiter im Aztec. Er ist bei dem Brand umgekommen.»

«Oh», sagte der Mann. Mehr sagte er nicht, stand nur da, den Blick auf die massige, schattenhafte Gestalt des alten Mike gerichtet.

"She's not dead, too, is she?" Mike asked slowly.

"Yeah, I'm afraid she is, Mr Braneen," the man said. "Look," he said more cheerfully. "It's Mrs. Branley's house you want right now, isn't it? Place where you stayed last winter?"

Finally Mike said, "Yeah, I guess it is."

"I'm going up that way. I'll walk up with you," the man said.

After they had started, Mike thought that he ought to take the burro down to John Hammersmith's first, but he was afraid to ask about it. They walked on down Canyon Street with Annie walking along beside them in the gutter. At the first side street they turned right and began to climb the steep hill toward another of the little street lights dancing over a crossing. There was no sidewalk here, and Annie followed right at their heels. That one street light was the only light showing up ahead.

When they were halfway up to the light, Mike asked, "She die this summer, too?"

The man turned his body half around, so that he could hear inside his collar.

"What?"

"Did she die this summer, too?"

"Who?"

"Mrs Wright," Mike said.

The man looked at him, trying to see his face as they came up towards the light. Then he turned back again, and his voice was muffled by the collar.

"No, she died quite a while ago, Mr Braneen."

"Oh," Mike said finally.

They came up onto the crossing under the light, and the snow-laden wind whirled around them again. They passed under the light, and their three lengthening shadows before them were obscured by the innumerable tiny shadows of the flakes.

«Sie ist doch nicht auch tot, oder?» fragte Mike langsam.

«Doch, ich fürchte ja, Mr Braneen», sagte der Mann. «Hören Sie», fuhr er in fröhlicherem Ton fort. «Sie wollen zu Mrs Branley, oder? Da, wo Sie letzten Winter gewohnt haben?»

«Ja», sagte Mike nach einer Weile. «Wahrscheinlich.»

«Ich muß sowieso in die Richtung. Ich begleite Sie hin», sagte der Mann.

Als sie sich in Bewegung gesetzt hatten, dachte Mike bei sich, daß er besser erst den Esel zu John Hammersmith bringen sollte, aber er traute sich nicht danach zu fragen. Sie gingen die Cañon Street hinunter, Annie neben ihnen im Rinnstein.

Bei der ersten Querstraße bogen sie nach rechts ab und begannen den steilen Berg hinaufzusteigen, auf eine weitere kleine Laterne zu, die über einer Kreuzung schwankte. Hier gab es keinen Gehsteig, und Annie lief dicht hinter ihnen her. Außer der einen Laterne war vor ihnen kein Licht zu sehen.

Auf halbem Weg zur Laterne hinauf fragte Mike: «Ist sie auch diesen Sommer gestorben?»

Der Mann drehte sich mit dem ganzen Körper ein Stück zu ihm hin, damit er in seinem Kragen hören konnte.

«Was?»

«Ist sie auch diesen Sommer gestorben?»

«Wer?»

«Mrs Wright», sagte Mike.

Der Mann sah ihn an, versuchte ihm im näherkommenden Lampenschein ins Gesicht zu schauen. Dann wandte er sich wieder ab, so daß der Kragen seine Stimme dämpfte.

«Nein, sie ist schon eine ganze Weile tot, Mr Braneen.»

«Ach», sagte Mike schließlich.

Sie hatten die von der Laterne beschienene Kreuzung erreicht, und der schneedurchstobene Wind wirbelte wieder um sie. Sie gingen unter der Laterne hindurch, und ihre drei Schatten, die sich vor ihnen lang zogen, wurden ausgelöscht von den zahllosen winzigen Schatten der Flocken.

Copyright der urheberrechtlich geschützten Texte

Benjamin Capps. Ausschnitt aus dem Roman *Sam Chance*, Duell, Sloan and Pearce, 1965, in der Sammlung *The American West in Fiction*, ed. Jon Tuska, New York: Mentor 1982. Es war uns nicht möglich, den Inhaber der Rechte ausfindig zu machen. Für Hinweise sind wir dankbar.

Walter Van Tilburg Clark. Aus *The Watchful Gods and Other Stories*, 1944; copyright renewed 1972 by Robert M. Clark. Lizenz durch International Creative Management, New York.

Dorothy M. Johnson: Aus *Indian Country*, 1949; copyright renewed 1977 by Dorothy M. Johnson. Lizenz durch Mohrbooks Literary Agency, Zürich.

Er ging nach vorn zu den Ochsen. Zwei waren am Boden.

«Helfen Sie mir kurz, Winters? Wir sollten schauen, daß wir weiterkommen, sobald wir das Gespann wieder beieinander haben.»

«Ich kann mein verdammtes Bein nicht bewegen, Chance.»

«Was? Ich denke, Ihnen ist nichts passiert?»

«Tot bin ich nicht, aber diese Schweinehunde haben's mir tüchtig gegeben.»

«Blutet es stark?»

«Nicht besonders.»

Er konnte die Indianer jetzt sehen, sieben saßen in sicherer Entfernung auf ihren Mustangs und berieten, zwei lagen reglos in der Nähe des Wagens, der andere kniete etwa hundert Meter weit weg, immer noch stöhnend. Zwei Indianerpferde waren tot, eines lief frei.

Er ließ sich von dem Jungen bei den Ochsen zur Hand gehen. Der fuhr plötzlich zurück, sichtlich entsetzt. «Mr Chance, Sie haben einen Pfeil im Rücken stecken!»

«Ich weiß. Er drückt mich auch ein bißchen unter den Kleidern. Es wär mir lieb, wenn du das Ding herausziehen könntest.»

Andy packte den Pfeil.

«He! Sachte! Fass ihn ganz locker an und zieh ihn mit einem Ruck raus.»

Das Werk wurde vollbracht; der Junge hielt einen Schaft mit nacktem, blutigen Ende in der Hand. Chance sagte: «Fühlt sich an, als hättest du eine Blechbüchse oder so was da drin vergessen. Los, kümmern wir uns um die Ochsen.»

Winters' Verwundung erwies sich als ernster. Eine eiserne Pfeilspitze mit Widerhaken hatte sich ihm ins Kniegelenk gebohrt wie ein Hackmesser. Sein Bein war am Knie abgewinkelt, und er konnte es weder strecken noch stärker beugen. Chance schnitt Hosenbein und Unterzeug auf. Die Pfeilspitze steckte ganz im Knie, der Schaft war gleich dahinter abgebrochen. Chance machte aus dem einem Hosenträger des Alten eine Aderpresse und brachte die Blutung weitgehend zum Stillstand.

Die sieben noch übrigen Kiowa hätte er mit dem Zünd-

maining Kiowas with the needle gun that Winters carried in the wagon, but decided against it. The thing to do was to move toward the fort. He sat as high on the load as possible in order to see a good distance and got the eight yokes of oxen moving. When he had come two miles, he could see the Indians back at the location of the fight. They were butchering one of the two dead oxen.

That day was a long tedious journey over the rolling plains. Winters groaned and cursed at every jolt of the wagon. Chance shouted at the patient, plodding oxen. His back became so sore that he could not swing the whip. He had the youngster cut a greasewood limb to flail at the slow beasts.

Late in the afternoon they came to the winding Clear Fork and could see miles ahead on a commanding hill the whitewashed stone buildings of Fort Griffin, an hour's ride on a fast horse, a long jolting ride in a freight wagon. To dump the load would not speed them enough to make any difference.

Chance turned east downstream. He would go around to the bridge on the Belknap-Fort Griffin road. Winters was becoming delirious; he moaned and cursed continuously. Nothing could be done to ease him. Chance pushed on through the moonlit night.

Some time in the small hours of the morning they crossed the bridge and came into the sprawling, dirty, wild town in the flats below Government Hill. The town's houses of recreation were booming even so late. Five minutes after they came in, Chance and Winters were being carried in a rancher's back up the long ramped road to the fort hospital.

The back wound gave him little trouble after the piece of rusty steel was sliced out by the surgeon,